Το ΘΕΜΕΛΙΟ του *Abba*

Chiqui Wood
με τον Kerry Wood

Τίτλος του αγγλικού πρωτοτύπου: The *Abba* FOUNDATION

Μετάφραση: Μελίνα Σταμάτη, Παναγιώτα Καπετανικόλα

Για τα εδάφια της Αγίας Γραφής χρησιμοποιείται η Αγία Γραφή στη Δημοτική του Σπύρου Φίλου, εκτός αν αναγράφεται διαφορετικά.

Στο πρωτότυπο κείμενο χρησιμοποιούνται κατόπιν άδειας οι εξής μεταφράσεις και αποδόσεις της Αγίας Γραφής στην αγγλική:

Σχεδιασμός Εξωφύλλου: Ivethe Zambrano-Fernández
www.designbytwo.com

Φωτογράφιση των Συγγραφέων από τον John Choate

www.BurkhartBooks.com
Bedford, Texas

Αφιέρωση

Με μεγάλη ευγνωμοσύνη αφιερώνω αυτό το βιβλίο στον φίλο μου,
δρα Γουές Πίνκχαμ.

Ευχαριστίες

Είμαι τόσο ευγνώμων στον σύζυγό μου, Κέρι Γουντ, που είναι η προσωποποίηση της αγάπης του Πατέρα, του Υιού και του Αγίου Πνεύματος· μιας αγάπης που έχει στο επίκεντρό της τους άλλους, που θυσιάζει τον εαυτό της για τους άλλους. Ο Κέρι κερδίζει με διαφορά σε κάθε «τεστ γενναιοδωρίας» και εγώ είμαι η ευτυχής αποδέκτης της αγάπης και της συνεχούς ενθάρρυνσής του. Δεν είναι μόνο ένας υπέροχος σύζυγος, αλλά η διδασκαλία του έχει προσθέσει μεγάλο βάθος στην αντίληψή μου για τα πνευματικά πράγματα. Είχα το προνόμιο να διδάσκομαι από τον Κέρι για χρόνια και τώρα, έχω την τιμή να συνεργάζομαι μαζί του στη διακονία. Αγαπάμε να διδάσκουμε μαζί· σε τέτοιο βαθμό, ώστε, πλέον μου είναι δύσκολο να σας πως ποιες σκέψεις μου προέρχονται από εμένα και ποιες από αυτόν. Συνεπώς, για όλα τα εύσημα που σου ανήκουν, σε ευχαριστώ, αγαπημένε μου! Ειλικρινά, είναι πολλά τα πράγματα για τα οποία οφείλω να πω ότι, «δεν θα μπορούσα να το κάνω χωρίς εσένα».

Η ευγνωμοσύνη μου απευθύνεται, επίσης, προς τον δρα Γουές Πίνκχαμ. Μία από τις καλύτερες αποφάσεις μου ήταν να συμμετάσχω στο πρόγραμμα διδακτορικού διακονίας υπό την καθοδήγησή του. Ο Δρ. Γουές, όπως τον αποκαλούν οι μαθητές του, είναι ένας από τους σπάνιους ανθρώπους, που παρότι έχει πολλαπλά ανώτατα πτυχία, διδάσκει μεταδίδοντας το προσωπικό του ταξίδι αλλαγής, μέσα από τη δική του «ξαφνική συνάντηση με τον Μπαμπά (=Abba)». Κατά τη διάρκεια ενός μαθήματος που δίδασκε ο Δρ. Γουές, απέκτησα και εγώ τη βαθιά επίγνωση της σημασίας που έχει η σχέση του Χριστού με τον Μπαμπά Του, τον Abba Του. Συνειδητοποίησα ότι όποτε κοιτάμε τον Ιησού, βλέπουμε ουσιαστικά έναν Γιο με τα μάτια του στραμμένα προς τον Πατέρα Του. Καθώς διάβαζα ένα από τα εγχειρίδια του δρα Γουές άκουσα το Άγιο Πνεύμα να με παροτρύνει: «Πώς θα μπορούσαμε να βοηθήσουμε κι άλλους ανθρώπους να γνωρίσουν τον Πατέρα;». Έτσι ξεκίνησε το διδακτορικό μου ταξίδι — ένα ταξίδι ανακάλυψης, προσωπικής μεταμόρφωσης και αύξησης, και κυρίως, ένα ταξίδι που με έκανε να συνειδητοποιήσω πόσες φορές ο Θεός ερχόταν ως Μπαμπάς για να μας αγκαλιάσει καθημερινά.

Ο Δρ. Γουές με σύστησε σε πολύ σημαντικούς ανθρώπους, όπως τον δρα Μάρτι Φόλσομ, που έγινε μέντορας στο έργο μου. Ο Μάρτι είναι ένας εξαιρετικός θεολόγος που μας βοηθάει να ενώνουμε τις τελείες για να δούμε πόσο πρακτική είναι μια υγιής θεολογία για την Τριαδικότητα. Είμαι ευγνώμων που με ώθησε και με ενθάρρυνε να σκάψω πιο βαθιά και να ακονίσω τη θεολογία μου.

Γνώρισα πολλούς μέσα από τα κείμενά τους, όπως τον Μπρέναν Μάνινγκ που μπορεί να περιγράψει την αγάπη του Πατέρα με βαθυστόχαστους και, ταυτόχρονα, απλούς τρόπους. Τους Ρέι Άντερσον, Καρλ Μπαρθ, Γκόρντον Φι, Στάνλεϊ Γκρενζ, Κόλιν Γκάντον, Τζακ Χέιφορντ, Τζον Μακμάρεϊ, Άλιστερ Μακφαντιέν, Τζέι Μπι Τόρανς, Τι Εφ Τόρανς, Ντάλας Γουίλαρντ και Εν Τι Ράιτ, η θεολογία των οποίων διαμόρφωσε τη δική μου και πολλών άλλων, που έχουν συνεισφέρει σε αυτό το βιβλίο. Έχω προσπαθήσει να αποδώσω τιμή σ' αυτούς που το αξίζουν, συνεπώς θα δείτε αναφορές στα ονόματά τους στις υποσημειώσεις και στη βιβλιογραφία.

Η αγάπη μου για τον Θεό ως *Μπαμπά (Abba)* έχει αυξηθεί ραγδαία και η ελπίδα μου γι' αυτό το βιβλίο είναι ότι θα είναι μια συνεισφορά από την πλευρά μου, ώστε και άλλοι να γνωρίσουν τον *Abba* του Ιησού Χριστού, να αιφνιδιαστούν από την αγάπη Του, να νιώσουν ότι η παρουσία Του είναι το σπίτι τους και να ξεκινήσουν ένα ταξίδι ανακάλυψης, θαυμασμού και δέους μέσα στην αγάπη του Θεού μας.

Οφείλω ένα μεγάλο χρέος ευγνωμοσύνης στις Ντόνα Μπέρλεϊ, Σάρλοτ Σελεστίν, Κάθι Χάγκαρντ και στους Ράιαν Νόρθκατ, Γουές Πίνκχαμ και Κέρι Γουντ, τους υπέροχους φίλους μου που ξόδεψαν χρόνο για να διαβάσουν τα χειρόγραφα αυτού του βιβλίου και να μου προσφέρουν σχόλια, διορθώσεις, ερωτήσεις και προτάσεις, για να με βοηθήσουν να μεταδώσω το μήνυμα πιο καθαρά. Εκφράζουμε, επίσης, τη βαθιά ευγνωμοσύνη μας στη Μελίνα Σταμάτη και Παναγιώτα Καπετανικόλα και στην ομάδα τους, για την αφοσίωση και επιμελή εργασία τους για την παραγωγή της ελληνικής έκδοσης του βιβλίου. Είναι τιμή μας να έχουμε τέτοιους πιστούς συνεργάτες στο έργο της διακονίας. Είθε ο Θεός να σας ευλογήσει και να πολλαπλασιάσει το έργο των χεριών σας και τον καρπό αυτού του μόχθου σας.

Ένα μεγάλο ευχαριστώ στο ζεύγος Τοντ και Τάμι Γουίλιαμ, για την ευγενική παραχώρηση της καμπίνας τους «Οι Δώδεκα Πέτρες», που έγινε ένα συγγραφικό καταφύγιο για μας, καθώς οι περισσότερες σελίδες μας γράφτηκαν εκεί.

Περιεχόμενα

Σχετικά με τη Συγγραφέα

Πρόλογος

Η τελευταία οδηγία του Ιησού προς εμάς πριν αναληφθεί στον Πατέρα είναι γνωστή ως η Μεγάλη Αποστολή: «Καθώς, λοιπόν, πορευτείτε, να κάνετε μαθητές όλα τα έθνη, βαπτίζοντάς τους στο όνομα του Πατέρα και του Υιού και του Αγίου Πνεύματος» (Κατά Ματθαίο 28:19). Αυτό γεννά το ερώτημα: «Τι σημαίνει είμαι μαθητής;» ή «Πώς είναι ένας αληθινός μαθητής του Χριστού;».

Δεν θα ήταν υπερβολή να πούμε ότι έχουν γραφτεί πάρα πολλά γι' αυτό το θέμα. Μια απλή αναζήτηση στο διαδίκτυο εμφανίζει πάνω από 10.000 τίτλους βιβλίων. Κάποια από αυτά ασχολούνται με το κάλεσμά μας να κάνουμε μαθητές· άλλα είναι βιβλικές μελέτες σχετικά με τη μαθητεία, όμως, στη συντριπτική τους πλειονότητα, μας προτείνουν κάποια πρακτικά βήματα που οδηγούν στη μαθητεία. Η γενική ιδέα που ασπάζονται αυτά τα βιβλία είναι ότι σωζόμαστε διαμέσου της χάρης, αλλά αφότου αναγεννηθούμε, πρέπει να μάθουμε να πειθαρχούμε, να συμπεριφερόμαστε και να έχουμε τη στάση ενός σωστού Χριστιανού, ώστε να μπορέσουμε να αυξηθούμε σύμφωνα με την εικόνα του Χριστού. Όμως, η πνευματική αύξηση είναι το *αποτέλεσμα* της σχέσης μας με τον Θεό, και όχι η *αιτία* της.

Στην πραγματικότητα, η ανησυχία μας για τη σωστή συμπεριφορά και επίδοσή μας συχνά μας εμποδίζει, αντί να μας βοηθά στη σχέση μας με τον Θεό. Για παράδειγμα, κάποιοι ποιμένες ή ηγέτες προσπαθούν να βοηθήσουν τους ανθρώπους να αποκτήσουν πειθαρχία στην προσευχή, σκεπτόμενοι ότι η προσευχή θα ενισχύσει τη σχέση τους με τον Θεό. Όμως, όπως αναφέρει ο Χένρι Νόουεν, οι περισσότεροι άνθρωποι ζουν τη ζωή τους μέσα σε ένα πλαίσιο φόβου —φοβούνται τους άλλους, φοβούνται τον Θεό, και γενικά ζουν με ένα άγχος. Όταν, λοιπόν, προσπαθούν να πλησιάσουν τον Θεό με την προσευχή, ο φόβος τους τους σπρώχνει στους περισπασμούς που προσφέρει ο κόσμος.[1] Και ποιος θέλει να προσευχηθεί όταν υποσυνείδητα μέσα του υπάρχει η ιδέα ότι ο Θεός είναι επικριτικός, τελειομανής ή θυμωμένος; Κι όμως ξέρουν ότι πρέπει να προσευχηθούν! (Αυτό κάνουν «οι καλοί Χριστιανοί»). Έτσι, καταλήγουν να νιώθουν αποτυχημένοι στη ζωή της προσευχής τους, κι αυτό με τη σειρά του εντείνει τον φόβο που τους εμποδίζει να καλλιεργήσουν την εξάσκηση της προσευχής. Όταν δίνουμε έμφαση στις συμπεριφορές και στις επιδόσεις των ανθρώπων, πολύ συχνά συναντούμε

> **Η πνευματική αύξηση είναι το αποτέλεσμα της σχέσης μας με τον Θεό, και όχι η αιτία της.**

ix

Ο σωστός ορισμός του «μαθητή» για μένα είναι: αυτός που δέχεται δωρεάν την αγάπη του Πατέρα και ανταποκρίνεται στην παρουσία Του, πράγμα που αποδεικνύεται από την αγάπη και τις πράξεις του, που έχουν στο επίκεντρο τους άλλους.

αυτόν τον φαύλο κύκλο. Όπως λέει ο Ρέι Άντερσον, «Συνήθως χτίζουμε τα προγράμματα μαθητείας μας με βάση τη συμμόρφωση σε κανόνες, την πειθαρχία και τη δημιουργία θρησκευόμενων ανθρώπων που ζουν υπό έλεγχο». Αυτά τα προγράμματα «μπορεί να δημιουργήσουν θρησκευόμενα ρομπότ, από τα οποία ίσως λείπει το αληθινό κίνητρο της μαθητείας, που είναι η αγάπη».[2]

Επιπλέον, η εμμονή μας με τη σωστή συμπεριφορά έρχεται σε αντίθεση με το Ευαγγέλιο της χάρης του Θεού. Όπως λέει ο Μπρέναν Μάνινγκ: «Η πνευματική αύξηση είναι το αποτέλεσμα της σχέσης μας με τον Θεό και όχι η αιτία της». Οι σημερινές εκκλησίες στην Αμερική δέχονται τη χάρη του Θεού θεωρητικά, αλλά στην πράξη την αρνούνται. Λέμε ότι πιστεύουμε πως το θεμέλιο της πραγματικότητας είναι η χάρη και όχι τα έργα —αλλά οι ζωές μας αναιρούν αυτό που πιστεύουμε. Σε γενικές γραμμές, το Ευαγγέλιο της χάρης δεν κηρύττεται όπως θα έπρεπε, δεν γίνεται κατανοητό, ούτε γίνεται βίωμα. Πολλοί Χριστιανοί ζούνε στο σπίτι του φόβου και όχι στο σπίτι της αγάπης.[3]

Τι σημαίνει να ζεις στο σπίτι του φόβου; Θα ήθελα να το εξηγήσω με κάποια παραδείγματα. Μία φίλη εξέφραζε την ανησυχία της μήπως πάρει μια λάθος απόφαση λέγοντας το εξής: «Φοβάμαι την τιμωρία του Θεού». Η ανησυχία της ήταν ειλικρινής, αλλά ο συλλογισμός της φανέρωνε μια μη υγιή αντίληψη του Θεού. Δυστυχώς, δεν είναι η μόνη που νιώθει έτσι. Πολλοί Χριστιανοί αντιμετωπίζουν τον ίδιο φόβο (ίσως είσαι κι εσύ ένας από αυτούς). Μέρος του διδακτορικού μου έργου ήταν να κάνω κάποιες έρευνες ανάμεσα σε χριστιανούς σε τέσσερις διαφορετικές περιστάσεις, από το 2011 έως και το 2014. Αυτό που ανακάλυψα είναι ότι πάνω από τους μισούς ερωτηθέντες ζούνε με τον φόβο της τιμωρίας του Θεού, το 82% πιστεύει ότι ο Θεός απωθείται από την αμαρτία, και το 67% πιστεύει ότι όσο και αν προσπαθούν, δεν μπορούν να φτάσουν στην αγιότητα που ο Θεός περιμένει από αυτούς.[4] Ζούνε «στο σπίτι του φόβου».

Πρόσφατα, ένας ποιμένας ρώτησε το εκκλησίασμά του, «Πόσοι από εσάς πιστεύετε ότι είστε τόσο απαίσιοι, ώστε ο Θεός δεν μπορεί να σας κοιτάξει, παρά μόνο μέσα από το αίμα του Χριστού;». Όπως ήταν αναμενόμενο, πολλοί σήκωσαν το χέρι τους. Και αυτοί ζούνε στο «σπίτι του φόβου». Σκεπτόμενος αυτήν την αντίδραση των ανθρώπων αναφέρει: «Νομίζω πως πολλά από τα προβλήματα της Εκκλησίας και του κόσμου, έχουν ως πυρήνα τους μια λανθασμένη αντίληψή μας για τον Θεό… Αν η αφετηρία μας είναι η σκέψη ότι ο Θεός είναι θυμωμένος μαζί μας, τότε όσο κι αν μας δείχνει την αγάπη Του, εμείς πάντα θα επιστρέφουμε στη λογική των καλών επιδόσεων».[5] Σε κάποιο βαθμό, διατηρούμε μια αγάπη για τον Θεό σαν μια αφηρημένη έννοια, αλλά ζούμε σαν να είναι πολύ απόμακρος. Εάν είναι θυμωμένος, δεν είναι καλύτερα να είναι απασχολημένος κάπου αλλού;

Το πρόβλημα με τη μαθητεία στη δική μας περίπτωση (της δυτικής Εκκλησίας στον 21ο αιώνα) είναι ότι την προσεγγίζουμε με λανθασμένη οπτική. Κάτι πρέπει να αλλάξει. Καταλήγω ξανά στα λόγια του Μπρένan Μάνινγκ που προτείνει μια διαφορετική προσέγγιση:

Χρειαζόμαστε ένα νέο είδος σχέσης με τον Πατέρα, που θα βγάζει έξω τον φόβο, την έλλειψη εμπιστοσύνης, το άγχος και την ενοχή, και θα μας επιτρέπει να έχουμε ελπίδα, να είμαστε χαρούμενοι, να δείχνουμε εμπιστοσύνη και να έχουμε συμπόνοια. Πρέπει να μεταφερθούμε από τα άσχημα νέα στα καλά, από το να μην περιμένουμε τίποτα στο να περιμένουμε κάτι.[6]

Γράφω αυτό το βιβλίο με την πεποίθηση ότι δεν γινόμαστε μαθητές με το να δίνουμε την προσοχή μας σε συμπεριφορές, στάσεις ή ακόμα και στην πειθαρχία ενός μαθητή, αλλά με το να στρέφουμε την προσοχή μας στον Θεό.

Βασιζόμενη σε αυτό, θεωρώ ότι ο σωστός ορισμός του «μαθητή» για μένα είναι: *αυτός που δέχεται δωρεάν την αγάπη του Πατέρα και ανταποκρίνεται στην παρουσία Του, πράγμα που αποδεικνύεται από την αγάπη και τις πράξεις του, που έχουν στο επίκεντρο τους άλλους.* Άρα, η μαθητεία είναι μια διαδικασία μεταμόρφωσης μέσα από την παρουσία του Θεού που κατοικεί μέσα μας (με το Άγιο Πνεύμα), καθώς καλλιεργούμε τη σχέση μας με τον Θεό και ο ένας με τον άλλον. Σε αυτή τη διαδικασία, τα πιστεύω μας, η στάση και η συμπεριφορά μας αρχίζουν προοδευτικά να αντανακλούν την εικόνα του Χριστού—ως ολοκληρωμένοι άνθρωποι στη σχέση μας με τον Θεό και με τον συνάνθρωπό μας. Αν ισχύει αυτό, τότε το επόμενο ερώτημα είναι: «Πώς μπορούμε να μεγαλώσουμε ως μαθητές του Ιησού;»

Η προτεραιότητά μας θα πρέπει να είναι να στρέψουμε τα μάτια μας στον Πατέρα, να γνωρίσουμε την αγάπη του Abba, του *Μπαμπά* μας, να δεχθούμε την αγάπη Του, και να γνωρίσουμε ποιοι είμαστε μέσα σε Αυτόν.

Ο Ιησούς είπε ότι η πρώτη και μεγαλύτερη εντολή είναι να «αγαπάς τον Κύριο τον Θεό σου με όλη την καρδιά σου, με όλη την ψυχή σου και με όλο το μυαλό σου» (Κατά Ματθαίο 22:37). Είναι, λοιπόν, προφανές ότι το θεμέλιο για τη μαθητεία θα πρέπει να είναι η εμπειρία της αγάπης του Θεού —το Ποιος είναι ο Θεός— αντί να εστιάζουμε σε κανόνες και ασκήσεις.

Πώς μπόρεσε ο Ιησούς να πάρει δώδεκα απλούς ανθρώπους και να τους μετατρέψει στους πιο επαναστατικούς ανθρώπους που άλλαξαν τον κόσμο και έγραψαν ιστορία; Υπάρχει ένα κλειδί στο κατά Μάρκο ευαγγέλιο, όπου λέει ότι ο Ιησούς «έκλεξε δώδεκα, για να είναι μαζί του, και για να τους αποστέλλει να κηρύττουν, και για να έχουν εξουσία να θεραπεύουν τις αρρώστιες και να βγάζουν τα δαιμόνια» (Κατά Μάρκο 3:14-15). Η προσοχή μας πάει συνήθως στην αποστολή και στα έργα τους, αλλά μας διαφεύγει το γεγονός ότι πρώτα τους έκλεξε για να είναι μαζί Του. Η μέθοδος του Ιησού για τη μαθητεία βασιζόταν στη σχέση τους —μια σχέση αγάπης και εγγύτητας. Συνεπώς, αν θέλουμε να γίνουμε όπως ο Χριστός, και όχι να εστιάζουμε μόνο στο τι κάνουμε, η προτεραιότητά μας θα πρέπει να είναι να στρέψουμε τα μάτια μας στον Πατέρα, να γνωρίσουμε την αγάπη του *Abba*, του *Μπαμπά μας*, να δεχθούμε την αγάπη Του, και να γνωρίσουμε ποιοι είμαστε μέσα σε Αυτόν.

Η προτεραιότητά μας θα πρέπει να είναι να στρέψουμε τα μάτια μας στον Πατέρα, να γνωρίσουμε την αγάπη του *Abba*, του Μπαμπά μας, να δεχθούμε την αγάπη Του, και να γνωρίσουμε ποιοι είμαστε μέσα σε Αυτόν.

Αποποίηση Ευθυνών

Θα μπορούσαν να γραφτούν ολόκληρα βιβλία —και στην πραγματικότητα, έχουν ήδη γραφτεί πολλά— για κάθε θέμα που αναφέρεται σ' αυτό το βιβλίο. Ο στόχος μου δεν είναι να παρουσιάσω κάθε θεματική ενότητα εξονυχιστικά, ούτε να απαντήσω σε όλες τις πιθανές ερωτήσεις γύρω από αυτές. Η επιθυμία μου είναι να δώσω ένα γενικό πλαίσιο για να γνωρίσουμε τον Πατέρα, τον *Abba* του Ιησού, όπως μας Τον αποκαλύπτει ο Ιησούς. Ο στόχος μου είναι να μας φέρω πιο κοντά στην καρδιά του Πατέρα, ώστε να μας αποκαλυφθεί η αγάπη Του. Αυτή η αποκάλυψη θα μας επιτρέψει να σκύψουμε προς το μυστήριο του αγνώστου —κάθε αναπάντητο ερώτημά μας— με τη βεβαιότητα ότι ο *Μπαμπάς* μας είναι καλός, ότι ο *Μπαμπάς μας* μας αγαπάει, και ότι ο *Μπαμπάς μας* είναι αξιόπιστος.

Για εσένα που θέλεις να σκάψεις πιο βαθιά στα θέματα που θα

αναφέρω, φρόντισα να σου δώσω υποσημειώσεις που θα σε κατευθύνουν σε διάφορους μελετητές που μιλάνε πιο διεξοδικά για αυτά τα θέματα. Θα είμαι για πάντα υπόχρεη σε κάθε έναν από αυτούς τους συγγραφείς. Τα συγγράμματά τους με έχουν ενθαρρύνει και με έχουν προκαλέσει. Τα έργα τους διαμόρφωσαν τη θεολογία μου, και αυτό που κρατάς στα χέρια σου δεν θα υπήρχε χωρίς το δικό τους έργο. Πραγματικά, στεκόμαστε πάνω στους ώμους γιγάντιων ανθρώπων, και νιώθω ευγνωμοσύνη για όλους τους άντρες και τις γυναίκες που επένδυσαν σε μένα.

Η Επιθυμία μου για Σένα

Όταν ξεκίνησα να γράφω αυτό το βιβλίο νόμιζα ότι θα ήταν εύκολη υπόθεση. Μέσα στα τελευταία δέκα χρόνια έχω διδάξει αυτές τις σειρές μαθημάτων πολλές φορές, με διαφορετικούς τρόπους. Αυτό το θέμα είναι το πάθος μου. Αλλά όταν διδάσκω, χρησιμοποιώ οπτικά παραδείγματα, ασκήσεις, ερωτήσεις για συζήτηση και δραστηριότητες που ενισχύουν όσα λέμε. Το να τα εντάξω όλα αυτά σε μορφή βιβλίου ήταν πολύ πιο δύσκολο από ότι περίμενα.

Η επιθυμία μου για σένα είναι να πάρεις από αυτό το βιβλίο όσα έχουν πάρει αυτοί που παρακολουθούσαν τα μαθήματα. Θέλω, λοιπόν, να σε παροτρύνω να προσκαλέσεις μερικούς φίλους σου για να ξεκινήσουν αυτό το ταξίδι μαζί σου. Διαβάστε το βιβλίο μαζί, μιλήστε γι' αυτό, συζητήστε τις ερωτήσεις που υπάρχουν στο τέλος κάθε κεφαλαίου, ακολουθήστε τις σκέψεις και τις προσευχές που περιέχονται. Η επιθυμία μου είναι να συναντήσετε τον Πατέρα, τον *Abba* του Ιησού, μέσα από κάθε κεφάλαιο του βιβλίου. Η εμπειρία σου θα είναι πιο ολοκληρωμένη αν συμμετέχουν και άλλοι μαζί σου.

Εισαγωγή

Όταν κοιτάμε τον Ιησού, βλέπουμε έναν Γιο που ξεχειλίζει από αγάπη για τον Πατέρα Του. Ο Ιησούς Τον αποκαλεί *Abba* (=*Μπαμπά*) —είναι η πιο τρυφερή αραμαϊκή λέξη, και περιγράφει την οικεία σχέση μεταξύ ενός γιου και του πατέρα του. Τα καλά νέα είναι ότι ο Ιησούς μας προσκαλεί να μοιραστούμε αυτή τη σχέση μαζί Του. Αυτή είναι μία από τις σπουδαιότερες αποκαλύψεις που παίρνουμε από τον Ιησού. Όταν οι μαθητές Του Τον ρώτησαν πώς να προσεύχονται, ο Ιησούς απάντησε:

> *Έτσι λοιπόν να προσεύχεστε:*
> *«Πατέρα μας που είσαι στους ουρανούς,*
> *ας αγιαστεί το όνομά σου».*
>
> Κατά Ματθαίο 6:9

Ίσως να μην καταλαβαίνουμε τη σημασία αυτού, μέχρι να καταλάβουμε το παρασκήνιο της κουλτούρας τους. Όταν οι μαθητές ζήτησαν από τον Ιησού να τους διδάξει πώς να προσεύχονται, Του ζητούσαν, βασικά, να τους δείξει μια μοναδική προσευχή που θα ήταν το χαρακτηριστικό σημάδι της σχέσης τους. Όταν τους δίδαξε (κατ' επέκταση και εμάς) να απευθυνόμαστε στον Θεό ως «Πατέρα μας», μας έδωσε, ουσιαστικά, την εξουσιοδότηση να συμμετέχουμε στην κοινωνία που έχει Αυτός με τον Θεό.[7]

Ήταν, βέβαια, συνηθισμένη στην αρχαιότητα η ιδέα ενός θεού ως «πατέρα», αλλά στον Ιουδαϊσμό της Παλαιστίνης ο όρος «Πατέρας» πολύ σπάνια χρησιμοποιούταν αναφερόμενος στον Θεό. Όταν τον χρησιμοποιούσαν, είχε κυρίως συλλογική χροιά (δηλαδή «ο Πατέρας της δημιουργίας» ή «ο Πατέρας του Ισραήλ»), και έδινε έμφαση στην ευλάβεια και υπακοή που έπρεπε να Του δείχνουν. Αλλά, μέχρι να έρθει ο Ιησούς, δεν υπάρχει καμία καταγραφή κάποιου μεμονωμένου ατόμου που να αποκαλεί τον Θεό «Πατέρα μου».[8]

Τη στιγμή που ο Ιησούς αποκαλεί τον Θεό «Πατέρα μου», σπάει κάθε κατεστημένο, και προχωρά ακάθεκτος! Δεν αποκαλεί τον Θεό απλά «Πατέρα μου», αλλά χρησιμοποιεί τον όρο *Abba*. Σύμφωνα με κάποιους μελετητές, η χρήση της λέξης *Μπαμπάς* δηλώνει ξεκάθαρα τη βαθιά οικειότητα μεταξύ του Ιησού και του Πατέρα. Ήταν κάτι επαναστατικό! Στο μυαλό ενός Εβραίου ήταν μεγάλη ασέβεια να χρησιμοποιήσεις μια τέτοια έκφραση οικειότητας για να απευθυνθείς στον Θεό. Αυτό που έκανε ο Ιησούς ήταν κάτι καινούργιο, μοναδικό και ανήκουστο. Ο Ιησούς

Μπορούμε να γνωρίσουμε τον Θεό ως τον Abba μας που αγαπάει τον καθένα μας ξεχωριστά και νοιάζεται για μας.

μιλούσε με τον Θεό όπως μιλάει ένα παιδί με τον πατέρα του, εκφράζοντας οικειότητα και ασφάλεια. Η ιδιαίτερη λέξη που χρησιμοποιεί ο Ιησούς για να περιγράψει τον Πατέρα, *Abba*, εκφράζει «μια πολύ ξεχωριστή σχέση που είναι αδιανόητο και αδύνατο να σπάσει· μια σχέση όπου ο ένας θεωρεί τον άλλο θησαυρό του».[9] Συνεπώς, δεν υπάρχει καμία αμφιβολία ότι όταν ο Ιησούς χρησιμοποιεί τη λέξη *Abba* για να καλέσει τον Θεό, μας φανερώνει ποια είναι η βάση της σχέσης τους.[10]

Το ιδιαίτερο χαρακτηριστικό που έχει κάθε μαθητής του Ιησού είναι ότι, μέσα από τον Ιησού, μπορούμε να συμμετέχουμε στην κοινωνία μεταξύ του Πατέρα, του Υιού και του Αγίου Πνεύματος.[11] Μπορούμε να γνωρίσουμε τον Θεό, όχι ως κάποιον απόμακρο «Πατέρα της δημιουργίας», αλλά ως τον *Abba* μας που αγαπάει τον καθένα μας ξεχωριστά και νοιάζεται για μας. Έτσι, μπορούμε να ζούμε στην ασφάλεια της αγκαλιάς Του.

Η δυσκολία μας είναι ότι τείνουμε να έχουμε εσφαλμένες αντιλήψεις για τον Πατέρα, κι έτσι χτίζουμε τις διδασκαλίες μας σε ελαττωματικά θεμέλια. Ο Α.W. Τόζερ λέει, «θα δεις ότι είναι πολύ σπάνιο τα σφάλματα μιας διδασκαλίας ή οι αποτυχίες στην εφαρμογή χριστιανικών αρχών να μην σχετίζονται τελικά με κάποιες λανθασμένες και άδικες σκέψεις μας για τον Θεό».[12] Με άλλα λόγια, ό,τι πιστεύουμε για τον Θεό επηρεάζει αυτό που πιστεύουμε για όλα τα άλλα. Για να το διορθώσω αυτό, θέλω να σου δείξω τον Πατέρα μέσα από τα μάτια του Ιησού. Θέλω να σου συστήσω τον *Abba* μέσα από τα μάτια του Γιου που ήρθε για να Τον φανερώσει.

Όλα όσα έπονται στις σελίδες αυτού του βιβλίου είναι η δική μου συνεισφορά για να σε βοηθήσω να μεγαλώσεις στη σχέση σου με τον *Abba*. Σ' αυτό το βιβλίο δεν θα βρεις μια λίστα με το τι πρέπει να κάνεις για να είναι ευχαριστημένος ο Πατέρας μαζί σου. Δεν θα βρεις πρακτικά βήματα για να εξασκηθείς και να γίνεις «καλός Χριστιανός». Δεν θα βρεις μια λίστα με δόγματα που πρέπει να αποστηθίσεις, λες και υπάρχει κάποιο «κουίζ του σύμπαντος» στο τέλος της ζωής μας που θα καθορίσει αν θα περάσουμε την αιωνιότητα μαζί με τον Πατέρα. Αντιθέτως, θα αρχίσουμε να χτίζουμε πάνω στη σημασία της σωστής οπτικής και θα εξηγήσουμε ότι ο Ιησούς μας δίνει την πιο ξεκάθαρη και αξιόπιστη εικόνα του Πατέρα. Μετά, θα προσπαθήσουμε να ανακαλύψουμε την καρδιά του Πατέρα μέσα από τα μάτια του Ιησού, βλέποντας τον Θεό ως μια τριαδική ύπαρξη, βλέποντας τον Πατέρα και τη δημιουργία, το θέλημα του Πατέρα, την αποστολή του Πατέρα, τον Πατέρα και την αγιότητα, τον Πατέρα και τις σχέσεις, τον Πατέρα και την ελευθερία, τα δώρα του Πατέρα, και το κάλεσμα του Πατέρα.

Ευελπιστώ ότι αυτά τα κεφάλαια θα σου προσφέρουν ένα γερό θεμέλιο για να έχεις μια διαρκή σχέση με τον Τριαδικό Θεό. Μια σχέση όπου θα δέχεσαι την αγάπη του Πατέρα, του Υιού και του Αγίου Πνεύματος, θα ζεις σε μια αυξανόμενη ελευθερία από τον φόβο, θα κινητοποιείσαι και θα ενδυναμώνεσαι για να χτίζεις υγιείς σχέσεις, να ζεις σε υπακοή και να μπορείς να υπηρετείς. Αυτή είναι η ουσία του να είσαι μαθητής Του και το κλειδί για μια άφθονη ζωή.

Ένα

Είναι Θέμα Αντίληψης

Όποιος είδε Εμένα, είδε τον Πατέρα.

—Ιησούς

Οι οφθαλμαπάτες με ενθουσιάζουν. Φαντάζομαι ότι ξέρεις σε τι αναφέρομαι. Είναι οι γνωστές αναπαραστάσεις εικόνων που ξεγελούν το μάτι και μας κάνουν να βλέπουμε πράγματα που δεν είναι εκεί στην πραγματικότητα —γραμμές που κινούνται, κουκίδες που χοροπηδούν ή χρώματα που αλλάζουν— ή μας κάνουν να κοιτάμε ξανά και ξανά για να παρατηρήσουμε κάτι που είναι εκεί, αλλά θα μας διαφύγει αν δεν ρίξουμε μια πιο προσεκτική ματιά. Μια γνωστή οφθαλμαπάτη είναι η απλή σιλουέτα που αναπαριστά είτε έναν λαγό είτε μια πάπια, ανάλογα με το πως αντιλαμβάνεσαι την εικόνα. Μια άλλη είναι η ζωγραφιά ενός γυναικείου κεφαλιού, που μπορεί να είναι είτε μια χαριτωμένη κοπέλα είτε μια γιαγιά. Για να δεις και τις δυο όψεις, συνήθως πρέπει κάποιος να σου δείξει τις λεπτομέρειες που σε οδηγούν στα οπτικά ίχνη ώστε να ερμηνεύσεις σωστά την εικόνα. Μια από τις αγαπημένες μου οφθαλμαπάτες είναι η ζωγραφιά ενός όμορφου λιμανιού στο βάθος με ένα δέντρο στο προσκήνιο. Αυτό που δεν είναι εμφανές με την πρώτη ματιά είναι ότι, ταυτόχρονα, όλα αυτά σχηματίζουν την εικόνα ενός μωρού. Οι περισσότεροι δυσκολεύονται να δουν το μωρό μέσα στην εικόνα, παρότι καλύπτει το μεγαλύτερο μέρος του σκίτσου. Χρειάζονται έναν φίλο τους να τους δείξει το ξεκάθαρα προφανές, το οποίο, όμως, χάνουν, επειδή η προσοχή τους ήταν στραμμένη αλλού.

Σε πρόσφατο ταξίδι μας στην Αίγυπτο πήγαμε να δούμε τις Μεγάλες Πυραμίδες της Γκίζας και το άγαλμα της Σφίγγας. Εντυπωσιακά! Στη διάρκεια της βόλτας μας μέσα στην έρημο πάνω σε καμήλες, οι οδηγοί των καμήλων μας προσφέρθηκαν να μας βγάλουν φωτογραφία μπροστά στις πυραμίδες. Έχουν πολλές δημιουργικές ιδέες για αυτές τις φωτογραφίες, ώστε να κερδίζουν φιλοδωρήματα, κι έτσι μας έβαλαν να κάνουμε παράξενες πόζες που δεν είχαν νόημα εκείνη τη στιγμή. Αργότερα, όταν είδα τις φωτογραφίες κατάλαβα τι έκαναν. Σε μια φωτογραφία φαινόταν ότι αγγίζω με τα δάχτυλά μου την κορυφή

Αυτό που πιστεύουμε για τον Θεό καθορίζει αυτό που πιστεύουμε για όλα τα άλλα. της Μεγάλης Πυραμίδας, σε μια άλλη ήταν σαν να σήκωνα μια μεγάλη πέτρα, αλλά, η αγαπημένη μου είναι αυτή που φιλάω τη Σφίγγα. Πρόκειται, φυσικά, για ένα είδος οφθαλμαπάτης —φωτογραφίες που έχουν τραβηχτεί από μια συγκεκριμένη γωνία, ώστε να απεικονίζουν μια αλλοιωμένη εικόνα της πραγματικότητας. Αυτές οι φωτογραφίες είναι καλές για να γελάμε και ιδανικές για να πιάνουμε συζητήσεις, αλλά δεν απεικονίζουν την πραγματικότητα.

Μήπως έχουμε τέτοιες αλλοιωμένες εικόνες της πραγματικότητας σε άλλους, πιο σημαντικούς τομείς, που επηρεάζουν όλη τη ζωή μας; Αναφέρομαι στον τρόπο που βλέπουμε τον Θεό. Αυτά που πιστεύουμε για τον Θεό καθορίζουν αυτά που πιστεύουμε για όλα τα άλλα· προτού, λοιπόν, προχωρήσουμε παραπέρα, πρέπει να κάνουμε μια παύση και να αναρωτηθούμε αν πραγματικά γνωρίζουμε τον Θεό, ή αν έχουμε μια παραμορφωμένη εικόνα για το ποιος είναι ο Θεός. Εάν ο Θεός είναι πραγματικά αγνή αγάπη, και παρόλα αυτά δεν έχω την επιθυμία να είμαι μαζί Του κάθε λεπτό, μήπως, τελικά, η εικόνα που έχω γι' Αυτόν είναι παραμορφωμένη;

Χρειαζόμαστε τη Σωστή Εικόνα του Θεού

Ο Φράνσις Σέφερ εξηγεί ότι όταν έχουμε μια λανθασμένη εικόνα για τον Θεό, έχουμε μια λανθασμένη εικόνα για την πραγματικότητα, με τέσσερις σημαντικές επιπτώσεις: αυτό μας αποχωρίζει από τον Θεό, το οποίο είναι η πνευματική αποξένωση· μας αποχωρίζει από τον εαυτό μας, έχοντας ως αποτέλεσμα τις ψυχικές ανισορροπίες· μας αποχωρίζει τον έναν από τον άλλον, φέρνοντας κοινωνική σύγκρουση· μας αποχωρίζει και από τη φύση, με αποτέλεσμα τις οικολογικές παραβιάσεις (ή την κατάχρηση και κακομεταχείριση των φυσικών πηγών). Σκέψου το εξής. Μήπως τα πιο σοβαρά προβλήματα που αντιμετωπίζουμε στον κόσμο σήμερα πηγάζουν από την αλλοιωμένη εικόνα που έχουμε για τον Θεό; Μήπως η υγεία μας —πνευματική, ψυχολογική, κοινωνική και οικολογική— ξεκινάει από την υγεία στη σχέση μας με τον ουράνιο Πατέρα μας, ώστε να Τον βλέπουμε ως έναν σωστό Πατέρα γεμάτο αγάπη, που μας συγχωρεί και μας αποδέχεται ακριβώς όπως είμαστε;[14] Μήπως η απάντηση βρίσκεται, τελικά, στο να γνωρίζουμε τον Θεό —

τον Πατέρα, Γιο και Άγιο Πνεύμα— μέσα σε μια στενή σχέση αγάπης;

Ίσως σε αυτό το σημείο να σκέφτεσαι «τους ανθρώπους εκεί έξω» που δεν γνωρίζουν τον Θεό. Εγώ απευθύνομαι και σε σένα. Να ξέρεις ότι υπάρχει μεγάλη διαφορά ανάμεσα στο να ξέρεις διάφορα *σχετικά με* τον Θεό, και να *γνωρίζεις* τον Θεό.

Μήπως έχουμε αντιληφθεί τον Θεό τελείως διαφορετικά σε σχέση με το πως ο ίδιος ο Πατέρας αποκαλύπτει τον εαυτό Του;

Στη σύγχρονη κουλτούρα της Δύσης, έχουμε την τάση να εξισώνουμε τη γνώση με την αποκάλυψη. Η αλήθεια είναι ότι η αγγλική γλώσσα δεν μας βοηθάει να τα ξεχωρίσουμε, επειδή χρησιμοποιούμε τη λέξη «γνωρίζω» για να δηλώσουμε τόσο τη διανοητική, όσο και την βιωματική γνώση. Άλλες γλώσσες είναι πιο συγκεκριμένες, εμείς, όμως, έχουμε αυτό το μειονέκτημα. Η πρόσβασή μας στην πληροφόρηση είναι πλέον πολύ εύκολη, κι έτσι η ζωή μας γίνεται μια διαδικασία συλλογής δεδομένων, που κατά κάποιο τρόπο μας εξαπατά· θεωρούμε ότι επειδή έχουμε πολλές πληροφορίες για κάποιον, τον γνωρίζουμε. Αυτή είναι η εξαπάτηση των μέσων κοινωνικής δικτύωσης.

Το γεγονός ότι μπορούμε να διαβάζουμε συνοπτικά τις σκέψεις κάποιου, δεν σημαίνει ότι *γνωρίζουμε* ουσιαστικά αυτό το άτομο. Απλά σημαίνει ότι μπορούμε να ρίχνουμε γρήγορες ματιές στον τρόπο που σκέφτεται. Το γεγονός ότι μπορώ να διαβάσω άρθρα στην εφημερίδα για την αγαπημένη μου καλλιτέχνη, δεν σημαίνει ότι τη γνωρίζω πραγματικά. Απλά σημαίνει ότι ξέρω διάφορα *σχετικά μ'* αυτήν. Δεν *γνωρίζω* κανέναν απ' αυτούς τους ανθρώπους όπως γνωρίζω τον σύζυγό μου. Ξοδεύουμε χρόνο μαζί· μιλάμε μαζί· έχουμε κλάψει και έχουμε γελάσει μαζί. Μοιραζόμαστε τα όνειρά μας, τις ελπίδες και τους φόβους μας. Ζήσαμε καταπληκτικές περιπέτειες μαζί και παλέψαμε μαζί μέσα σε δύσκολες εποχές. *Γνωρίζουμε* ο ένας τον άλλον με την πιο αληθινή σημασία της λέξης —όχι επειδή έχουμε πληροφορίες ο ένας για τον άλλον, αλλά επειδή έχουμε καλλιεργήσει μια σχέση όπου ο ένας γνωρίζει τον άλλο.

Πίσω στο θέμα του να *γνωρίζουμε* τον Θεό. Οι περισσότεροι χριστιανοί ισχυρίζονται ότι *γνωρίζουν* τον Θεό, αλλά υπάρχει περίπτωση να έχουμε συλλέξει πληροφορίες και να έχουμε καταλήξει σε συμπεράσματα σχετικά με το ποιος είναι ο Θεός, βασιζόμενοι στις δικές μας εμπειρίες και παρατηρήσεις; Μήπως έχουμε αντιληφθεί τον Θεό τελείως διαφορετικά σε σχέση με το πως ο ίδιος ο Πατέρας αποκαλύπτει τον εαυτό Του; Εάν η εικόνα που έχουμε για τον Θεό είναι παραμορφωμένη, είναι δύσκολο να αναπτύξουμε μια στενή σχέση μαζί Του, όπου Αυτός θα γνωρίζει εμάς και εμείς Αυτόν. Έτσι, μας αρκεί να είμαστε θεολογικά σωστοί —και είμαστε πανέτοιμοι να μαλώσουμε για το δόγμα μας— θεωρώντας ότι αυτό μας εξασφαλίζει μια σχέση με τον Θεό. Για άλλη μια φορά, όμως, το να ξέρουμε πολλά *σχετικά με τον Θεό* και το να *γνωρίζουμε τον Θεό*, είναι δύο διαφορετικά πράγματα. Συχνά αυτό που μας εμποδίζει να *γνωρίσουμε* αληθινά τον Πατέρα μας, είναι ότι εξαρχής είχαμε τελείως λανθασμένες πληροφορίες για Αυτόν.[15] Αυτό είναι ένα σοβαρό πρόβλημα.

Θέλω να δώσω λίγο χρόνο για να μας βοηθήσω να δούμε καθαρά — να ξεφορτωθούμε τις οφθαλμαπάτες και να βρούμε έναν τρόπο για να αποκαταστήσουμε την εικόνα που έχουμε για τον Θεό, ώστε να μπορέσουμε να αναπτύξουμε μια ολοκληρωμένη σχέση μαζί Του, στην οποία θα μπορέσουμε και εμείς να είμαστε ολοκληρωμένοι. (Το συνοδευτικό βιβλίο, «*Ο Ρόλος του Abba*» εξηγεί πως ο Θεός εργάζεται μέσα μας για να μας κάνει πλήρεις, ελευθερώνοντάς μας από το ορφανό πνεύμα και μορφώνοντας μέσα μας την καρδιά ενός γιου.) Ας ξεκινήσουμε, εάν θέλετε, κάνοντας την εξής ερώτηση: «Από πού αντλούμε την εικόνα που έχουμε για τον Θεό;» Σκέψου για λίγο ποιες μπορεί να είναι οι πηγές μας.

Από Πού Αντλούμε την Εικόνα που Έχουμε για τον Θεό;

Όποτε κάνω αυτή την ερώτηση, «Από πού αντλούμε την εικόνα που έχουμε για τον Θεό;», οι περισσότεροι πιστοί απαντούν, «Από τη Βίβλο». Φυσικά, ο Θεός αποκαλύπτει τον εαυτό Του μέσα από τα εδάφια της Αγίας Γραφής. Το πρόβλημα είναι ότι προτού αρχίσουμε να διαβάζουμε την Αγία Γραφή, είχαμε ήδη κάποιες προκαταλήψεις για το πώς είναι ο Θεός. Όταν ερχόμαστε στον Χριστό, νομίζουμε ότι είμαστε άγραφο βιβλίο και άρα μπορούμε να γνωρίσουμε τον Θεό αντικειμενικά διαβάζοντας την Αγία Γραφή. Όμως, αυτό που γίνεται τις περισσότερες φορές, είναι ότι διαβάζουμε τη Βίβλο μέσα από τα φίλτρα των προκαταλήψεων που ήδη έχουμε για τον Θεό. Εννοώ ότι όλοι έχουμε εκτεθεί σε κάποιες ιδέες για τον Θεό που προέρχονται από άλλες πηγές, και έτσι, όταν διαβάζουμε τα εδάφια της Βίβλου, τα περνάμε από το φίλτρο που έχουμε, που ουσιαστικά ενισχύει τις προηγούμενες αντιλήψεις μας για το ποιος είναι ο Θεός. Σκέψου για ένα λεπτό: ποιες μπορεί να είναι οι άλλες πηγές που έχουν σχηματίσει την εικόνα που έχεις για τον Θεό –καλή ή κακή– και ίσως ευθύνονται για την παραποίησή της;

Η Τέχνη

Σκέψου, για παράδειγμα, την τέχνη. Έχεις δει πίνακες ζωγραφικής από βιβλικές ιστορίες; Είναι έργα που απεικονίζουν τον τρόπο με τον οποίο ο κάθε καλλιτέχνης ερμηνεύει την ιστορία, αλλά όταν τα βλέπουμε, εμείς υποσυνείδητα τα εκλαμβάνουμε ως ακριβή. Μπορεί να είναι· μπορεί και να μην είναι. Μπορεί να μην το κάνουμε συνειδητά, αλλά η τέχνη έχει την ικανότητα να αποτυπώνει στο μυαλό μας αυτές τις ιδέες, που γίνονται τα φίλτρα μας και μπορούν να εμποδίσουν τη σχέση μας με τον Θεό.

Η Ψυχαγωγία

Τι γίνεται με τον χώρο της ψυχαγωγίας; Έχεις δει ποτέ ταινίες ή προγράμματα στην τηλεόραση σχετικά με ιστορίες της Βίβλου ή σχετικά με τον Θεό; Και πάλι, πρόκειται για τις ερμηνείες που δίνουν κάποιοι —άλλες φορές σωστές, άλλες λανθασμένες. Όλες, όμως, σχηματίζουν μέσα μας μια εικόνα για το πως είναι ο Θεός· είτε το συνειδητοποιούμε είτε όχι, είναι πολύ πιθανό να προβάλλουμε την εικόνα που μας δίνει το Χόλιγουντ για τον Θεό ως δική μας αντίληψη. Το ίδιο ισχύει και για τη μουσική, ακόμα και για την πολιτική.

Η Μυθολογία

Τι γίνεται με τη μυθολογία; Μήπως έχουμε σχηματίσει εντυπώσεις για τον Θεό με βάση τους θεούς της ρωμαϊκής ή της ελληνικής μυθολογίας; Ίσως αντιλαμβανόμαστε τον Θεό παρόμοιο με την ελληνική θεότητα —τον Δία— που ορίζει τον φυσικό παγκόσμιο κώδικα ηθικής και, ταυτόχρονα, κάνει ό,τι θέλει, επειδή αυτός καθοδηγεί τα πάντα «προς το καλύτερο». Είναι, στ' αλήθεια, έτσι ο Θεός;

Η Θρησκεία

Για κάποιους από μας, οι αντιλήψεις μας για τον Θεό έχουν διαμορφωθεί από τις θρησκευτικές μας εμπειρίες. Εγώ μεγάλωσα μέσα σε ένα συγκεκριμένο δόγμα που απεικονίζει τον Θεό ως έναν θυμωμένο βασιλιά, μεγάλης ηλικίας, που κάθεται στον ουρανό σε έναν απομακρυσμένο θρόνο και με παρακολουθεί για να δει πώς συμπεριφέρομαι. Και όποτε έκανα κάποιο λάθος, μου έριχνε τιμωρίες. Είναι πολύ δύσκολο να αναπτύξεις μια στενή σχέση με έναν τέτοιο Θεό!

Οι Εμπειρίες της Ζωής

Για πολλούς από μας, η εικόνα που έχουμε για τον Θεό έχει διαμορφωθεί από τις εμπειρίες μας, και συγκεκριμένα, από τις δυσκολίες της ζωής. Όταν περνάμε δύσκολες καταστάσεις, ψάχνουμε εξηγήσεις που θα μας βοηθήσουν να διαχειριστούμε τον πόνο· ψάχνουμε απαντήσεις στα πολλά ερωτήματα που έχουμε.[16] Το πως επιλύουμε, τελικά, αυτά τα ζητήματα μορφώνει μέσα μας μια αντίληψη για το ποιος είναι ο Θεός και επιδρά άμεσα στη σχέση μας μαζί Του. Όταν ο Θεός δίνει καλά πράγματα, ίσως τα εκλαμβάνουμε ως ενδείξεις της χάρης και του ενδιαφέροντός Του. Νιώθουμε ότι είναι ευχαριστημένος μαζί μας και έτσι νιώθουμε άνετα κοντά Του. Αλλά όταν περνάμε δυσκολίες, το αποδίδουμε και αυτό στον Θεό και το ερμηνεύουμε ως ένα σημάδι της δυσαρέσκειάς Του, της απόρριψης ή της εκδίκησής Του. Νιώθουμε ότι ο Θεός μας κρατάει σε απόσταση. Όταν αξιολογούμε τη ζωή μας μέσα από την περιορισμένη κατανόησή μας, θεωρούμε τον Θεό απρόβλεπτο και ασταθή —τη μια μέρα έχει καλή διάθεση, την επόμενη μπορεί να είναι και κακή. Κανείς μας δεν ξέρει τι θέλει να κάνει ο Θεός, έτσι προτιμούμε να μείνουμε μακριά Του, ή ζούμε με έναν διαρκή φόβο της παρουσίας Του. Θα το αναλύσουμε λεπτομερώς αργότερα.[17]

Υπάρχουν άλλες δύο επιρροές στις οποίες θέλω να αναφερθώ σε βάθος —επέλεξα τη μία γιατί συνήθως την αγνοούμε, και την άλλη, επειδή είναι τόσο σημαντική, που αξίζει να την εξηγήσουμε καλύτερα.

Ρωμαϊκή, Ελληνική ή Εβραϊκή;

Είτε το συνειδητοποιούμε είτε όχι, η Εκκλησία στη Δύση έχει ταλαιπωρηθεί και από τη ρωμαϊκή και από την ελληνική κοσμοθεωρία. Και οι δύο έχουν επηρεάσει τον τρόπο που βλέπουμε τον Θεό και σχετιζόμαστε μαζί Του. Ας ξεκινήσουμε με τη ρωμαϊκή κοσμοθεωρία, επειδή είναι και η πιο διαδεδομένη στη σύγχρονη Εκκλησία.[18]

Η Ρωμαϊκή

Η ρωμαϊκή κοινωνία ήταν πραγματιστική. Συνεπώς, έδιναν έμφαση στην εξουσία και εξύψωναν τη ρεαλιστική σκέψη —το σωστό ή το λάθος, το καλό ή το κακό, το μαύρο ή το άσπρο. Για τους Ρωμαίους η αγάπη ήταν επιλογή. Στην ρωμαϊκή κοσμοθεωρία της

Η αγάπη δεν είναι ούτε επιλογή, ούτε συναίσθημα, αλλά είναι να μοιράζεσαι τη ζωή σου.

Εκκλησίας, το απόλυτο σύστημα ελέγχου είναι ο Νόμος, και ο Θεός είναι ο Νομοθέτης που εμπνέει τον φόβο. Η Αγία Γραφή είναι ένα βιβλίο νόμου και τιμωρίας. Η αμαρτία, βέβαια, αποτελεί παράβαση του Νόμου, και η σωτηρία μας εστιάζεται κυρίως στο γεγονός ότι ο Ιησούς επωμίστηκε την τιμωρία που μας άξιζε. Σου θυμίζει κάτι;

Συμφωνείς ότι η δυτική κουλτούρα έχει επηρεαστεί από τον ρωμαϊκό τρόπο σκέψης; Τι είδους κτίρια βλέπεις στη Γουάσινγκτον Ντι Σι; Με τι μοιάζουν οι καθεδρικοί ναοί και τα μνημεία μας; Το εθνικό μας σύμβολο στην Αμερική, ο λευκοκέφαλος θαλασσαετός, ήταν το εθνόσημο της Ρώμης.

Τι γίνεται όσον αφορά την εικόνα που έχουμε για τον Θεό; Μπορείς να σκεφτείς με ποιους τρόπους έχει επηρεάσει η ρωμαϊκή κοσμοθεωρία το πώς σκεφτόμαστε για τον Θεό, την αμαρτία, την Αγία Γραφή ή τη σωτηρία;

Όταν η αντίληψή μας για τον Θεό έχει ρωμαϊκές επιρροές, θα μας απασχολεί να έχουμε «το σωστό δόγμα», να διδάσκουμε τους άλλους πώς να σκέφτονται και να ενεργούν «σωστά» και, κυρίως, θα μας ενδιαφέρει η τιμωρία ή η απουσία της. Όπως θα δούμε στη συνέχεια, όλα αυτά είναι εν μέρει σωστά· αλλά ένας τέτοιος προσανατολισμός προκαλεί φόβο και δημιουργεί απόσταση, αντί να γεννά την επιθυμία να γνωρίσουμε τον Θεό με τρόπο οικείο.

Η Ελληνική

Ας συνεχίσουμε με την ελληνική θεώρηση του κόσμου, η οποία είναι επίσης εμφανής στο πλαίσιο που συζητάμε. Η ελληνική κοινωνία ήταν στοχαστική. Δηλαδή, έδιναν έμφαση στην ομορφιά και στην αλήθεια μέσα από την αφηρημένη σκέψη. Θυμηθείτε ότι η Φιλοσοφία εξελίχθηκε μέσα στο ελληνικό πλαίσιο. Η ελληνική κοσμοθεωρία υποστηρίζει ότι όλα συμβαίνουν όπως πρέπει να συμβούν, σύμφωνα με τη μοίρα. Όλα είναι προκαθορισμένα και το κλειδί της ευτυχίας είναι η λογική.[20] Ο στόχος είναι να καταλάβουμε τους φυσικούς νόμους και έπειτα να κρίνουμε και να ενεργούμε σύμφωνα με αυτούς.

Μέσα από την ελληνική οπτική, ο Θεός κατευθύνει τα πάντα προς το καλό, ο Νόμος είναι η βασική αρχή του σύμπαντος και η Αγία Γραφή είναι το βιβλίο που διδάσκει αυτές τις αρχές, ώστε αν τις εφαρμόσουμε να μπορούμε να περιμένουμε καλά αποτελέσματα. Όταν βλέπουμε μ' αυτό το φίλτρο, μπορούμε με ευκολία να ακολουθούμε τον Ιησού ως έναν καλό δάσκαλο, που είναι άλλωστε. Αλλά αυτό δεν προϋποθέτει σχέση μαζί Του. Για την ελληνική κοσμοθεωρία, η αγάπη είναι συναίσθημα, η αμαρτία είναι το να επιλέγεις το σαρκικό πάνω από το πνευματικό, και η σωτηρία είναι η υπόσχεση ότι μια μέρα θα αφήσουμε αυτόν τον υλικό κόσμο και θα ζήσουμε στον παράδεισο αιώνια.

Θεωρείς ότι ο δυτικός πολιτισμός έχει επηρεαστεί από την ελληνική φιλοσοφία; Ποιες αξίες βλέπεις στο δικό μας πλαίσιο, που αντιστοιχούν στην ελληνική κοσμοθεωρία;

Τι γίνεται με την αντίληψή μας για τον Θεό; Μπορείς να σκεφτείς με ποιους τρόπους μας έχει επηρεάσει η ελληνική κοσμοθεωρία στο πως σκεφτόμαστε για τον Θεό, την αμαρτία ή τη σωτηρία;

Όταν η κοσμοθεωρία μας κλίνει προς την ελληνική, μας ενδιαφέρει περισσότερο η ηθική και η ευπρέπεια, το ευχάριστο και το σωστό. Εξακολουθεί να δίνεται έμφαση στη συμπεριφορά, παρότι το κίνητρο μας διαφέρει. Και πάλι, η ελληνική θεώρηση του κόσμου, κατά ένα μέρος, αληθεύει. Σίγουρα οι σωστές ηθικές αρχές είναι καλές, αλλά, στ' αλήθεια, αυτό σημαίνει να είσαι μαθητής; Ας συγκρίνουμε αυτές τις δύο οπτικές με τον εβραϊκό προσανατολισμό, που γεννήθηκε καθώς οι άνθρωποι ζούσαν σε μια σχέση διαθήκης με τον Θεό.

Η Εβραϊκή

Η εβραϊκή κοινωνία βασίζεται στις σχέσεις, γι' αυτό δίνει έμφαση στη διαθήκη, στην ανάγκη να ανήκεις σε ένα σύνολο, και στη σοφία. Εδώ, η αγάπη δεν είναι ούτε επιλογή, ούτε συναίσθημα, αλλά είναι το να μοιράζεσαι τη ζωή σου. Έχει να κάνει με τη διαθήκη που συνάπτεις και την αμοιβαιότητα. Όταν ο Θεός αποκάλυψε τον εαυτό Του στον λαό Ισραήλ, έκανε μία διαθήκη μαζί τους. Ουσιαστικά, ο Θεός ήταν αυτός που ξεκίνησε τη διαθήκη και την εκπληρώνει μέχρι σήμερα, χάρη αυτής της σχέσης. Είναι ένας Θεός που λειτουργεί με βάση τη διαθήκη, ένας Θεός υπόσχεσης και παρουσίας. Ο Νόμος Του

Ο Θεός δεν είναι σαν τον επίγειο πατέρα σου.

είναι η έκφραση αυτής της σχέσης διαθήκης. Θέλω να σημειώσεις την έμφαση που δίνει η εβραϊκή κοινωνία στην έννοια της σχέσης, κάτι που έρχεται σε αντίθεση με τον ατομικιστικό τρόπο σκέψης της Δύσης. Στην κοσμοθεωρία των Εβραίων, η αμαρτία είναι η απώλεια ή ο τραυματισμός μιας σχέσης· είναι όταν παύει να γνωρίζει (βιωματικά) ο ένας τον άλλον. Έτσι, η σωτηρία αφορά, κυρίως, την αποκατάσταση αυτής της σχέσης, φέρνει υγεία στη σχέση με τον Θεό και μεταξύ μας.

Ελπίζω ότι μέχρι τώρα έχεις αναγνωρίσει κάποιες φωνές που μας οδηγούν σε μια διαστρεβλωμένη εικόνα του Θεού. Εάν ταυτίζεσαι περισσότερο με τη ρωμαϊκή ή την ελληνική κοσμοθεωρία, αντί με την εβραϊκή που στηρίζεται στη σχέση, είναι πολύ πιθανόν η εικόνα σου για τον Θεό να είναι παραποιημένη. Εάν νιώθεις λίγο άβολα, αυτό είναι καλό σημάδι! Γιατί όταν αντιληφθούμε ότι μέχρι τώρα δεν βλέπαμε καθαρά, τότε μπορούμε να κάνουμε κάτι για αυτό. Προτού προχωρήσουμε, όμως, πρέπει να αναφερθούμε και σε άλλη μία πηγή που μορφώνει την εικόνα που έχουμε για τον Θεό —ίσως είναι η πιο σημαντική απ' όλες, και συνήθως η πιο τραυματική.

Οι Επίγειοι Πατέρες και ο Ουράνιος Πατέρας Μας

Μια βασική πηγή απ' όπου αντλούμε την εικόνα του Θεού είναι ο επίγειος πατέρας μας. Δεν είναι τυχαίο που ο Θεός αποκαλύπτει τον εαυτό Του ως «Πατέρα», παρότι αυτή η λέξη μπορεί να έχει αρνητικούς συνειρμούς. Πολλοί άνθρωποι δυσκολεύονται να δουν τον Θεό ως έναν καλό Πατέρα, εξαιτίας της προσωπικής τους εμπειρίας με τον επίγειο πατέρα τους. Ξέρουμε ότι ο τέλειος πατέρας στη γη δεν υπάρχει. Κάποιοι είναι καλύτεροι από άλλους, αλλά κανένας δεν είναι τέλειος. Κι όμως, παρότι το γνωρίζουμε, τείνουμε να προβάλλουμε στον Θεό τα χαρακτηριστικά των γήινων πατέρων μας. Είναι αναγκαίο να μάθουμε να τα ξεχωρίζουμε. Θα δώσω κάποια παραδείγματα που ίσως μας βοηθήσουν να απεικονίσουμε πώς λειτουργεί αυτό (παρεμπιπτόντως, εάν κάτι από αυτά ισχύει για σένα, σε παρακαλώ να κάνεις την άσκηση συγχώρεσης στο τέλος του κεφαλαίου, προτού προχωρήσεις στην επόμενη ενότητα).

Ίσως είχες έναν πατέρα που ήταν πάντα απών. Ίσως πέθανε όταν ήσουν μικρό παιδί, ίσως εγκατέλειψε τη μητέρα σου, ή είχε λόγους πάνω από τον έλεγχό του, που τον εμπόδισαν να είναι κοντά σου στα χρόνια

Για να μάθουμε πώς είναι ο Θεός, αρκεί απλά να κοιτάξουμε τον Ιησού.

της ανάπτυξής σου. Ίσως ήταν στο σπίτι, αλλά δούλευε πολλές ώρες ή ταξίδευε πολύ. Ή ίσως ήταν παρών ως φυσική παρουσία, αλλά δεν ήταν ποτέ εκεί όταν τον χρειαζόσουν. Ίσως δεν ήξερε πώς να κάνει μια εγκάρδια κουβέντα μαζί σου, πώς να απαντάει στις ερωτήσεις σου ή πώς να σου δείχνει την αγάπη και τη στοργή του. Ίσως εμφανιζόταν ουσιαστικά, μόνο όταν έπρεπε να σε διορθώσει. Κάθε ένα από αυτά τα χαρακτηριστικά, ενδέχεται να το προβάλλεις και στον Θεό. Μπορεί υποσυνείδητα να σκέφτεσαι ότι ο Θεός είναι έτσι ακριβώς — απών, απόμακρος ή αδιάφορος. Ίσως αποδέχεσαι στο μυαλό σου ότι είναι παρών, αλλά δυσκολεύεσαι να Τον εμπιστευθείς ότι θα είναι εκεί όταν Τον χρειαστείς. Αλλά, *ο Θεός δεν είναι σαν τον επίγειο πατέρα σου.*

Ίσως ο πατέρας σου δεν ήταν καλός στο να προμηθεύει για σας. Ίσως δεν είχε καλό εργασιακό ήθος και έτσι, ξέμενε συνέχεια από δουλειά. Ίσως δούλευε σκληρά, αλλά δεν ήξερε πώς να διαχειριστεί τα χρήματα. Ίσως είχε εθισμούς —στα ναρκωτικά, στο ποτό, στον τζόγο— που απορροφούσαν τα χρήματα της οικογένειας. Ίσως του συνέβη μια πολύ άσχημη οικονομική κακοτυχία. Ίσως έκανε το καλύτερο που μπορούσε, αλλά δεν ήταν αρκετό. Ή ίσως είχε πολλά χρήματα, αλλά δεν ήξερε πώς να δίνει χωρίς να περιμένει κάτι σαν αντάλλαγμα. Ίσως ήθελε να σου μάθει την αξία της σκληρής δουλειάς, και έτσι σε έμαθε ότι πρέπει να κερδίζεις με την αξία σου όλα όσα σου δίνει. Εάν μεγάλωσες μέσα σε μια τέτοια ατμόσφαιρα, ίσως προβάλλεις στον Θεό την ιδέα ότι δεν θα προμηθεύσει για τις ανάγκες σου. Ίσως νιώθεις ότι ο Θεός περιμένει να φροντίσεις εσύ τον εαυτό σου, να τα καταφέρεις μόνος σου. Αλλά, *ο Θεός δεν είναι σαν τον επίγειο πατέρα σου.*

Ίσως μεγάλωσες με έναν αυστηρό πατέρα που απαιτούσε να είσαι τέλειος. Όσο σκληρά κι αν προσπαθούσες, πάντα ένιωθες πως ήταν αδύνατο να τον ικανοποιήσεις. Ίσως δυσκολευόσουν στο σχολείο και ένιωθες πως ήσουν μια απογοήτευση για αυτόν. Ίσως ήσουν καλός μαθητής, αλλά ο πατέρας σου επικεντρωνόταν μόνο στο ότι μπορούσες και καλύτερα. Ίσως ο πατέρας σου νόμιζε ότι το καλύτερο που μπορούσε να κάνει για σένα, ήταν να σε διδάξει την αδιαμφισβήτητη πειθαρχία και την απόλυτη υπακοή, έτσι ανεξάρτητα από το πόσα έκανες, αυτός ανέβαζε συνεχώς τον πήχη. Ίσως ο πατέρας σου δεν ήξερε πώς να γιορτάσει τις επιτυχίες σου. Εάν ισχύει αυτό, είναι πολύ πιθανό ότι κάνεις προβολή της συμπεριφοράς του πατέρα σου, νομίζοντας ότι ο Θεός περιμένει το ίδιο από σένα. Ίσως νομίζεις, όπως και πολλοί άλλοι, ότι όσο σκληρά κι αν προσπαθήσεις, ο Θεός ποτέ δεν θα είναι ευχαριστημένος με εσένα. *Αλλά, ο Θεός δεν είναι σαν τον επίγειο πατέρα σου.*

Ίσως είχες την ακριβώς αντίθετη εμπειρία και μεγάλωσες με έναν πατέρα που σε κακομάθαινε. Ίσως δεν ήταν πάντα παρών, αλλά όταν ερχόταν στο σπίτι, σε πλημμύριζε με δώρα για να αναπληρώσει την απουσία του. Ίσως φοβόταν μη σε πληγώσει, κι έτσι έφτανε στο άλλο άκρο και δεν σε διόρθωνε καθόλου. Ίσως σκεφτόταν ότι ο καλύτερος τρόπος για να δείξει την αγάπη του, ήταν να επικροτεί οτιδήποτε κάνεις, ό,τι κι αν ήταν. Εάν σου συνέβαινε αυτό, ίσως έχεις λανθασμένες προσδοκίες από τον Θεό, ίσως παρερμηνεύεις τη διόρθωσή ή τον έλεγχο του Θεού, και τα εκλαμβάνεις ως απογοήτευση ή έλλειψη αγάπης εκ μέρους Του. *Αλλά, ο Θεός δεν είναι σαν τον επίγειο πατέρα σου.*

Ίσως είσαι από τους λίγους τυχερούς που μεγάλωσαν με έναν πατέρα που ήξερε πώς να είναι παρών, πώς να προμηθεύει με υγιείς τρόπους, πώς να διαπαιδαγωγεί και να διορθώνει με αγάπη, και πώς να ενθαρρύνει με όρια. Εμείς θα τον ονομάζαμε «καλό πατέρα», αλλά ο Ιησούς λέει πως ακόμα και αυτοί οι πατέρες είναι πονηροί συγκριτικά με τον Θεό, τον απόλυτο Πατέρα (Κατά Λουκά 11:13). Μέσα από τα λόγια και τη διακονία του Χριστού, βλέπουμε ότι η αποστολή Του ήταν να αποκαταστήσει την άποψή μας για τον Πατέρα —τον *Abba* Του— και να μας καλέσει να Τον γνωρίσουμε, όχι μέσα από το πρίσμα της θρησκείας, των εμπειριών ή της κουλτούρας μας, αλλά μέσα από τα μάτια του Γιου. Πώς μπορούμε να το κάνουμε αυτό; Θα κλείσουμε το κεφάλαιο απαντώντας αυτήν ακριβώς την ερώτηση.

Από Πού Παίρνουμε τη Σωστή Εικόνα για τον Πατέρα;

Ο Θεός μας παρέχει έναν σίγουρο τρόπο για να διώξουμε κάθε παρερμηνεία σχετικά με το Ποιος είναι. Αυτός ο τρόπος δεν είναι μια μέθοδος ή ένα σύστημα, δεν είναι ένα δόγμα, ούτε τα ίδια τα εδάφια της Αγίας Γραφής. Ο τρόπος είναι ένα Πρόσωπο. Ο ίδιος ο Ιησούς είναι ο τρόπος. Ο Ιησούς είναι ο εκπρόσωπος του Πατέρα Θεού (του Θεού που πολλοί θεωρούμε απόμακρο και απρόσιτο) και ταυτόχρονα, ο εκπρόσωπος της ανθρωπότητας (ο Ιησούς είναι άνθρωπος, υποκείμενος στον ίδιο φυσικό κόσμο με εμάς). Και στα τέσσερα ευαγγέλια ο Ιησούς περιγράφει τη σχέση Του με τον *Abba* Του

Αν δεν το έκανε ο Ιησούς, σημαίνει ότι δεν θα το έκανε ούτε ο Πατέρας.

29

και συστήνει τον Θεό και σε μας ως *Abba* μας, έναν Πατέρα γεμάτο αγάπη, στοργικό και συμπονετικό που κατοικεί μέσα στην καρδιά του Ιησού και ποθεί να κατοικήσει και μέσα στη δική μας καρδιά.[21] Κοίταξε τι λέει η Αγία Γραφή για τον Ιησού:

> *Κανένας δεν είδε ποτέ τον Θεό.*
> *Ο Μονογενής Υιός,*
> *που είναι στην αγκαλιά του Πατέρα,*
> *εκείνος τον φανέρωσε.*
>
> Κατά Ιωάννη 1:18

Ο Ιησούς είναι Αυτός που ήρθε από την αγκαλιά του Πατέρα —από το μέρος της πιο οικείας σχέσης με τον Πατέρα— και φανέρωσε τον Πατέρα σε εμάς. Εάν θέλουμε να μάθουμε πώς είναι ο Θεός, κοιτάμε τον Ιησού.

> *Ο οποίος [ο Ιησούς] είναι εικόνα του αόρατου Θεού,*
> *πρωτότοκος κάθε κτίσης.*
>
> Κολοσσαείς 1:15

Μπορούμε να πούμε ότι ο Χριστός είναι η τρισδιάστατη εικόνα του Πατέρα σε υψηλή ανάλυση. Είναι Αυτός που μας φανερώνει, με ανθρώπινη έκφραση, τον χαρακτήρα και την υπόσταση του Θεού. Δες έναν διάλογο που έκανε ο Ιησούς με τους μαθητές Του:

> *Ο Ιησούς λέει σ' αυτόν: Εγώ είμαι ο δρόμος, και η αλήθεια, και η ζωή·*
> *κανένας δεν έρχεται προς τον Πατέρα, παρά μόνον διαμέσου εμού·*
> *αν γνωρίζατε εμένα, θα γνωρίζατε και τον Πατέρα μου·*
> *και από τώρα τον γνωρίζετε, και τον είδατε.*
> *Λέει σ' αυτόν ο Φίλιππος:*
> *Κύριε, δείξε σε μας τον Πατέρα, και μας αρκεί.*
> *Ο Ιησούς λέει σ' αυτόν: Τόσον καιρό είμαι μαζί σας,*
> *και δεν με γνώρισες Φίλιππε;*
> *Όποιος είδε εμένα, είδε τον Πατέρα.*
> *Και πως εσύ λες: Δείξε σε μας τον Πατέρα;*
>
> Κατά Ιωάννη 14:6-9

Ο Ιησούς λέει με έμφαση ότι αν θέλουμε να γνωρίσουμε πώς είναι ο Θεός, αρκεί απλά να κοιτάξουμε Αυτόν (τον Ιησού). Δες μια άλλη δήλωση που κάνει ο Ιησούς για τον Εαυτό Του, με σαφείς ενδείξεις ότι μπορούμε να γνωρίσουμε τον Πατέρα κοιτώντας τον Ιησού:

> *Δεν μπορεί ο Υιός [ο Ιησούς] να κάνει τίποτε από μόνος του,*
> *αν δεν βλέπει τον Πατέρα να το κάνει αυτό.*
> *Επειδή όσα κάνει εκείνος, αυτά παρόμοια κάνει και ο Υιός.*
>
> Κατά Ιωάννη 5:19

Όλα όσα έκανε και έλεγε ο Ιησούς ήταν απλώς προεκτάσεις του Πατέρα Του. Με άλλα λόγια, εάν θέλουμε να γνωρίσουμε τι θα έκανε ή τι θα έλεγε σε οποιαδήποτε περίσταση ο Πατέρας Θεός, στρεφόμαστε στον Ιησού. Εάν δεν το έκανε ο Χριστός, σημαίνει ότι ούτε ο Πατέρας θα το έκανε. Κι όμως, κάποιες φορές έχουμε αντιλήψεις για τον Θεό που δεν συνάδουν με τον Πατέρα που μας αποκαλύπτει ο Ιησούς.

Έχεις ακούσει να λένε, «Αυτή η αρρώστια είναι από τον Θεό· με δοκιμάζει» ή «ο Θεός δίνει και ο Θεός αφαιρεί» ή «ο Θεός κάτι με διδάσκει»; Σου έχουν πει ποτέ, «Πρόσεχε τι ζητάς... εάν ζητήσεις από τον Θεό υπομονή, θα σε βάλει να περάσεις κάτι πολύ δύσκολο ώστε να καλλιεργήσεις την υπομονή σου»; Σύγκρινέ τα όλα αυτά με αυτά που βλέπεις τον Χριστό να κάνει.

Είδες ποτέ τον Ιησού να στέλνει μια αρρώστια σε κάποιον για να τον διδάξει; Τι έκανε ο Κύριος όταν έρχονταν σε Αυτόν οι άρρωστοι; Είδες ποτέ τον Ιησού να λέει, «Δεν συμπεριφέρεστε στο δικό Μου επίπεδο τώρα τελευταία, άρα δεν θα σας ταΐσω»; Ή «Λυπάμαι, δεν μπορώ να σε θεραπεύσω αν δεν πάρεις το μάθημά σου»;

Σκέψου ποια είναι η λογική αυτών των συλλογισμών μας. Πιστεύουμε ότι ο Πατέρας στέλνει μια αρρώστια «για να δοκιμάσει» κάποιον, αλλά στα Ευαγγέλια βλέπουμε τον Ιησού να κινείται με συμπόνια και να θεραπεύει τους αρρώστους. Είναι δυνατόν ο Ιησούς να ενεργούσε σε αντίθεση με τους σκοπούς του Πατέρα Του; Ή μήπως έχουμε παρερμηνεύσει εντελώς τα πραγματικά αίτια της αρρώστιας;

Πιστεύουμε ότι ο Πατέρας ορίζει τον προσδιορισμένο καιρό για να πεθάνει κάποιος, αλλά βλέπουμε στα Ευαγγέλια ότι η διακονία του Ιησού (και η διακονία που ανέθεσε στους μαθητές Του) περιλαμβάνει την ανάσταση των νεκρών. Είναι δυνατόν ο Ιησούς να αψηφούσε το θέλημα του Πατέρα Του; Ή μήπως έχουμε κάνει τελείως λανθασμένες υποθέσεις σχετικά με αυτό;

Πιστεύουμε ότι ο Πατέρας έστειλε την καταιγίδα για να δοκιμάσει τους μαθητές, αλλά μετά βλέπουμε ότι ο Κύριος ηρέμησε την καταιγίδα. Είναι δυνατόν ο Ιησούς να ήταν ανυπάκουος στον Πατέρα Του; Ή μήπως έχουμε παρεξηγήσει την αιτία και τον σκοπό της καταιγίδας;

Γνωρίζω από προσωπική εμπειρία, ότι ο Θεός σίγουρα μπορεί να χρησιμοποιήσει οτιδήποτε περνάμε, αλλά ας μην συγχέουμε το γεγονός ότι μπορεί να το χρησιμοποιήσει, με το ότι προέρχεται από Αυτόν ή ότι είναι το θέλημά Του. Ίσα ίσα, ο Ιησούς μας λέει ότι υπάρχει ένας εχθρός που έρχεται για να κλέψει, να σφάξει και να εξολοθρεύσει (Κατά Ιωάννη 10:10). Και λέει, «εάν έχετε δει εμένα, έχετε δει τον Πατέρα!». Ό,τι θα έκανε ο Ιησούς σε οποιαδήποτε περίσταση, αυτό είναι το θέλημα του Πατέρα. Πάντα!

Ο Ιησούς είναι ο τέλειος εκπρόσωπος του Θεού σε ανθρώπινη μορφή. Με άλλα λόγια, *ο Ιησούς είναι η τέλεια θεολογία*!

Συμπέρασμα

Σε αυτό το κεφάλαιο είπαμε ότι αυτό που πιστεύουμε για τον Θεό καθορίζει αυτό που πιστεύουμε για όλα τα άλλα. Δυστυχώς, η εικόνα που έχουμε για τον Θεό έχει διαμορφωθεί από την τέχνη, την ψυχαγωγία, τη μουσική, τη θρησκεία, την πολιτική, και από τις δικές μας εμπειρίες. Επίσης, έχει επηρεαστεί από τη ρωμαϊκή κοσμοθεωρία, που επικεντρώνεται στον νόμο, σε κανόνες και κανονισμούς, και από την ελληνική κοσμοθεωρία, που δίνει έμφαση στην αφηρημένη σκέψη και στο διαχωρισμό του πνευματικού και υλικού κόσμου. Καμία από αυτές δεν τιμάει την έννοια της σχέσης, που είναι το επίκεντρο της εβραϊκής κοσμοθεωρίας και αντανακλά πιο πιστά τη φύση του Θεού. Μια άλλη πηγή που επηρεάζει τον τρόπο που βλέπουμε τον Ουράνιο Πατέρα, είναι η σχέση μας με τον επίγειο πατέρα μας. Όλες αυτές οι πηγές μπορεί να οδηγήσουν σε μια παραποιημένη εικόνα του *Abba* του Ιησού.

Παρόλα αυτά, είπαμε ότι ο Ιησούς είναι η έκφραση της εικόνας του Πατέρα. Έτσι αν θέλουμε να γνωρίσουμε τον *Abba*, κοιτάμε τον Ιησού. Ο Ιησούς είναι η τέλεια θεολογία. Όσο απλό κι αν ακούγεται, είναι πολύ σημαντικό να γνωρίζουμε ότι ο Χριστός είναι η ύψιστη αποκάλυψη του

Πατέρα. Αυτό θα είναι το θεμέλιό μας, και θα συνεχίσουμε να χτίζουμε πάνω σε αυτό στην πορεία αυτής της μελέτης.

ΠΕΡΙΣΥΛΛΟΓΗ

Μίλησε στον Θεό και ζήτησέ Του να σου δείξει σε ποια σημεία έχεις λανθασμένες αντιλήψεις για Αυτόν. Μείνε σιωπηλός για λίγο και άκου. Ίσως λάβεις μια λέξη, μια εικόνα, μια όραση ή μια γενική αίσθηση ως απάντηση. Συμφώνησε μαζί Του, ομολογώντας αυτό που σου δείχνει και ζητώντας Του να ανοίξει τα μάτια σου για να Τον δεις καλύτερα.

Μίλησε με τον Θεό και ρώτησέ Τον, τι θέλει να σου δείξει για τον εαυτό Του. Πώς βλέπεις τον Ιησού να ανταποκρίνεται σ' αυτό που ζητάς; Μείνε σιωπηλός για λίγο και άκου. Ίσως λάβεις μια λέξη, μια εικόνα, μια όραση, ή μια γενική αίσθηση ως απάντηση.

ΠΡΟΣΕΥΧΗ

Πατέρα, Σε ευχαριστώ που έστειλες τον Γιο σου, ως την τέλεια εικόνα Σου, ώστε να μπορώ να Σε γνωρίσω καλύτερα. Σε ευχαριστώ που έστειλες το Άγιο Πνεύμα Σου για να ζήσει μέσα μας και να μας οδηγήσει σε όλη την αλήθεια. Άνοιξε τα πνευματικά μας μάτια για να δούμε σε ποια σημεία έχουμε δεχθεί λανθασμένες απόψεις για Σένα και δείξε μας την καρδιά Σου πιο καθαρά. Δώσε μας μάτια για να διακρίνουμε ποιες παραποιημένες εικόνες πιστέψαμε για το Ποιος είσαι, και δώσε μας μεγαλύτερη αποκάλυψη της αγάπης Σου. Δώσε μας ένα πνεύμα σοφίας και αποκάλυψης για να γνωρίσουμε την ελπίδα της πρόσκλησής Σου, τον πλούτο της κληρονομιάς Σου μέσα μας, και το υπερβολικό μέγεθος της δύναμής Σου σε εμάς, σύμφωνα με την ενέργεια της κυριαρχικής εξουσίας της δύναμής Σου. Στο όνομα του Ιησού Χριστού προσευχόμαστε. Αμήν.

(δες Εφεσίους 1:17-19)

ΓΙΑ ΟΜΑΔΙΚΗ ΣΥΖΗΤΗΣΗ

1. Η εικόνα που έχουμε για τον Θεό συχνά επηρεάζεται από το πως Τον αναπαριστούν οι διάφορες εκφράσεις τέχνης και ψυχαγωγίας, μουσικής, πολιτικής, θρησκείας, αλλά και οι εμπειρίες μας. Πώς έχεις δει τον Θεό να απεικονίζεται σε ταινίες; Πώς απεικονίζεται ο Θεός στην πολιτική; Η θρησκεία έχει επηρεάσει την εικόνα του Θεού στα μάτια σου; Πώς έχουν μορφώσει οι εμπειρίες σου την εικόνα που έχεις για τον Θεό;

2. Σκέψου τη ρωμαϊκή, την ελληνική και την εβραϊκή κοσμοθεωρία. Πώς επηρεάζει η ρωμαϊκή σκέψη την εικόνα μας για τον Θεό; Πώς επηρεάζει η ελληνική σκέψη την εικόνα μας για τον Θεό; Ποια είναι η διαφορετική αίσθηση που σου δίνει η εβραϊκή αντίληψη για τον τρόπο που ο Θεός θέλει να σχετίζεται μαζί σου;

3. Ο Θεός θέλει να Τον *γνωρίσουμε*. Συζητήστε πώς γνωρίζουμε κάποιον. Εάν θέλεις να αποκτήσεις έναν νέο φίλο, τι θα κάνεις για να τον γνωρίσεις καλύτερα; Τι θα κάνεις για να μάθεις πώς σκέφτεται ή τι του αρέσει;

4. Ο Ιησούς είναι η τέλεια θεολογία. Πώς επηρεάζει αυτό την εικόνα που έχεις για τον Θεό; Είχες εμπειρίες που ίσως έχουν παραποιήσει την εικόνα που έχεις για τον Θεό; Πώς διορθώνεται αυτή η εικόνα όταν βλέπεις τον Πατέρα μέσα από τον Ιησού;

Μια Άσκηση για τη Συγχώρεση

Αναγνωρίζω ότι τα παραδείγματα που ανέφερα νωρίτερα με τον επίγειο πατέρα, ίσως είναι επώδυνα για σένα. Εάν είχες άσχημες εμπειρίες με τον πατέρα σου, είτε τις ανέφερα, είτε όχι, αυτές μπορεί να επηρεάζουν τη σχέση σου με τον Θεό. Αλλά ο τέλειος Πατέρας θέλει να σε θεραπεύσει και να σε κάνει υγιή. Η συγχώρεση είναι το πρώτο βήμα για τη θεραπεία σου.

Δώσε λίγο χρόνο και μίλησε στον Θεό για τον γήινο πατέρα σου. ΔΕΝ υπάρχει πρόβλημα με το να είσαι ειλικρινής και να αναφέρεις τα πράγματα που σε πλήγωσαν. Δεν χρειάζεται να τον καλύψεις. Εάν σε πλήγωσε, παραδέξου ότι έχεις μια πληγή. Ίσως σε βοηθήσει να το γράψεις. Έπειτα κάνε μια προσευχή συγχώρεσης για τον πατέρα σου. Μπορείς να πεις κάτι τέτοιο:

Θεέ, διαλέγω να συγχωρέσω τον πατέρα μου, τον _____, που με πλήγωσε. Αναγνωρίζω αυτήν την πληγή μέσα μου και θέλω να την παραδώσω σε Εσένα. Απελευθερώνω τον πατέρα μου από τη φυλακή της καρδιάς μου και τον παραδίδω σε Εσένα. Ζητώ να τον αναλάβεις με την τέλεια δικαιοσύνη Σου και να θεραπεύσεις την καρδιά μου.

Τώρα, εάν μπορείς, κάνε ένα ακόμα βήμα και ευλόγησε τον πατέρα σου. Κάτι γίνεται όταν ευλογούμε αυτούς που μας πλήγωσαν, κάτι που φέρνει θεραπεία στη δική μας καρδιά (Κατά Λουκά 6:27-28). Ζήτησε από τον Θεό να αποκαλύψει τον εαυτό Του στον πατέρα σου, να θεραπεύσει κάθε πληγή που μπορεί να έχει και να τον κάνει υγιή.

Κάποιες πληγές είναι βαθιές, και δεν θεωρώ ότι αυτή η απλή προσευχή είναι η μόνη θεραπεία που χρειάζεσαι. Εάν χρειάζεσαι επιπλέον βοήθεια, σε παροτρύνω να επισκεφθείς έναν Χριστιανό σύμβουλο ψυχικής υγείας, που μπορεί να σε βοηθήσει να διαχειριστείς αυτές τις πληγές. Ζήτησε από τον ποιμένα σου να σου προτείνει ειδικούς που υπάρχουν στην περιοχή σου.

Δύο

Ο Θεός Μας που Αναζητάει Σχέση

*Προσεύχομαι για αυτούς, για να είναι όλοι ένα, όπως Εσύ
Πατέρα είσαι ενωμένος με μένα και εγώ ενωμένος με σένα, κι
αυτοί ενωμένοι με μας, να είναι ένα, για να πιστέψει ο κόσμος ότι
εσύ με απέστειλες.*

—Ιησούς

Όλα όσα κάνει ο Θεός είναι σύμφωνα με το χαρακτήρα Του, όμως το νόημα αυτής της αλήθειας, πολλές φορές το χάνουμε. Εάν η εικόνα που έχουμε για τον Θεό είναι αλλοιωμένη, εξίσου αλλοιωμένη θα είναι και η ερμηνεία μας για όσα βιώνουμε, βλέπουμε, ακούμε ή διαβάζουμε. Μια λανθασμένη αντίληψη για το ποιος είναι ο Θεός, θα επηρεάσει τον τρόπο που σκεφτόμαστε για όλα τα άλλα: για την κτίση γύρω μας και για το τι σημαίνει ότι είμαστε δημιουργημένοι σύμφωνα με την εικόνα του Θεού· για το θέλημα του Θεού και για το πρόβλημα του κακού, για την αμαρτία και την αγιότητα, για τη σωτηρία και τη λύτρωση και για το πώς να ζούμε ως παιδιά του Θεού. Συνεπώς, πρέπει να ξεκινήσουμε θέτοντας ένα θεμέλιο για το ποιος είναι ο Θεός μας. Έπειτα θα μπορέσουμε να εξερευνήσουμε τα υπόλοιπα.

Τα περισσότερα βιβλία συστηματικής Θεολογίας περιγράφουν τον Θεό με τους όρους παντογνώστης, πανταχού παρών και παντοδύναμος. Αυτές οι λέξεις είναι χρήσιμες στο να μας εξηγήσουν ότι ο Θεός είναι πολύ μεγαλύτερος από όσο μπορούμε να συλλάβουμε. Δεν είναι απλά ένας υπερ-άνθρωπος. Είναι τελείως διαφορετικός. Ξεπερνά τη λογική μας με άπειρους τρόπους. Παρόλα αυτά, οι συγκεκριμένες λέξεις δεν αρκούν για να μας δώσουν μια ολοκληρωμένη εικόνα για το ποιος είναι ο Θεός. Πολλές φορές προσπαθούμε να καταλάβουμε τον Ουράνιο Πατέρα μας με βάση τις ιδιότητές Του, κι έτσι ξοδεύουμε χρόνο προσπαθώντας να εξηγήσουμε και να περιγράψουμε τις πράξεις Του. Ελπίζουμε ότι, με αυτόν τον τρόπο, θα μπορέσουμε να Τον γνωρίσουμε. Τον Θεό, όμως, τον Πατέρα μας, μπορούμε να Τον δούμε, να Τον νιώσουμε, να Τον καταλάβουμε μόνο εφόσον έχουμε μια στενή και προσωπική σχέση μαζί Του. Όταν εστιάζουμε την προσοχή μας σ' αυτά που κάνει ο Θεός, μπορεί να χάσουμε την ουσία του Ποιος είναι.

Όταν λέω, «ποιος είναι ο Θεός», εννοώ τον Πατέρα, τον Γιο, και το Άγιο Πνεύμα. Δεν μπορούμε να τους διαχωρίσουμε. Ο Πατέρας, ο Γιος και το Άγιο Πνεύμα είναι τρία Πρόσωπα, αλλά ένας Θεός. Αυτό είναι η Τριαδικότητα.

Η Αγία Τριάδα

Χρησιμοποιούμε τον όρο «Τριάδα» όταν αναφερόμαστε στον Θεό, αλλά δεν καταλαβαίνουμε πάντα τι ακριβώς σημαίνει και πόσο σημαντικός είναι. Η Αγία Τριάδα είναι ένα μυστήριο. Είναι μία από αυτές τις σημαντικές θεολογικές έννοιες που υπερβαίνουν την ανθρώπινη αντίληψη, αλλά μας βοηθάει να καταλάβουμε ότι ο Θεός είναι, από τη φύση Του, ένας Θεός σχέσεων. Το δόγμα της Τριαδικότητας δεν είναι τυχαίο στην πίστη μας· είναι ζωτικής σημασίας. Επίτρεψέ μου να σου εξηγήσω τι εννοώ και γιατί είναι τόσο σημαντικό. Θα ξεκινήσω με κάποιους ορισμούς και στη συνέχεια θα τους εφαρμόσουμε.

Παρότι η λέξη «Τριάδα» δεν εμφανίζεται στην Αγία Γραφή ως λέξη, υπάρχουν πολλά εδάφια που φανερώνουν ότι ο Πατέρας, ο Γιος και το Άγιο Πνεύμα λειτουργούν μαζί για χάρη της δημιουργίας Τους. Ας διερευνήσουμε κάποια:

Στην αρχή δημιούργησε ο Θεός τον ουρανό και τη γη.
Η δε γη ήταν άμορφη και έρημη, και σκοτάδι υπήρχε
επάνω στο πρόσωπο της αβύσσου.
Και Πνεύμα Θεού φερόταν επάνω στην επιφάνεια των νερών.
Και είπε ο Θεός: ας γίνει φως. Και έγινε φως.

Γένεση 1:1-3

Πρόσεξε ποιο ήταν το έργο του Πνεύματος σ' αυτήν την περιγραφή της δημιουργίας. Τώρα συνδύασέ το με την περιγραφή του Ιωάννη, που αναφέρεται στον Ιησού ως «ο Λόγος»:[22]

Στην αρχή ήταν ο Λόγος, και ο Λόγος ήταν προς τον Θεό
και Θεός ήταν ο Λόγος. Αυτός ήταν στην αρχή προς τον Θεό.
Όλα έγιναν διαμέσου αυτού και χωρίς αυτόν
δεν έγινε ούτε ένα το οποίο έχει γίνει.

Κατά Ιωάννη 1:1-3

38

Βάζοντας αυτά τα δύο εδάφια μαζί, βλέπουμε ότι ο Πατέρας, ο Χριστός και το Άγιο Πνεύμα συμμετείχαν όλοι μαζί στο έργο της δημιουργίας. Τώρα πρόσεξε τη γλώσσα που χρησιμοποιεί για να διηγηθεί την ιστορία της δημιουργίας της ανθρωπότητας:

Η Αγία Γραφή αποδίδει στον Θεό και αρσενικά και θηλυκά χαρακτηριστικά.

> *Και είπε ο Θεός: Ας κάνουμε άνθρωπο*
> *σύμφωνα με τη δική μας εικόνα,*
> *σύμφωνα με τη δική μας ομοίωση.*
> *Και ο Θεός δημιούργησε τον άνθρωπο σύμφωνα με τη δική του*
> *εικόνα, σύμφωνα με την εικόνα του Θεού τον δημιούργησε,*
> *αρσενικό και θηλυκό τους δημιούργησε.*
>
> Γένεση 1:26-27

Η λέξη που μεταφράζεται *Θεός* είναι η εβραϊκή *λέξη Ελοχίμ*, και είναι σε πληθυντικό αριθμό με σημασία ενικού.[23] Ο τρόπος που είναι γραμμένο αυτό το εδάφιο στη γλώσσα του πρωτοτύπου, εκφράζει την ιδέα ότι ο Θεός είναι ταυτόχρονα ένας και πολλοί. Αυτό μας δίνει μια γεύση της φύσης του Θεού, ως Θεός σχέσεων: είναι οι τρεις σε έναν, είναι ο ένας και οι πολλοί. Το μυστήριο της Τριαδικότητας είναι εμφανές στα κείμενα της Αγίας Γραφής από τα πρώτα κιόλας εδάφια.

Θα ήθελα να παρατηρήσεις κάτι ακόμη. Πρώτον, πρόσεξε ότι ο Θεός λέει, «με τη δική μας εικόνα» και «με τη δική μας ομοίωση». Φαίνεται ότι ο Πατέρας, ο Γιος και το Άγιο Πνεύμα συνεργάζονται. Δεύτερον, πρόσεξε ότι όταν ο Θεός δημιούργησε «τον άνθρωπο» σύμφωνα με την εικόνα και την ομοίωσή Του, τους δημιούργησε αρσενικό και θηλυκό. Παρότι χρησιμοποιούμε την αρσενική αντωνυμία «Αυτός» για να αναφερθούμε στον Θεό, η Αγία Γραφή αποδίδει στον Θεό και αρσενικά και θηλυκά χαρακτηριστικά. Δεν μπορούμε να αποδώσουμε στον Θεό ένα συγκεκριμένο φύλο. Με αυτή τη λογική, οι αντωνυμίες "Αυτόν" ή "για Αυτόν" είναι ακατάλληλες για να αναφερόμαστε στον Θεό. Αλλά η γλώσσα μας είναι περιορισμένη, κι έτσι χρησιμοποιούμε τις λέξεις που έχουμε στη διάθεσή μας, προσπαθώντας να εκφράσουμε ιδέες που ξεπερνούν την αντίληψή μας.[24] Από τη δημιουργία του ανθρώπου βλέπουμε ότι η ένωση του άντρα και της γυναίκας —η ενότητα μέσα στη διαφορετικότητα—αντικατοπτρίζει την εικόνα και την ομοίωση του Δημιουργού μας.[25] Θα επεκταθούμε περισσότερο στο επόμενο κεφάλαιο. Ας δούμε, τώρα, τα εγκαίνια της διακονίας του Ιησού:

Και όταν ο Ιησούς βαπτίστηκε, ανέβηκε αμέσως από το νερό
και ξάφνου, ανοίχτηκαν οι ουρανοί, και είδε το Πνεύμα του
Θεού να κατεβαίνει σαν περιστέρι, και να έρχεται επάνω του.
Και ξάφνου, μία φωνή από τους ουρανούς που έλεγε:
«Αυτός είναι ο Υιός μου ο αγαπητός,
στον οποίο ευαρεστήθηκα».

Κατά Ματθαίο 3:16-17

Για άλλη μια φορά, βλέπουμε ξεκάθαρα τον Πατέρα, τον Γιο [τον Ιησού], και το Άγιο Πνεύμα να συνεργάζονται. Μπορούμε να πούμε ότι όλα όσα έκανε ο Ιησούς στην επίγεια διακονία Του, ξεκινούσαν από τον Πατέρα και γίνονταν με τη δύναμη το Αγίου Πνεύματος. Ας δούμε σε άλλη μια περίπτωση την Τριαδικότητα επί τω έργω:

Και ο Παράκλητος, το Πνεύμα το Άγιο, που ο Πατέρας θα
στείλει στο όνομά μου, εκείνος θα σας τα διδάξει όλα,
και θα σας υπενθυμίσει όλα όσα είπα προς εσάς.

Κατά Ιωάννη 14:26

Εδώ μιλάει ο Ιησούς, και μας λέει ότι ο Πατέρας θα στείλει το Άγιο Πνεύμα στο όνομα του Ιησού για να είναι ο παράκλητός μας, ο δάσκαλος και οδηγός μας. Να δούμε άλλο ένα παράδειγμα; Δείτε μια περιγραφή της διακονίας του Χριστού:

Πώς ο Θεός, τον Ιησού, αυτόν από τη Ναζαρέτ,
τον έχρισε με Πνεύμα Άγιο και με δύναμη, ο οποίος πέρασε
ευεργετώντας και θεραπεύοντας όλους εκείνους που
καταδυναστεύονταν από τον διάβολο.
Επειδή ο Θεός ήταν μαζί του.

Πράξεις 10:38

Ο Πατέρας, ο Γιος και το Άγιο Πνεύμα υπάρχουν αιώνια σε μια σχέση αγάπης και αμοιβαίας προσφοράς του Ενός προς τον Άλλον.

Βλέπουμε και πάλι, σ' αυτό το εδάφιο, τον Πατέρα, τον Ιησού και το Άγιο Πνεύμα να συνεργάζονται για χάρη της ανθρωπότητας. Ο Πατέρας δεν κάνει τίποτα χωρίς τον Γιο και το Άγιο Πνεύμα. Ο Γιος δεν κάνει τίποτα χωρίς τον Πατέρα και το Άγιο Πνεύμα. Το Άγιο Πνεύμα δεν κάνει τίποτα χωρίς τον Πατέρα και τον Γιο.[26]

40

Όπως φαίνεται μέσα από αυτά τα εδάφια, ο Θεός είναι "Τρεις σε Έναν". Είναι τρία Πρόσωπα – μια ουσία. Και τα τρία Πρόσωπα είναι αιώνια, σε απόλυτη ισότητα (ως Θεός), αλλά και διακριτά. Μπορούμε, λοιπόν, να πούμε ότι η Αγία Τριάδα είναι μια κοινότητα που δημιουργήθηκε από τον Ουράνιο Πατέρα, τον Γιο, και το Άγιο Πνεύμα. Ένας μελετητής της Βίβλου περιγράφει την Αγία Τριάδα ως "ένα μυστήριο συσχέτισης Προσώπων".[27] Ένας άλλος λέει ότι είναι "μια μοναδική κοινότητα Προσώπων".[28] Άλλος αναφέρει ότι η Τριαδικότητα είναι "η κοινωνία τριών Προσώπων —*αλλά όχι μεμονωμένων*— σε μια αμοιβαία και ουσιαστική σχέση μεταξύ τους».[29]

Το είδος της αγάπης του Θεού είναι τέτοιο, που δεν μπορεί να την κρατήσει μόνο για τον εαυτό Του.

Ποιο είναι το συμπέρασμα; Ο Θεός δεν είναι ένα απομονωμένο, μοναχικό ον. Ο Θεός είναι η κοινότητα τριών Προσώπων. Είναι ένα μυστήριο. Δεν μπορούμε να το κατανοήσουμε πλήρως με το πεπερασμένο μυαλό μας (δεν πειράζει), αλλά πρέπει να το γνωρίζουμε, ότι ο Πατέρας, ο Γιος και το Άγιο Πνεύμα υπάρχουν αιώνια σε μια σχέση αγάπης και αμοιβαίας προσφοράς του Ενός προς τον Άλλον.

Η ουσία της ύπαρξης του Θεού έχει τη μορφή μιας σχέσης, και αυτή είναι μια αλήθεια που κάνει τον Θεό μας μοναδικό. Δεν υπάρχει άλλη θρησκεία στον κόσμο που να λατρεύει έναν Θεό που είναι Τρεις σε Έναν. Μόνο ο Θεός μας είναι Θεός σχέσης· γι' αυτό είμαστε σε θέση να γνωρίζουμε, να βιώνουμε και να επιθυμούμε την αγάπη. Ουσιαστικά, η αγάπη υπάρχει μόνο επειδή ο Θεός μας, που δημιούργησε τα πάντα, υπάρχει και ο Ίδιος μέσα σε μια σχέση. Η φύση του Θεού είναι ο πιο αληθινός ορισμός της αγάπης. Ο Ιωάννης λέει, κυριολεκτικά, ότι:

Ο Θεός είναι αγάπη.

Α' Ιωάννη 4:8

Ο Θεός δεν έχει απλά το συναίσθημα που ονομάζουμε αγάπη. Η αγάπη δεν είναι μια πράξη για τον Θεό. Είναι η ίδια Του η φύση. Άρα, μπορούμε να πούμε ότι η αγάπη είναι το ποιοι είμαστε απέναντι στους άλλους. Η αγάπη δεν μπορεί να υπάρξει σε ένα απομονωμένο άτομο· μπορεί να υπάρξει μόνο μέσα σε μια δυναμική σχέση μεταξύ προσώπων. Γι' αυτό, η *αγάπη*, στην πιο αγνή εκδοχή της, είναι η σχέση μεταξύ τριών Προσώπων: του Πατέρα, του Γιου και του Αγίου Πνεύματος. Και επειδή η αγάπη είναι η υπόσταση του Θεού, όλα όσα κάνει παρακινούνται

41

από αγάπη. Αυτό θα είναι σημαντικό στα επόμενα κεφάλαια, καθώς θα διερευνούμε τα έργα του Θεού.

Μπορούμε να κάνουμε ένα βήμα παραπέρα; Θα ήθελα να αναφέρω άλλους δύο όρους που θα μας βοηθήσουν να δούμε πιο καθαρά τον Θεό ως έναν Θεό σχέσης: την *έκσταση* και την *περιχώρηση*. Είμαστε έτοιμοι να βουτήξουμε σε πιο βαθιά, αλλά σημαντικά νερά. Αυτές οι περιγραφές του Θεού θα μας βοηθήσουν να ενώσουμε τις τελείες με όλο το υπόλοιπο βιβλίο.

Έκστασις

Χρωστάμε πολλά στους πρώτους Πατέρες της Εκκλησίας που αγωνίστηκαν για να κατανοήσουν την αποκάλυψη του Θεού και μας έδωσαν τις κατάλληλες λέξεις για να αρχίσουμε και εμείς να καταλαβαίνουμε. Όχι ότι θα μπορέσουμε ποτέ να καταλάβουμε πλήρως τον Θεό, αλλά χάρη στο έργο τους, μπορούμε να έχουμε κάποιες γεύσεις από το πώς είναι η αγάπη του Θεού.

Οι Πατέρες από την Καππαδοκία (ο Βασίλειος της Καισαρείας, ο Γρηγόριος ο Ναζιαζηνός και ο Γρηγόριος Νύσσης) χρησιμοποίησαν τον όρο *έκστασις* για να περιγράψουν τη φύση του Θεού. Αυτή η ελληνική λέξη αποτελείται από το «εκ», που σημαίνει «έξω», και «στάσις» που σημαίνει *ο τρόπος που στέκεσαι ή υπάρχεις*. Χρησιμοποιώντας αυτό τον όρο για να περιγράψουν τον Θεό, ήθελαν να πουν ότι η φύση του Θεού πάντα «στρέφεται προς τα έξω» με ένα υπερχείλισμα αγάπης, προσωπικής και κοινωνικής, έτοιμης να προσφέρει τον εαυτό της.[30] Με άλλα λόγια, το είδος της αγάπης του Θεού είναι τέτοιο, που δεν μπορεί να την κρατήσει μόνο για τον εαυτό Του. Συνεπώς, ο Θεός μοιράζεται αυτή την αγάπη αιώνια με έναν τρόπο προσωπικό.

Στην Καινή Διαθήκη βλέπουμε ότι ο Πατέρας αγαπάει τον Γιο, ο Γιος αγαπάει τον Πατέρα και το Άγιο Πνεύμα είναι μια φανέρωση της αγάπης ανάμεσα στον Πατέρα και τον Γιο. Τι την κάνει ο Θεός αυτήν την αγάπη; Δεν την κρατάει για τον εαυτό Του. Αντίθετα, ο Θεός δίνει:

Επειδή με τέτοιον τρόπο αγάπησε ο Θεός τον κόσμο,
ώστε έδωσε τον Υιό του τον μονογενή.
Κατά Ιωάννη 3:16

Όπως λέει ο Γουές Πίνκχαμ, ο μέντοράς μου: «Όταν ο Θεός δίνει ένα δώρο, το τυλίγει με ένα Πρόσωπο. Δεν στέλνει απλά ένα μήνυμα. Στέλνει ένα Πρόσωπο».

Η εικόνα που μας δίνει ο Ιησούς, αλλά και ολόκληρη η Αγία Γραφή, είναι η εικόνα ενός Θεού που επιθυμεί μια σχέση μαζί μας, μας αγαπάει, και έχει στο επίκεντρό Του τους άλλους. Είναι ένας Θεός «σχέσης» που «δεν μπορεί να κρατήσει τον Εαυτό Του μόνο για τον Εαυτό Του».

Τώρα αρχίζουμε να βλέπουμε τι είναι η αληθινή αγάπη. Δεν έχει καμία σχέση με το ασταθές, αναποφάσιστο, απαιτητικό, εγωκεντρικό και περιστασιακό συναίσθημα που απεικονίζουν οι ταινίες και τα ρομαντικά μυθιστορήματα. Κάθε δική μας ιδέα για την αγάπη ωχριά μπροστά στη φύση του Θεού. Ο Θεός είναι η προσωποποίηση και ο μόνος αληθινός ορισμός της αγάπης. Ας δούμε έναν άλλο όρο που περιγράφει τη φύση του Θεού, για να το καταλάβουμε καλύτερα.

Περιχώρησις

Οι θεολόγοι της πρώτης Εκκλησίας χρησιμοποίησαν τη λέξη *περιχώρησις* για να περιγράψουν το γεγονός ότι ο Ιησούς είναι ταυτόχρονα Θεός και άνθρωπος —το ένα στοιχείο Του εισχωρεί στο άλλο, χωρίς να αλλοιώνεται η ακεραιότητά τους.[31] Αυτή είναι άλλη μία ασύλληπτη έννοια. Πώς γίνεται ο Ιησούς να είναι απόλυτα Θεός και απόλυτα άνθρωπος; Δεν μπορούμε να το συλλάβουμε, αλλά αυτή η λέξη μας δίνει μια ιδέα για τη φύση του Θεού που βασίζεται στη σχέση.

Η λέξη *περιχώρησις* μπορεί να χρησιμοποιηθεί, επίσης, για να περιγράψει την κοινή ζωή του Πατέρα, του Γιου και του Αγίου Πνεύματος. Εκφράζει την αμοιβαία συνύπαρξη και την αλληλοεισχώρηση. Περιγράφει το γεγονός ότι κάθε Πρόσωπο της Θεότητας αδειάζει τον εαυτό Του μέσα στον άλλον, σε μια συνεχή πράξη προσφοράς. Κάποιοι είπαν ότι ο Θεός είναι Θεός, μέσα από τον τρόπο με τον οποίο ο Πατέρας, ο Γιος και το Άγιο Πνεύμα δίνουν και λαμβάνουν για πάντα ο Ένας από τον Άλλον αυτό που είναι.[32] Αυτή η δυναμική ανταλλαγή του Ενός προς τον Άλλον είναι η ουσία της αγάπης. Μπορείς να φανταστείς πώς είναι κάτι τέτοιο; Τι ποιότητα ζωής απολαμβάνουν ο Πατέρας, Γιος και το Άγιο Πνεύμα;

Δες τον Θεό ως έναν παθιασμένο Σύντροφο που λαχταρά να μοιραστεί τον Εαυτό Του με το δημιούργημά Του.

Συχνά, η *περιχώρησις* εξηγείται μέσα από τον συμβολισμό ενός κυκλικού χορού όπου ο Πατέρας, ο Γιος και το Άγιο Πνεύμα μοιράζονται την αγάπη Τους μεταξύ Τους με αμοιβαία ανιδιοτέλεια και προσφορά, με τέλεια ενότητα και αρμονία.[33] Φαντάζομαι έναν ζωηρό «χορευτικό κύκλο», όπου ο Πατέρας συνεχώς (και χωρίς περιορισμό) εκχέει την αγάπη Του στον Ιησού και στο Άγιο Πνεύμα, ο Ιησούς με τον ίδιο τρόπο διοχετεύει την αγάπη Του στον Πατέρα και στο Άγιο Πνεύμα, και το Άγιο Πνεύμα επίσης εκφράζει την αγάπη Του στον Πατέρα και στον Γιο.

Μέσα σ' αυτή τη δυναμική της σχέσης Τους, κάθε Πρόσωπο της Αγίας Τριάδας βιώνει μια αφθονία αγάπης, χαράς, ειρήνης, επιβεβαίωσης και αποδοχής. Δεν στερούνται τίποτα· είναι ολοκληρωτικά πλήρεις. Αυτός ακριβώς είναι ο ορισμός της άφθονης ζωής, της αιώνιας ζωής. Είναι η ζωή που είναι όπως η ζωή του Θεού. Αυτό θέλει ο Θεός για εσένα και εμένα. Άκου τον Ιησού να προσεύχεται για μας:

«Και δεν παρακαλώ μονάχα γι' αυτούς,
αλλά και για εκείνους που θα πιστέψουν σε μένα
διαμέσου του λόγου τους. Για να είναι όλοι ένα, καθώς εσύ,
Πατέρα, είσαι ενωμένος με μένα και εγώ ενωμένος με σένα, και
αυτοί ενωμένοι με μας, να είναι ένα. Για να πιστέψει ο κόσμος
ότι εσύ με απέστειλες. Και εγώ τη δόξα που μου έδωσες έδωσα σ'
αυτούς. Για να είναι ένα όπως εμείς είμαστε ένα.
Εγώ ενωμένος μ' αυτούς και εσύ ενωμένος με μένα,
για να είναι τελειοποιημένοι σε ένα,
και να γνωρίζει ο κόσμος ότι εσύ με απέστειλες,
και τους αγάπησες όπως αγάπησες εμένα».
Κατά Ιωάννη 17:20-23

Ο Ιησούς λέει ότι θέλει να βιώσουμε και εμείς την ενότητα της σχέσης που έχει ο Τριαδικός Θεός. Ο Θεός θέλει να βιώσουμε τη ζωή της *περιχώρησης*. Συμμετέχουμε στην *περιχώρηση* και ζούμε στην πληρότητα της ανθρώπινης φύσης μας, όταν έχουμε υγιείς σχέσεις με τον Θεό και μεταξύ μας. Αλλά, ας μην προτρέχω.

Συμπέρασμα

Σε αυτό το κεφάλαιο είδαμε ότι ο Θεός υπάρχει αιώνια σε μια σχέση αγάπης και αμοιβαίας προσφοράς. Αυτή είναι η Αγία Τριάδα. Η Αγία Τριάδα είναι η κοινωνία που δημιουργήθηκε από τον Ουράνιο Πατέρα μας, τον Ιησού τον Γιο, και το Άγιο Πνεύμα. Ο Θεός είναι τρία Πρόσωπα, με την ίδια ουσία, όλα τα Πρόσωπα είναι αιώνια, απόλυτα ισότιμα, αλλά απόλυτα διακριτά. Η φύση της ύπαρξης του Θεού περιγράφεται ως *έκστασις*: δηλαδή πάντα «στρέφεται προς τα έξω» με ένα υπερχείλισμα αγάπης, προσωπικής και κοινωνικής, έτοιμης να προσφέρει τον εαυτό της. Η ποιότητα ζωής της Αγίας Τριάδας είναι η *περιχώρησις*, που μπορεί να περιγραφεί ως ένας κυκλικός χορός αμοιβαίας αγάπης, ανιδιοτέλειας, προσφοράς, τέλειας αρμονίας, χαράς, ειρήνης, επιβεβαίωσης και αποδοχής.

Εάν ο Θεός είναι όντως Θεός που αναζητάει πρωτίστως μια σχέση, όπως είδαμε, τότε μπορούμε να συμπεράνουμε ότι τελικά, όλα όσα κάνει είναι σύμφωνα με τη φύση Του, που είναι η σχέση.

Η δημιουργία του Πατέρα, το θέλημά Του, η αποστολή Του, οι προσδοκίες Του και οι επιθυμίες Του για σένα, όλα απορρέουν από την αγάπη Του. Όλα αυτά θα τα εξερευνήσουμε στα επόμενα κεφάλαια, ξεκινώντας από τον Πατέρα και τη δημιουργία Του.

Προς το παρόν, θέλω απλά να συνειδητοποιήσεις ότι ο Θεός δεν είναι ένας θυμωμένος, αδιάφορος θεός που πρέπει να τον κατευνάζουμε —όπως συχνά θεωρούμε ότι είναι. Ίσα ίσα, σε προσκαλώ να δεις τον Θεό ως τον παθιασμένο Σύντροφο της καρδιάς σου, που λαχταρά να μοιραστεί τον Εαυτό Του με το δημιούργημά Του. Σκέψου ότι ίσως να μην Τον ενδιαφέρει τόσο το να μάθεις να τηρείς κάποιους κανόνες ή να καλλιεργήσεις έναν καλό, ηθικό τρόπο ζωής· ίσως να Τον απασχολεί περισσότερο το αν ζεις μια πλήρη, ολοκληρωμένη ζωή.

Θα σε αφήσω με τους στίχους αυτού του τραγουδιού. Μπορείς να ακούσεις την πρόσκληση του Πατέρα; Θέλει να σε βάλει στον χορό Του!

Ο Κύριος του Χορού

Χόρευα εκείνο το πρωί, στην αρχή του κόσμου
Χόρευα πάνω στο φεγγάρι, στα αστέρια και στον ήλιο
Κατέβηκα από τον ουρανό και χόρεψα στη γη
Ήρθα και γεννήθηκα στη Βηθλεέμ.
Ρεφρέν:
Χόρεψε, χόρεψε όπου κι αν είσαι
Εγώ είμαι ο Κύριος του χορού (λέει)
Θα σας οδηγήσω όλους, όπου κι αν είστε
Θα σας βάλω όλους στον χορό Μου (λέει).

Χόρευα για τους Γραμματείς και τους Φαρισαίους
Αυτοί δεν χόρευαν, δεν Με ακολουθούσαν
Χόρευα για τους ψαράδες: τον Ιάκωβο και τον Ιωάννη
Αυτοί ήρθαν μαζί Μου και ο χορός συνεχίστηκε.

Χόρευα το Σάββατο όταν θεράπευσα τον παράλυτο
Οι άγιοι άνθρωποι είπαν πως ήταν ντροπή Μου
Με μαστίγωσαν, Με ξέντυσαν και Με κάρφωσαν ψηλά
Με άφησαν πάνω στο Σταυρό για να πεθάνω.

Χόρευα την Παρασκευή όταν ο ουρανός σκοτείνιασε
Είναι δύσκολο να χορεύεις με τον διάβολο στην πλάτη σου
Έθαψαν το σώμα μου και νόμιζαν ότι έφυγα
Αλλά Εγώ είμαι η ζωή και έτσι, συνεχίζω.

Με έριξαν κάτω, αλλά ανέβηκα ψηλά
Εγώ είμαι η ζωή που ποτέ, ποτέ δεν θα πεθάνει
Θα ζήσω μέσα σου, εάν ζήσεις μέσα Μου
Γιατί εγώ είμαι ο Κύριος του χορού (λέει).

ΠΕΡΙΣΣΥΛΟΓΗ

Διάβασε την προσευχή του Ιησού και σκέψου τα λόγια Του. Τι θέλει να πει μ' αυτήν την προσευχή; Τι θέλει ο Θεός για σένα;

Δεν παρακαλώ μονάχα για αυτούς, αλλά και για εκείνους που θα πιστέψουν σε μένα διαμέσου του λόγου τους, για να είναι όλοι ένα, καθώς εσύ Πατέρα είσαι ενωμένος με μένα και εγώ ενωμένος με σένα, και αυτοί ενωμένοι με εμάς, να είναι ένα. Για να πιστέψει ο κόσμος ότι εσύ με απέστειλες. Κι εγώ τη δόξα που μου έδωσες, έδωσα σ' αυτούς για να είναι ένα, όπως εμείς είμαστε ένα. Εγώ ενωμένος μ' αυτούς, και εσύ ενωμένος με μένα, για να είναι τελειοποιημένοι σε ένα, και να γνωρίζει ο κόσμος ότι εσύ με απέστειλες και τους αγάπησες όπως αγάπησες εμένα.

Πατέρα, εκείνους που μου έδωσες, θέλω όπου είμαι εγώ, να είναι και εκείνοι μαζί μου, για να θωρούν τη δόξα τη δική μου, την οποία μου έδωσες, επειδή με αγάπησες πριν από τη δημιουργία του κόσμου. Πατέρα δίκαιε, και ο κόσμος δεν σε γνώρισε, εγώ όμως σε γνώρισα και αυτοί γνώρισαν ότι εσύ με απέστειλες. Και τους φανέρωσα το όνομά σου, και θα το φανερώσω για να είναι η αγάπη με την οποία με αγάπησες μέσα τους και εγώ μέσα σ' αυτούς.

Κατά Ιωάννη 17:20-26

Μίλησε με τον Θεό και ρώτησέ Τον, τι θέλει να σου δείξει για τον εαυτό Του. Μείνε σιωπηλός για λίγο και άκου. Ίσως λάβεις μια λέξη, μια εικόνα, μια όραση, ή μια γενική αίσθηση ως απάντηση.

ΠΡΟΣΕΥΧΗ

Πατέρα, Σε ευχαριστώ που αποκαλύπτεις τον Εαυτό σου σε μας με τόσο προσωπικό τρόπο. Σε ευχαριστώ για όλους τους τρόπους που μας δείχνεις την αγάπη Σου. Σε ευχαριστώ που έστειλες τον Γιο Σου· είναι η τέλεια έκφραση της αγάπης Σου για μας. Δώσε μας σύμφωνα με τον πλούτο της δόξας Σου, να ενδυναμωθούμε με δύναμη διαμέσου του Πνεύματός Σου στον εσωτερικό άνθρωπο. Ώστε ο Χριστός διαμέσου της πίστης να κατοικήσει μέσα στις καρδιές μας, για να μπορέσουμε ριζωμένοι και θεμελιωμένοι με αγάπη, να καταλάβουμε μαζί με όλους τους αγίους, ποιο είναι το πλάτος και το μήκος και το βάθος και το ύψος της αγάπης Σου. Βοήθησέ μας να γνωρίσουμε την αγάπη του Χριστού που υπερβαίνει κάθε γνώση, για να γίνουμε πλήρεις με ολόκληρο το πλήρωμα του Θεού. Στο Όνομά του Ιησού. Αμήν.

(δες Εφεσίους 3:16-19)

ΓΙΑ ΟΜΑΔΙΚΗ ΣΥΖΗΤΗΣΗ

Στο Κατά Ιωάννη 17:20-23 ο Ιησούς εκφράζει την επιθυμία Του να είμαστε ένα, όπως Αυτός και ο Πατέρας είναι ένα.

1. Τι σημαίνει να είμαστε «ένα» όπως Αυτοί είναι ένα; Μήπως είναι κάτι παραπάνω από το να συμφωνούμε μεταξύ μας; Μήπως ο Θεός θέλει να βιώσουμε τη ζωή της «*περιχώρησης*» (την πληρότητα που υπάρχει στη σχέση του Πατέρα, του Γιου και του Αγίου Πνεύματος;)

2. Πώς θα ήταν η οικογένεια, η εκκλησία και/ή κοινότητά μας εάν ζούσαμε σαν μια κοινωνία ανθρώπων που όλοι συμμετέχουν στην *περιχώρηση*;

Μέσα σε πολλά εδάφια διαφαίνεται η συνομιλία μεταξύ της Τριαδικότητας. Εάν προσέξουμε το τελευταίο μήνυμα και την προσευχή του Ιησού (Κατά Ιωάννη 13:31-17:26), θα πάρουμε μια γεύση της αγάπης που μοιράζονται ο Πατέρας, ο Γιος και το Άγιο Πνεύμα.

3. Έχεις σκεφτεί ποτέ πώς μπορεί να συμπεριφέρονται μεταξύ τους, ο Πατέρας, ο Γιος και το Άγιο Πνεύμα; Πώς πιστεύεις ότι είναι μια συζήτηση μεταξύ τους;

Τρία

Ο Πατέρας και η Δημιουργία

Ας κάνουμε άνθρωπο σύμφωνα με τη δική μας εικόνα, σύμφωνα
με τη δική μας ομοίωση.

—Θεός

Καθώς γράφω αυτό το κεφάλαιο, είμαι με τον Κέρι για μια εβδομάδα σε μια όμορφη καμπίνα στο Εθνικό Δάσος της Κουατσίτα στην Οκλαχόμα. Μέσα στις υπέροχες στιγμές ξεκούρασης, χαλάρωσης και συγγραφής, απολαμβάνουμε ταυτόχρονα την ποικιλομορφία της δημιουργίας του Θεού. Στις λίγες μέρες που είμαστε εδώ, είδαμε ελάφια, σκίουρους, κουνέλια, πεταλούδες, μια αλεπού, μια χελώνα, και διάφορα είδη πουλιών, όπως έναν δρυοκολάπτη, που σύμφωνα με τον Δασοφύλακα, είναι το μοναδικό είδος δρυοκολάπτη που ανοίγει τρύπες για να φτιάξει τη φωλιά του σε ζωντανά δέντρα. (Προσωπικά, δεν γνώριζα καν ότι υπάρχουν πάνω από ένα είδος δρυοκολάπτες).

Η αλήθεια είναι ότι η δημιουργία του Θεού παρουσιάζει τεράστια ποικιλία· υπάρχουν πάνω από 50 είδη κουνελιών, περίπου 70 είδη λύκων, υπάρχουν περισσότερες από 2.500 κατηγορίες φιδιών σε όλο τον κόσμο, πάνω από 25.000 γνωστά είδη ψαριών, 28.000 διαφορετικά είδη πεταλούδας, και πάνω από 375.000 διαφορετικές κατηγορίες φυτών. Σίγουρα υπάρχουν πολλά που δεν έχουμε ανακαλύψει ακόμα. Και αυτά αφορούν μόνο τον δικό μας πλανήτη! Τι να πούμε για το μέγεθος του σύμπαντος, τους εκατομμύρια γαλαξίες, αστέρες, πλανήτες, κομήτες, μετεωρίτες και τόσα άλλα!

Όταν σκεφτόμαστε τον Θεό ως Δημιουργό, έχουμε μια γενική ιδέα για το πόσο σπουδαίος είναι. Όμως, παρόλη τη γνώση μας, εξακολουθούμε να έχουμε περιορισμούς και τείνουμε να τους εφαρμόζουμε και στον Θεό. Όταν λέμε ότι «τίποτα δεν είναι αδύνατο με τον Θεό», το πιστεύουμε ειλικρινά; Συνειδητοποιούμε, στ' αλήθεια, πόσο μεγάλος είναι; Έχουμε αντιληφθεί ότι ο Θεός τα δημιούργησε όλα αυτά, τα έφερε σε ύπαρξη μόνο με τα λόγια Του;

Νιώθω την ανάγκη να θέσω κάποια ερωτήματα. Καταρχάς, γιατί ήθελε ο Θεός να δημιουργήσει κάτι; Δεύτερον, τι αισθάνεται ο Θεός για τη δημιουργία Του; Και τρίτον, τι σημαίνει ότι έχουμε δημιουργηθεί σύμφωνα με την εικόνα και την ομοίωση του Θεού;

Ο Πατέρας Δημιουργεί από Αγάπη

Γιατί δημιούργησε ο Θεός; Πολλές φορές ακούμε ότι ο Θεός μας δημιούργησε για να Τον λατρεύουμε. Με αυτόν τον τρόπο, κάνουμε προβολή της δικής μας ανθρώπινης έλλειψης στον Θεό. Αυτή η ιδέα προβάλλει τον Θεό ως ένα άκρως εγωιστικό Ον που έχει ανάγκη από την κολακεία μας, πράγμα που σημαίνει ότι τα δημιουργήματά Του είναι απλά ένα πρακτικό μέσο που θα ικανοποιήσει μια ανάγκη του Θεού. Αλλά, όπως είπαμε στο προηγούμενο κεφάλαιο, ο Θεός από τη φύση Του υπάρχει ως μια σχέση αγάπης. Μέσα σ' αυτή τη σχέση μεταξύ του Πατέρα, του Γιου και του Αγίου Πνεύματος υπάρχει πλήρης αγάπη, χαρά, ειρήνη, επιβεβαίωση και αποδοχή. Ο Θεός δεν στερείται τίποτα. Ο Θεός είναι απόλυτα πλήρης μέσα στον Εαυτό Του, που ταυτόχρονα είναι μια σχέση. Ο Θεός δεν δημιουργεί από ανάγκη ή εξαναγκασμό. Ο Θεός δεν χρειάζεται να Τον χρειαζόμαστε. Δεν χρειάζεται τον θαυμασμό μας για να γεμίσει κάποιο συναισθηματικό κενό Του. Άρα, μπορούμε να πούμε ότι, επειδή ο Θεός είναι πλήρης από μόνος Του, δημιουργεί μέσα από την ελεύθερη βούλησή Του —όχι επειδή το χρειάζεται, αλλά επειδή το θέλει.[34] Αλλά, γιατί να θέλει να δημιουργήσει;

Θυμηθείτε από το προηγούμενο κεφάλαιο, ότι η φύση του Θεού είναι η έκστασις — μια άπειρη αγάπη, που ξεχειλίζει, είναι εξωστρεφής και δίνει τον εαυτό της. Η αγάπη μεταξύ του Πατέρα, του Γιου και του Αγίου Πνεύματος είναι τέτοια που δεν μπορεί να την κρατήσει μόνο για τον εαυτό Του. Ο Θεός δημιουργεί μέσα από το υπερχείλισμα της αγάπης που μοιράζεται η Αγία Τριάδα. Με άλλα λόγια, η πράξη της δημιουργίας είναι κάτι που απορρέει με φυσικότητα από την ίδια τη φύση του Θεού. Επειδή ο Θεός είναι αγάπη, ο Θεός πάντα δίνει τον εαυτό Του. Και επειδή ο Θεός δίνει τον εαυτό Του, δημιούργησε μέσα από την καρδιά Του ένα σύμπαν, το οποίο θα μπορεί να το γεμίσει με τον εαυτό Του και να το πλημμυρίσει με την αγάπη Του.[35]

Αν ο Θεός πάντα δημιουργεί από αγάπη και για αγάπη, είναι εύλογο το συμπέρασμα

> **Επειδή ο Θεός πάντα δίνει τον εαυτό Του, δημιούργησε μέσα από την καρδιά Του ένα σύμπαν, το οποίο θα μπορεί να το γεμίσει με τον εαυτό Του και να το πλημμυρίσει με την αγάπη Του.**

ότι ο Θεός απολαμβάνει αυτά που δημιουργεί. Ας δούμε το περιστατικό στη Γένεση για να διαπιστώσουμε αν όντως ισχύει αυτό.

Ο Πατέρας Απολαμβάνει τη Δημιουργία Του

Στη Γένεση 1:1-31 βρίσκουμε την ιστορία της δημιουργίας. Ας δούμε με συντομία τα διάφορα στάδια· θα ήθελα να παρατηρήσεις τι ακριβώς λέει η Γραφή για κάθε τι που δημιούργησε ο Θεός. Αυτό μας δίνει μια ιδέα για το πώς αισθάνεται ο Πατέρας απέναντι στα δημιουργήματά Του.

Στην αρχή δημιούργησε ο Θεός τον ουρανό και τη γη.

Γένεση 1:1

Αυτό ήταν το σημείο εκκίνησης. Έφερε τα πάντα σε ύπαρξη με τα λόγια Του. Μέχρι τώρα, η γη ήταν άμορφη, έρημη και υπήρχε σκοτάδι παντού.

Και είπε ο Θεός: Ας γίνει φως και έγινε φως.
Και είδε ο Θεός το φως ότι ήταν καλό.

Γένεση 1:3-4

Αυτό είναι το πρώτο περιστατικό στο οποίο βλέπουμε τον Θεό να συλλογίζεται και να αξιολογεί ένα δημιούργημά Του. Τι σκέφτηκε ο Θεός για το φως που δημιούργησε; Είπε ότι ήταν *καλό.*

Τη δεύτερη μέρα ο Θεός διαχώρισε τα νερά, δημιουργώντας, έτσι, την έκταση που ονομάζεται Ουρανός, κι έπειτα την ξηρά και τις θάλασσες.

Και ονόμασε ο Θεός την ξηρά Γη και τη συγκέντρωση των νερών
ονόμασε θάλασσες, και είδε ο Θεός ότι ήταν καλό.

Γένεση 1:10

Πώς ένιωσε ο Θεός για τη γη και τις θάλασσες; Ξανά, ο Θεός είδε ότι ήταν καλό. Μετά, την τρίτη μέρα...

Η γη βλάστησε χλωρό χορτάρι, χορτάρι που κάνει σπόρο
σύμφωνα με το είδος του, και δέντρο καρποφόρο, του οποίου

το σπέρμα είναι μέσα του, σύμφωνα με το είδος του.
Και είδε ο Θεός ότι ήταν καλό.

Γένεση 1:12

Πώς ένιωσε ο Θεός για τη βλάστηση; Για άλλη μια φορά, ο Θεός είδε ότι ήταν καλό. Βλέπεις την επανάληψη; Ας προχωρήσουμε. Την τέταρτη μέρα ο Θεός δημιούργησε τον ήλιο, το φεγγάρι και τα αστέρια.

Και τα έβαλε ο Θεός στο στερέωμα του ουρανού για να φέγγουν
επάνω στη γη, και να εξουσιάζουν επάνω στην ημέρα και επάνω
στη νύχτα, και να διαχωρίζουν το φως από το σκοτάδι.
Και είδε ο Θεός ότι ήταν καλό.

Γένεση 1:17-18

Μέχρι στιγμής, βλέπουμε ότι ο Θεός θεώρησε το φως, τη γη, τις θάλασσες, τη βλάστηση και τα ουράνια σώματα καλά. Την πέμπτη ημέρα, ο Θεός δημιουργεί τα ζώα, ξεκινώντας από τα θαλάσσια πλάσματα και τα πουλιά.

Και δημιούργησε ο Θεός τα μεγάλα κήτη, και κάθε έμψυχο που
κινείται, τα οποία γέννησαν με αφθονία τα νερά σύμφωνα με το
είδος τους, και κάθε πουλί φτερωτό σύμφωνα με το είδος του.
Και ο Θεός είδε ότι ήταν καλά.

Γένεση 1:21

Είπε ότι όλα αυτά ήταν καλά, αλλά δεν σταμάτησε εκεί. Αμέσως μετά, δημιούργησε κι άλλα ζώα:

Και έκανε ο Θεός τα ζώα της γης σύμφωνα με το είδος τους και
τα κτήνη σύμφωνα με το είδος τους, και κάθε ερπετό της γης
σύμφωνα με το είδος του. Και είδε ο Θεός ότι ήταν καλό.

Γένεση 1:25

Έχουμε καλύψει τις πέντε πρώτες μέρες της δημιουργίας και μέχρι στιγμής, για όλα όσα δημιούργησε ο Θεός, δήλωσε ότι είναι καλά. Μπορείς να φανταστείς τη συνομιλία μεταξύ του Πατέρα, του Γιου και του Αγίου Πνεύματος καθώς παρατηρούσαν τη δημιουργία τους; Φαντάζομαι το Άγιο Πνεύμα να λέει στον Πατέρα, «Είναι καταπληκτικό το πώς μίλησες και όλα έγιναν!». Ο Ιησούς λέει στο Άγιο Πνεύμα, «Ο τρόπος που περιφερόσουν πάνω από τα νερά ήταν εκπληκτικός!». Ο Πατέρας λέει στον Ιησού, «Δεν θα μπορούσα να το κάνω χωρίς Εσένα!». Εντάξει. Ίσως δεν ήταν ακριβώς αυτός ο διάλογος, αλλά καταλαβαίνετε τι θέλω να πω. Ο Θεός καμαρώνει και χαίρεται αυτά που δημιουργεί. Σε κάθε στάδιο της δημιουργίας, ο Θεός δηλώνει ότι το δημιούργημά Του είναι *καλό*.

Και έτσι φτάνουμε στην έκτη μέρα. Αυτή η μέρα είναι σημαντική, οπότε θα την εξετάσουμε με μεγαλύτερη λεπτομέρεια.

Και είπε ο Θεός: Ας κάνουμε άνθρωπο σύμφωνα με τη δική μας εικόνα, σύμφωνα με τη δική μας ομοίωση. Και ας εξουσιάζει επάνω στα πουλιά του ουρανού, και επάνω στα κτήνη, και επάνω σε ολόκληρη τη γη, και επάνω σε κάθε ερπετό, που σέρνεται επάνω στη γη. Και ο Θεός δημιούργησε τον άνθρωπο σύμφωνα με τη δική του εικόνα. Σύμφωνα με την εικόνα του Θεού τον δημιούργησε, αρσενικό και θηλυκό τους δημιούργησε. Και τους ευλόγησε ο Θεός και είπε σ' αυτούς ο Θεός: Αυξάνεστε και πληθύνεστε και γεμίστε τη γη, και κυριεύστε την και εξουσιάζετε επάνω στα ψάρια της θάλασσας, και επάνω στα πουλιά του ουρανού και επάνω σε κάθε ζώο που κινείται επάνω στη γη.

Γένεση 1:26-28

Σημείωσε ότι ο Θεός δημιούργησε τον άνθρωπο —τον άνδρα και τη γυναίκα— με έναν συγκεκριμένο σκοπό. Δεν είμαστε ούτε τυχαία δημιουργήματα, ούτε συμπληρωματικά. Θα το διερευνήσουμε σε λίγο. Προς το παρόν, ας δούμε και το υπόλοιπο χωρίο. Αφού δημιούργησε τον άνθρωπο...

Είδε ο Θεός όλα όσα δημιούργησε και πράγματι, ήταν πολύ καλά. Και έγινε εσπέρα, και έγινε πρωί, ημέρα έκτη.

Γένεση 1:31

Πρόσεξες κάποια διαφορά εδώ; Στις πρώτες πέντε μέρες της δημιουργίας, ο Θεός έλεγε ότι ήταν *καλό*. Αλλά μόλις δημιουργεί τον άνθρωπο, τους συνεργάτες Του που θα κυβερνήσουν μαζί την υπόλοιπη κτίση, ο Θεός λέει ότι είναι *πολύ*

Ο Θεός μας έφτιαξε εκφράζοντας ρητά την επιθυμία Του να συνεργαστούμε μαζί Του για τη φροντίδα της δημιουργίας Του.

καλό. Η εβραϊκή έκφραση είναι «*towb meod*», που σημαίνει ιδιαίτερα καλός, ευχάριστος, εξαίρετος, πολύτιμος σε υπερβολικό και έντονο βαθμό, σε σημείο αφθονίας.[36]

Τι έχει ο άνθρωπος και αναβαθμίζει όλη τη δημιουργία από *καλή* σε *υπερβολικά, εξαιρετικά, πολύ καλή;* Είναι το γεγονός ότι είμαστε πλασμένοι σύμφωνα με την εικόνα και την ομοίωση του Θεού. Ο Θεός μας δημιούργησε διαφορετικούς από την υπόλοιπη δημιουργία και μας έδωσε μοναδικά χαρακτηριστικά.[37] Σε αντίθεση με όλα τα άλλα πλάσματα, οι άνθρωποι είναι οι μόνοι που φέρουν στην ύπαρξή τους το αποτύπωμα της φύσης του Θεού.

Ο άνθρωπος είναι το μοναδικό δημιούργημα που έχει την ικανότητα να λαμβάνει αγάπη από τον Θεό και να Του επιστρέφει αυτήν την αγάπη. Μας δημιούργησε με ελεύθερη βούληση, ώστε να μπορούμε να μοιραστούμε την αγάπη Του, χωρίς να είμαστε υποχρεωμένοι να το κάνουμε. Είμαστε τα μόνα πλάσματα που έχουν την ικανότητα να δημιουργούν, την ικανότητα για αφηρημένη σκέψη και εφευρετικότητα, την ικανότητα για πίστη, την ικανότητα να εκτιμούν την ομορφιά και να δημιουργούν μουσική και τέχνη! Ο Θεός μας έφτιαξε σύμφωνα με την εικόνα και την ομοίωσή Του εκφράζοντας ρητά την επιθυμία Του να συνεργαστούμε μαζί Του για τη φροντίδα της δημιουργίας Του. Ο Θεός θέλει να είμαστε συνεργάτες!

Αυτό με εντυπωσιάζει! Ο Πατέρας μας, που δημιούργησε το σύμπαν με τα λόγια Του, επέλεξε να συνεργάζεται με μας —τους πεπερασμένους, επιρρεπείς και περιορισμένους ανθρώπους. Πώς θα μπορούσαμε εμείς να συνεισφέρουμε στο σχέδιο του Θεού; Ελάχιστα. Κι όμως, χαίρεται να μοιράζεται την κτίση Του μαζί μας, γιατί έτσι είναι ο Θεός. Ο Θεός είναι αγάπη, γι' αυτό δημιουργεί από αγάπη, *με* αγάπη και *για* την αγάπη.

Σκέψου τον εαυτό σου όταν δημιουργείς κάτι. Πόσο εύκολο είναι να το δώσεις σε κάποιον άλλον για να το φροντίζει; Σκέψου τις μητέρες με τα μωρά τους και πόσος καιρός πρέπει να περάσει μέχρι το βρέφος να μπορέσει να κοιμηθεί εκτός σπιτιού. Σκέψου τα παιδιά και τα «αριστουργήματα» που δημιουργούν και πόσο προστατευτικά είναι με αυτά. Σκέψου πόσο προστατευτικοί είμαστε όλοι με αυτά που «δημιουργούμε» —τα προσωπικά μας «αριστουργήματα». Θέλουμε να τα προστατέψουμε από οποιονδήποτε μπορεί να τα καταστρέψει. Γινόμαστε μέχρι και χειριστικοί, αλλά ο Θεός δεν είναι έτσι. Η αγάπη Του είναι τέτοια, που απολαμβάνει να δίνει και να μοιράζεται τα δικά Του ακόμα κι αν αυτό είναι ριψοκίνδυνο, όπως θα δούμε στο επόμενο κεφάλαιο.

Κοιτώντας την ιστορία της δημιουργίας στη Γένεση, αποδείξαμε ότι ο Θεός πραγματικά απολαμβάνει τη δημιουργία Του. Είναι κάτι απόλυτα φυσιολογικό για τον Θεό, σύμφωνα με τη φύση Του· δημιουργεί από αγάπη και έπειτα απολαμβάνει αυτά που δημιουργεί. Αυτό συμπεριλαμβάνει και εσένα!

Η αγάπη του Πατέρα για σένα δεν βασίζεται στις επιδόσεις σου!

Ο Πατέρας Σε Απολαμβάνει!

Ο Πατέρας σε αγαπάει επειδή σε δημιούργησε. Σκέψου τα άλλα δημιουργήματά Του. Τα αστέρια και το φεγγάρι, τα φυτά και τα ζώα δεν χρειάζεται να κάνουν τίποτα για να κερδίσουν την αγάπη του Θεού. Αρκεί απλώς να υπάρχουν. Συνειδητοποίησα αυτήν την αλήθεια πριν από λίγους μήνες, ενώ κάναμε πεζοπορία στο φαράγγι του Γκραντ Κάνυον.

Θαυμάζαμε το μαγευτικό τοπίο —βραχώδεις σχηματισμοί παντού γύρω μας, τόσο τεράστιοι, που το μέγεθός τους ήταν ασύλληπτο. Και, ξαφνικά, είδα κάτι. Ένα μικρό λευκό λουλούδι, έβγαινε μέσα από έναν βράχο, κρυμμένο κάτω από έναν θάμνο. Αναρωτήθηκα, πόσοι επισκέπτες άραγε πέρασαν δίπλα του χωρίς να το προσέξουν καν; Δεν ζητούσε την προσοχή κανενός. Δεν μπορούσε να αναμετρηθεί με το μεγαλείο που ήταν γύρω του. Κι όμως, ήξερα ότι ο Θεός το πρόσεξε, και ένιωσα τη χαρά Του για αυτό το μικρό λουλούδι —γιατί Αυτός το δημιούργησε και αυτό απλά υπήρχε και εκπλήρωνε τον σκοπό για τον οποίο δημιουργήθηκε. Μήπως ο Πατέρας νιώθει ακριβώς το ίδιο για σένα;

Μέσα από την επίγεια ζωή του Ιησού βλέπουμε τι αισθάνεται ο Πατέρας για τα παιδιά Του. Στο Κατά Ματθαίο 3 διαβάζουμε την ιστορία της βάπτισης του Ιησού.

Και όταν ο Ιησούς βαπτίστηκε, ανέβηκε αμέσως από το νερό και ξάφνου, ανοίχτηκαν οι ουρανοί, και είδε το Πνεύμα του Θεού να κατεβαίνει σαν περιστέρι, και να έρχεται επάνω του. Και ξάφνου μια φωνή από τους ουρανούς που έλεγε: Αυτός είναι ο Υιός μου ο αγαπητός στον οποίο ευαρεστήθηκα.

Κατά Ματθαίο 3:16-17

Αυτό που ακούστηκε ήταν ξεκάθαρα η φωνή του Πατέρα, που έβλεπε τον Γιο του και εξέφραζε το καμάρι Του.

Δεν έκανες τίποτα για να αξίζεις την αγάπη του Θεού, άρα δεν μπορείς να κάνεις κάτι που θα Τον εμποδίσει να σε αγαπάει.

Θέλω να προσέξεις ότι μέχρι αυτή τη στιγμή, ο Ιησούς δεν είχε κάνει ούτε ένα κήρυγμα· δεν είχε θεραπεύσει κανέναν, δεν είχε εκβάλλει δαιμόνια, ούτε είχε κάνει θαύματα. Κι όμως, ο Πατέρας δηλώνει απόλυτα ευχαριστημένος με τον Ιησού, όχι εξαιτίας της επίδοσής Του, αλλά εξαιτίας της σχέσης τους. Αυτή είναι η καρδιά του Θεού ως *Abba* προς τα παιδιά Του —αυτό συμπεριλαμβάνει και εσένα!

Η αγάπη του Πατέρα για σένα δεν βασίζεται στις επιδόσεις σου. Δεν σε συγκρίνει με άλλους ανθρώπους, ούτε σε αξιολογεί με βάση τα επιτεύγματά σου. Ο Θεός δεν ζυγίζει καν την ανταπόκρισή σου στην αγάπη Του. Απλά σε αγαπάει. Τελεία και παύλα. Βασικά, αν σου πω απλά ότι ο *Abba*, ο Μπαμπάς σου, σε αγαπάει είναι λίγο φτωχό μπροστά στην πραγματικότητα. Ο Θεός σε απολαμβάνει. Ο *Abba* αγαπάει τα πάντα σε σένα. Όταν σε έφτιαχνε, το έκανε με μεγάλη φροντίδα και είχε υπέροχα πράγματα στο μυαλό Του για σένα από την αρχή της ύπαρξής σου. Μπορείς να ακούσεις τον Πατέρα να λέει για σένα, «Αυτός είναι ο αγαπημένος μου γιος (ή η αγαπημένη μου κόρη) στον οποίο ευαρεστούμαι;» Είναι ευχαριστημένος με σένα επειδή Αυτός σε δημιούργησε, και η μοναδικότητά σου Τον ευαρεστεί.

Έχεις πολλά πράγματα που σε κάνουν μοναδικό. Πολλά από αυτά είναι πράγματα που δεν επέλεξες και δεν μπορείς να αλλάξεις —όπως η οικογένεια, η καταγωγή, το φύλο, η εποχή και η τοποθεσία της ζωής σου, η γλώσσα, η κουλτούρα και τα χαρακτηριστικά της προσωπικότητάς σου. Ωστόσο, όλα αυτά είναι σαν μια «σφραγίδα ιδιοκτησίας» του Θεού. Κάποιες φορές είμαστε δυσαρεστημένοι με τον τρόπο που μας έφτιαξε ο Θεός, συγκρίνουμε τον εαυτό μας με άλλους και ευχόμαστε να ήμασταν διαφορετικοί. Θέλω να δεις ότι ο Θεός σε δημιούργησε μοναδικό, και είχε έναν σκοπό για σένα στο μυαλό Του. Δες πως το εκφράζει ο Δαυίδ:

Επειδή, εσύ μόρφωσες τα νεφρά μου. Με περιτύλιξες μέσα στην κοιλιά της μητέρας μου. Θα σε υμνώ, επειδή πλάστηκα με φοβερό και θαυμάσιο τρόπο. Τα έργα σου είναι θαυμάσια και η ψυχή μου το γνωρίζει αυτό πολύ καλά. Δεν κρύφτηκαν τα κόκαλά μου από σένα, ενώ λάβαινε χώρα η κατασκευή μου μέσα σε κρυφό χώρο, και έπαιρνα μορφή μέσα στα κατώτατα μέρη της γης. Το αδιαμόρφωτο του σώματός μου είδαν τα μάτια σου και μέσα

*στο βιβλίο σου όλα αυτά ήταν γραμμένα. Όπως και οι ημέρες κατά
τις οποίες σχηματίζονταν, και ενώ τίποτε απ' αυτά δεν υπήρχε.*

Ψαλμός 139:13-16

Όταν σε δημιούργησε ο Πατέρας, σε κοίταξε και είπε, «*Πολύ καλό*».
Ακόμα και τώρα σε κοιτάζει και λέει «*Πολύ καλό*».

Εσύ, βέβαια, μπορεί να κοιτάς τη ζωή σου και να λες ότι δεν είναι
καθόλου καλή. Ίσως υπάρχουν συγκεκριμένα χαρακτηριστικά στο σώμα
ή στην προσωπικότητά σου που δεν σου αρέσουν. Είναι πιθανόν να είχες
κάποιες τραυματικές εμπειρίες και έχεις δίκιο όταν λες ότι η ζωή σου
δεν είναι καλή. Αυτό, όμως, δεν σημαίνει ότι στον Θεό αρέσουν όλα όσα
συμβαίνουν στη ζωή σου (θα μιλήσουμε γι' αυτό αργότερα). Σημαίνει
ότι βλέπει τα δαχτυλικά Του αποτυπώματα σε σένα και τις δυνατότητες
που Αυτός έβαλε μέσα σου. Βλέπει τα όνειρα που δεν έχουν εκπληρωθεί
ακόμα· βλέπει αυτό που σε κάλεσε να είσαι —αυτό που Αυτός επιθυμεί
για σένα. Και λέει ότι είναι *πολύ καλό*. Ο *Abba* σε προσκαλεί κοντά Του,
για να μπορέσει να εκπληρώσει μέσα σου τα σχέδια που είχε στο μυαλό
Του όταν σε δημιούργησε.

Ένα πράγμα θέλω να θυμάσαι από εδώ: ότι δεν έκανες τίποτα για να
αξίζεις την αγάπη του Θεού· άρα, δεν μπορείς να κάνεις κάτι που θα Τον
εμποδίσει να σε αγαπάει. Ο Θεός θέλει να είσαι απλά ο εαυτός σου· θέλει
να ξέρεις πόσο πολύ αγαπάει αυτό το μοναδικό άτομο που είσαι εσύ.

Προτού φύγουμε από αυτό το κεφάλαιο, υπάρχει μία ακόμα πτυχή
του Πατέρα και της δημιουργίας Του που πρέπει να αναφέρω, και θα
είναι θεμελιώδης για την υπόλοιπη μελέτη μας. Έχει να κάνει με το ότι
είμαστε δημιουργημένοι σύμφωνα με την εικόνα του Θεού.

Δημιουργημένοι Σύμφωνα με την Εικόνα του Θεού

Στο προηγούμενο κεφάλαιο είδαμε ότι ο Θεός είναι Τρεις σε Έναν: τρία
Πρόσωπα, μία ουσία· όλα τα Πρόσωπα είναι αιώνια, σε απόλυτη ισότητα (ως
Θεός), αλλά και διακριτά μεταξύ τους. Είπαμε, επίσης, ότι ο Θεός βασίζει
την ύπαρξή Του στη σχέση. Είναι Αυτός που είναι εξαιτίας της σχέσης Του —
μιας σχέσης αγάπης μεταξύ του Πατέρα, του Γιου και του Αγίου Πνεύματος.
Σε αυτό το κεφάλαιο είδαμε από την αφήγηση της Γένεσης ότι όταν ο Θεός
δημιούργησε το ανθρώπινο γένος, είπε «Ας κάνουμε άνθρωπο σύμφωνα με
τη δική μας εικόνα, σύμφωνα με τη δική μας ομοίωση».

Chiqui Wood

Είμαστε ολοκληρωμένα πρόσωπα μόνο όταν είμαστε μέσα σε ολοκληρωμένες σχέσεις, τόσο με τον Θεό όσο και με τους συνανθρώπους μας.

Το «*Imago Dei*» είναι μια λατινική φράση που σημαίνει «εικόνα του Θεού». Χρησιμοποιείται για να περιγράψει το γεγονός ότι εμείς οι άνθρωποι είμαστε πλασμένοι σύμφωνα με την εικόνα του Θεού και αντικατοπτρίζουμε τη φύση Του. Τι σημαίνει αυτό; Νωρίτερα εξηγήσαμε ότι ως άνθρωποι διαφέρουμε από τα υπόλοιπα δημιουργήματα ως προς την ελεύθερη βούληση, την ικανότητά μας να αγαπάμε, τη δημιουργικότητα, τη φαντασία, την αφηρημένη σκέψη και την πίστη. Το πιο σημαντικό, όμως, είναι ότι είμαστε δημιουργημένοι —σύμφωνα με την εικόνα του Θεού— ώστε να λειτουργούμε και εμείς με βάση τη σχέση. Εάν η φύση του Θεού είναι μια σχέση, άρα κι εμείς είμαστε φτιαγμένοι για σχέση, συνεπώς είναι αδύνατο να θεωρήσουμε τους ανθρώπους μεμονωμένες και απομονωμένες οντότητες.

Γιατί έπρεπε να το αναφέρουμε αυτό; Είμαι βέβαιη ότι δεν σας εκπλήσσω λέγοντας ότι ζούμε σε μια ατομικιστική κουλτούρα.[38] Κάποια από τα πιο διαδεδομένα συνθήματα της κουλτούρας μας, μας λένε: «Ο εαυτός σου είναι το νούμερο ένα», «Να θυμάσαι ότι μόνο τα νεκρά ψάρια κολυμπούν με το ρεύμα» ή «Απλοποίησε *τον εαυτό σου* για να κάνεις τη *ζωή σου* καλύτερη». Βομβαρδιζόμαστε με την αντίληψη ότι πρέπει να τα καταφέρουμε μόνοι μας, να είμαστε διαφορετικοί από το πλήθος και να εστιάζουμε στον εαυτό μας. Η αλήθεια είναι ότι τα πιο γεμάτα ράφια σε κάθε βιβλιοπωλείο είναι μάλλον στο τμήμα με τα βιβλία *αυτοβοήθειας*.

Σε μια μονογραφία του 1984 με τίτλο, «Οι Αξίες της Ζωής των Αμερικανών», ο Ρόμπερτ Κολς περιγράφει τις 13 βασικές αμερικανικές αξίες. Όπως ήταν αναμενόμενο, η πρώτη αξία στη λίστα είναι ο ατομικισμός. Εφόσον είναι τόσο σημαντικός για μας, εξίσου σημαντική είναι και η ιδιωτικότητα. Ήξερες ότι πολλές γλώσσες δεν διαθέτουν καν λέξη για την «ιδιωτικότητα»; Και αν έχουν, το πιο πιθανό είναι ότι η λέξη έχει μια έντονα αρνητική σημασία, υπονοώντας τη μοναξιά ή την απομόνωση από το σύνολο. Για τους περισσότερους από μας, όμως, ο ατομικισμός είναι τόσο βαθιά ριζωμένος μέσα μας, που πιστεύουμε ότι επηρεαζόμαστε ελάχιστα από την οικογένεια, την εκκλησία, τα σχολεία ή οποιοδήποτε άλλο κοινωνικό σύνολο. Όταν, και εάν, γινόμαστε μέλη μιας ομάδας, τείνουμε να πιστεύουμε ότι είμαστε κατά κάποιο τρόπο διαφορετικοί, *λίγο πιο ξεχωριστοί* και μοναδικοί σε σχέση με τα υπόλοιπα μέλη της ομάδας. Έχουμε την τάση να εγκαταλείπουμε μια ομάδα με την ίδια ευκολία με την οποία ενταχθήκαμε σ' αυτήν. Αναγνωρίζουμε την αξία μιας ομάδας μόνο «αν κερδίζουμε κάτι απ' αυτήν».[39]

Η προσωπικότητα ενός ανθρώπου τελειοποιείται όταν γνωρίζει άλλους και αφήνει άλλους να τον γνωρίσουν.

Από πού προέρχεται αυτή η νοοτροπία; Ένα μεγάλο μέρος της επικρατούσας δυτικής σκέψης προέρχεται από τη στωική αντίληψη ότι ο Θεός είναι απλά ο φυσικός νομοθέτης· αυτό εξυψώνει την αξία της λογικής στην ιδέα της προσωπικότητας, και μας οδηγεί στη λανθασμένη αντίληψη ότι προσωπικότητα σημαίνει ατομικότητα. Ο Βοήθιος (480-525 μ.Χ. περίπου) δήλωσε ότι, «*persona est individua substantia rationabilis naturae*» (=κάθε άτομο είναι μια μεμονωμένη ύπαρξη ορθολογικής φύσης). Πρόσεξε ότι σ' αυτόν τον ορισμό δεν υπάρχει καμία αναφορά στη σύναψη σχέσεων. Αντί για τη σχέση, η δυτική σκέψη ανυψώνει τη λογική ως τον παράγοντα που καθορίζει τι είναι το άτομο. Για τους Στωικούς, ο ενάρετος άνθρωπος είναι αυτάρκης και ευτυχισμένος. Σου θυμίζει κάτι αυτό; Ο Στωικισμός είναι ένα φιλοσοφικό ρεύμα της ελληνικής φιλοσοφίας. Υπάγεται στην ελληνική θεώρηση του κόσμου.[40] Θυμάστε τι μάθαμε για την επιρροή της ελληνικής κοσμοθεωρίας στον πολιτισμό μας στο 1ο κεφάλαιο; Συνεπώς, η αξία που προσδίδουμε στον ατομικισμό πηγάζει από μια αντίληψή μας για τον Θεό, που είναι τελείως αντίθετη με τη σχέση αγάπης μεταξύ του Πατέρα, του Γιου και του Αγίου Πνεύματος. Έχει και συνέχεια, όμως.

Έπειτα ήρθε ο Διαφωτισμός, που ανέβασε ξανά την αξία της λογικής, και έτσι καταλήξαμε σε μια άποψη που παραδοσιακά εξισώνει την έννοια του «προσώπου» με την «ατομικότητα», και δίνει έμφαση κυρίως στη λογική. Πιστεύουμε ότι αν είχαμε περισσότερες πληροφορίες και καλύτερες πληροφορίες, θα παίρναμε καλύτερες αποφάσεις και ο κόσμος μας θα ήταν πολύ καλύτερος. Κι όμως, σήμερα που οι πληροφορίες μάς κατακλύζουν από παντού, οι σχέσεις μας είναι πολύ χειρότερες. Όλα αυτά, για άλλη μια φορά, είναι αντίθετα με τη φύση του Θεού.

Εξαιτίας όλων αυτών των δυτικών αντιλήψεων, το «Imago Dei» έχει ερμηνευτεί τελείως ατομικιστικά. Ίσως αναγνωρίζουμε την ανάγκη μας για μια κάθετη σχέση (μεταξύ Θεού και ανθρώπου), αλλά αποκλείουμε σε μεγάλο βαθμό την ανάγκη μας για οριζόντιες σχέσεις (μεταξύ μας).[41] Εφόσον, όμως, ο Θεός είναι Θεός σχέσης, είναι λογικό ότι δεν μπορούμε να εννοήσουμε κανένα πρόσωπο ως ένα μεμονωμένο άτομο. Είμαστε ολοκληρωμένα πρόσωπα μόνο όταν είμαστε μέσα σε ολοκληρωμένες σχέσεις, τόσο με τον Θεό, όσο και με τους συνανθρώπους μας.

Κάθε άνθρωπος μπορεί να γίνει μια απολαυστική και πλήρης προσωπικότητα μόνο μέσα στο πλαίσιο των σχέσεών του. Με άλλα λόγια, η ανθρώπινη ιδιότητα γίνεται κατανοητή μόνο ως πλήρης αντανάκλαση της φύσης του Θεού, ο Οποίος υπάρχει πάντα «σε μια σχέση» —πλήρης, μέσα στο πλαίσιο μιας σχέσης αγάπης. Αυτό σημαίνει ότι είναι αδύνατο για έναν άνθρωπο να ζει πλήρης ενώ είναι απομονωμένος. Δεν μπορεί να υπάρξει ένα μεμονωμένο άτομο. Δεν μπορείς να είσαι ολοκληρωτικά ο εαυτός σου χωρίς άλλους ανθρώπους. Η προσωπικότητά σου εδραιώνεται μέσα στις σχέσεις σου με άλλους, όχι στο «Εγώ», αλλά στο «Εσύ και Εγώ».

Ας επιστρέψουμε στην αφήγηση της Γένεσης. Μέσα από το περιστατικό της δημιουργίας, βλέπουμε ότι τα πρόσωπα συνδέονται με έμφυτο τρόπο, όχι μόνο με τον Θεό, αλλά και μεταξύ τους. Παρατήρησε ότι όταν ο Θεός δημιούργησε τον άνθρωπο σύμφωνα με την εικόνα Του, τους δημιούργησε αρσενικό και θηλυκό. Ο άνδρας —από μόνος του— δεν είναι φτιαγμένος σύμφωνα με την εικόνα του Θεού. Ούτε και η γυναίκα. Όταν ο Θεός δημιούργησε τον Αδάμ, είπε ότι *δεν είναι καλό* για τον άνθρωπο να είναι μόνος. Ουσιαστικά, αυτό ήταν το μόνο κομμάτι της δημιουργίας για το οποίο ο Θεός είπε ότι, «Δεν είναι καλό». Ο Αδάμ δεν ήταν πλήρης χωρίς το ταίρι του, με το οποίο θα μπορούσε να μοιραστεί τη ζωή του. Με αυτήν την έννοια, ο Αδάμ ολοκληρώθηκε ως άνθρωπος τη στιγμή που αντίκρισε και δέχθηκε την Εύα —έναν ίσο, αλλά ξεχωριστό άνθρωπο. Ακόμα και τώρα, η πιο τέλεια εικόνα της φύσης του Θεού είναι όταν ένας άντρας και μια γυναίκα ενώνονται πρόθυμα με δεσμά αγάπης για να υπηρετήσουν ο ένας τον άλλον και να μοιραστούν τη ζωή τους. Η πιο ολοκληρωμένη έκφραση αυτής της απόφασης είναι ο γάμος (ή τουλάχιστον, πρέπει να είναι), αλλά η γενική ιδέα δεν αφορά αποκλειστικά και μόνο τον γάμο. Η ίδια αλήθεια ισχύει και στις σχέσεις με τους συγγενείς ή τους φίλους μας. Η ουσία είναι ότι το «Imago Dei» το φανερώνουμε μέσα στις μεταξύ μας σχέσεις, και ιδιαίτερα όταν οι σχέσεις αυτές εμπεριέχουν μια ποικιλία διαφορετικών και συμπληρωματικών χαρακτηριστικών. Δηλαδή, για να γίνουμε ολοκληρωμένοι άνθρωποι, με όλη τη σημασία της λέξης, χρειαζόμαστε γύρω μας ανθρώπους που είναι διαφορετικοί από μας.[42]

Όταν έχουμε υγιείς σχέσεις, μπορούμε να έχουμε υγεία και στην προσωπικότητά μας —τότε είμαστε πραγματικά όπως μας δημιούργησε ο Θεός. Συνειδητοποιούμε πόση σημασία έχει η ζωή μας, όταν βλέπουμε ότι οι άλλοι χρειάζονται αυτό που είμαστε και αυτό που μπορούμε να προσφέρουμε. Και εμείς με τη σειρά μας, έχουμε ανάγκη τους άλλους, που είναι ικανοί, εκεί που εμείς είμαστε ελλιπείς. Όταν δίνουμε και λαμβάνουμε πρόθυμα ο ένας από τον άλλον, τότε είμαστε πλήρεις.[43] Θα δώσω κάποια παραδείγματα:

Η φίλη μου η Έριν είναι εκπληκτική οικοδέσποινα. Της αρέσει να διακοσμεί, να ετοιμάζει γεύματα και να δημιουργεί μια φιλόξενη ατμόσφαιρα. Έτσι την έπλασε ο Θεός. Και εγώ με μεγάλη ευγνωμοσύνη απολαμβάνω αυτό το χάρισμά της (κυρίως επειδή δεν το διαθέτω εγώ). *Δεν μπορεί, όμως, να είναι ο εαυτός της αν είναι απομονωμένη.* Η πληρότητα του εαυτού της μπορεί να εκδηλωθεί μόνο όταν έχει γύρω της ανθρώπους με τους οποίους μπορεί να μοιραστεί τα χαρίσματά της.

Ο φίλος μου ο Μαυρίκιος είναι ζωγράφος. Δημιουργεί μοναδικά έργα τέχνης και λάμπει ολόκληρος όταν μοιράζεται την τέχνη του με άλλους, όταν μιλάει για αυτή, και όταν εξηγεί γιατί χρησιμοποίησε τα συγκεκριμένα χρώματα ή σχήματα. *Δεν μπορεί, όμως, να είναι όπως τον σχεδίασε ο Θεός αν είναι απομονωμένος.* Η πληρότητα του εαυτού του μπορεί να εκδηλωθεί μόνο όταν έχει γύρω του ανθρώπους με τους οποίους μπορεί να μοιραστεί τα χαρίσματά του.

Η φίλη μου η Γιοχάνα είναι τραγουδοποιός. Της αρέσει να παίζει πιάνο ή κιθάρα, αλλά κυρίως να γράφει τραγούδια. Όταν έρχεται στο σπίτι μας και ζητάει την κιθάρα του Κέρι, είναι το καλύτερό μας. Ξέρουμε ότι θα εκπλαγούμε. Όταν τραγουδάει ένα καινούργιο κομμάτι της, λάμπει από χαρά. Χρειάζεται, όμως, κάποιους αποδέκτες για αυτό το δώρο που θέλει να προσφέρει. Εμείς σίγουρα χαιρόμαστε που μπορούμε να απολαμβάνουμε το χάρισμά της. *Και αυτή δεν μπορεί να είναι ο εαυτός της μέσα στην απομόνωση.* Η πληρότητα του εαυτού της μπορεί να εκδηλωθεί μόνο όταν έχει γύρω της ανθρώπους με τους οποίους μπορεί να μοιραστεί τα χαρίσματά της.

Μπορούμε να πούμε ότι το σχέδιο του Θεού για την ανθρωπότητα, δεν είναι να έχουμε σχέση μόνο με τον Θεό, αλλά και μεταξύ μας. Η προσωπικότητα ενός ανθρώπου τελειοποιείται όταν γνωρίζει άλλους και αφήνει άλλους να τον γνωρίσουν. Ο Παύλος λέει:

Τότε όμως θα γνωρίσω καθώς και γνωρίστηκα.

Α' Κορινθίους 13:12

Εφόσον δημιουργηθήκαμε σύμφωνα με την εικόνα του Θεού, έχουμε φτιαχτεί για να ζούμε μέσα σε σχέση· για να βρίσκουμε την αξία μας μέσα στις σχέσεις μας. Έτσι απολαμβάνουμε πλήρως τη ζωή μας, όταν έχουμε υγιείς σχέσεις με άλλους ανθρώπους, διαφορετικούς από μας, που μας συμπληρώνουν. Θα δούμε αργότερα ότι όλες οι εντολές του Θεού έχουν να κάνουν με την υγεία στις σχέσεις μας.

Συμπέρασμα

Σε αυτό το κεφάλαιο είπαμε ότι ο Θεός δεν δημιουργεί από ανάγκη ή εξαναγκασμό. Δεν δημιουργεί επειδή το χρειάζεται, αλλά επειδή το θέλει. Εφόσον η φύση του Θεού είναι η *έκστασις* —μια εξωστρεφής αγάπη που δίνει τον εαυτό της— ο Θεός δεν μπορεί να την κρατήσει μόνο για τον εαυτό Του. Έτσι, η πράξη της δημιουργίας ήταν ένα φυσικό επακόλουθο της φύσης του Θεού, ένα υπερχείλισμα αγάπης. Είδαμε την αφήγηση της Γένεσης και διαπιστώσαμε ότι ο Θεός απολαμβάνει τα δημιουργήματά Του, και ειδικά τον άνθρωπο —αρσενικό και θηλυκό— τον οποίο δημιούργησε σύμφωνα με την εικόνα και την ομοίωσή Του, για να έχει σχέση μαζί του και να είναι συνεργάτες.

Είπαμε, επίσης, ότι ο Θεός σε απολαμβάνει, απλά και μόνο επειδή είσαι δικός Του. Δεν έκανες τίποτα για να αξίζεις την αγάπη του Θεού· άρα, δεν μπορείς να κάνεις κάτι που θα εμποδίσει τον Πατέρα, τον Γιο και το Άγιο Πνεύμα να σε αγαπάει. Τέλος, είπαμε ότι ως άνθρωποι, που δημιουργηθήκαμε σύμφωνα με το «Imago Dei» (την εικόνα του Θεού), είμαστε εκ φύσεως φτιαγμένοι να λειτουργούμε μέσα σε σχέση. Σε αντίθεση με όσα προβάλλει η ατομικιστική κουλτούρα μας, ο άνθρωπος μπορεί να γίνει μια απολαυστική και πλήρης προσωπικότητα μόνο μέσα στο πλαίσιο των σχέσεών του. Και τότε συνειδητοποιούμε πόση σημασία έχει η ζωή μας· όταν βλέπουμε ότι οι άλλοι χρειάζονται αυτό που είμαστε και αυτό που μπορούμε να προσφέρουμε.

Μια τελευταία σκέψη. Εφόσον είμαστε πλασμένοι σύμφωνα με την εικόνα του Θεού, όταν γνωρίζουμε ο ένας τον άλλον καλύτερα, γνωρίζουμε και τον Θεό καλύτερα. Σου έχει συμβεί να γνώρισες κάποιον μέχρι ένα σημείο —μετά να συνάντησες τα παιδιά, τους γονείς ή τα αδέλφια του... και τότε να είπες, «Τώρα κατάλαβα γιατί το κάνεις αυτό!»; Ισχύει, λοιπόν, ότι μπορούμε να γνωρίσουμε κάποιον καλύτερα, εάν γνωρίσουμε τους ανθρώπους που έχουν σχέση μαζί του. Το ίδιο συμβαίνει και με τον Θεό. Όσο γνωρίζουμε τον Θεό, τόσο καλύτερα γνωρίζουμε τον εαυτό μας και τους άλλους· όσο γνωρίζουμε ο ένας τον άλλον, τόσο καλύτερα γνωρίζουμε τον Θεό.

ΠΕΡΙΣΥΛΟΓΗ

Έχεις σκεφτεί ποτέ, ότι όταν σε δημιούργησε ο Θεός είπε ότι είσαι *πολύ καλός/ή*; Συμφωνείς με αυτό; Ξέρεις πόσο πολύ σε αγαπάει ο Θεός; Αισθάνεσαι ότι ο Θεός σε απολαμβάνει;

Ζήτησε από τον Πατέρα να σου δείξει συγκεκριμένα τι Του αρέσει σε σένα. Μπορείς να Τον ρωτήσεις:

- Πατέρα, όταν με μόρφωνες μέσα στην κοιλιά της μητέρας μου, τι όνειρα είχες για μένα;
- Πατέρα, τι έχω που Σε κάνει να χαμογελάς;
- Πατέρα, όταν κοιτάς τη ζωή μου, τι Σε κάνει περήφανο;
- Πατέρα, τι έχω που με κάνει μοναδικό και ξεχωριστό;
- Πατέρα, ποια χαρίσματα έβαλες μέσα μου που μπορώ να μοιραστώ με αυτούς που είναι γύρω μου;

Ίσως θέλεις να Του ζητήσεις να σε βοηθήσει να αποδεχθείς τον εαυτό σου περισσότερο:

- Πατέρα, μήπως έχω απορρίψει κάποια χαρακτηριστικά μου;
- Πατέρα, μήπως έχω στοιχεία στον εαυτό μου για τα οποία δεν Σε έχω ευχαριστήσει ποτέ;

Σε προτρέπω να αφιερώσεις λίγο χρόνο και να γράψεις αυτά που σου μιλάει ο Πατέρας. Στα χρόνια που έρχονται θα μπορείς να τα διαβάζεις και να αντλείς την αγάπη και την επιβεβαίωσή Του ξανά και ξανά.

ΠΡΟΣΕΥΧΗ

Πατέρα, Σε ευχαριστώ που με δημιούργησες με τόσο μεγάλη φροντίδα. Αναγνωρίζω και χαίρομαι για τον τρόπο που με περιτύλιξες μέσα στην κοιλιά της μητέρας μου. Σε υμνώ, γιατί πλάστηκα με φοβερό και θαυμάσιο τρόπο. Επειδή είμαι δικό σου έργο, ξέρω ότι είμαι υπέροχος. Δείξε μου εάν υπάρχουν πτυχές του εαυτού μου που δεν αποδέχομαι. Συγχώρησέ με για όσες φορές απέρριψα τον τρόπο που με έφτιαξες και βοήθησέ με να δω τον εαυτό μου μέσα από τα μάτια Σου, για να μάθω να εκτιμώ κάθε λεπτομέρεια της δημιουργίας μου. Δίδαξέ με πώς να ζω ολοκληρωτικά μέσα στα σχέδια που έκανες για μένα όταν με διαμόρφωνες. Συμφωνώ μαζί Σου για το ποιος είμαι και δέχομαι την αγάπη και την αποδοχή Σου. Στο όνομά του Ιησού Χριστού. Αμήν.

(Δες τον Ψαλμό 139:13-14)

ΓΙΑ ΟΜΑΔΙΚΗ ΣΥΖΗΤΗΣΗ

1. Σκέψου τον τεράστιο αριθμό ζώων στον πλανήτη μας. Υπάρχουν 50 είδη κουνελιών, 70 κατηγορίες λύκων, 2.500 είδη φιδιών, 25.000 είδη ψαριών ή 28.000 είδη πεταλούδων. Τι μας λένε όλα αυτά για τον Θεό;

2. Ο Θεός μας δημιούργησε με έναν ξεκάθαρο σκοπό: να συνεργαστούμε μαζί Του για να φροντίσουμε τα δημιουργήματά Του. Τι σημαίνει αυτό για μας; Κατά τη γνώμη σου, πώς νομίζεις ότι τα πάμε ως τώρα με αυτή τη συνεργασία; Με ποιους συγκεκριμένους τρόπους μπορούμε να φροντίσουμε καλύτερα τη δημιουργία του Θεού;

3. Με ποιους τρόπους πιστεύεις ότι ο ατομικισμός μας εμποδίζει να ζήσουμε την ολοκληρωμένη ζωή που έχει για μας ο Πατέρας; Συγκεκριμένα, τι μπορείς να κάνεις για να καλλιεργήσεις πιο ουσιαστικές σχέσεις;

Τέσσερα

Το Θέλημα του Πατέρα

Δεν κάνω τίποτα από μόνος μου.
Κάνω μόνο αυτό που βλέπω τον Πατέρα μου να κάνει,
επειδή ό,τι κάνει ο Πατέρας μου, αυτό κάνω κι εγώ.

—Ιησούς

Στο προηγούμενο κεφάλαιο είδαμε ότι μετά από κάθε στάδιο της δημιουργίας, ο Θεός έλεγε ότι είναι «καλό», και στο τέλος, στη δημιουργία του ανθρώπου —που είναι ο συνεργάτης Του— είπε ότι είναι «πολύ καλό». Με μια προσεκτική ματιά στον πλανήτη μας, όμως, είναι προφανές ότι πολλά από αυτά που συμβαίνουν δεν είναι καθόλου «καλά».

Το 1980 σημειώθηκε μια μεγάλη ηφαιστειακή έκρηξη στο όρος της Αγίας Ελένης στην πολιτεία της Γουάσινγκτον. Το 1985 χιλιάδες άνθρωποι έχασαν τη ζωή τους από λασποροές που οφείλονται στο ηφαίστειο στην Κολομβία. Το 2004 πάνω από 200.000 άνθρωποι πέθαναν από τον σεισμό και το τσουνάμι στον Ινδικό Ωκεανό. Το 2005 ο τυφώνας Κατρίνα σάρωσε την πόλη της Νέας Ορλεάνης. Η Αϊτή καταστράφηκε από έναν σεισμό το 2010. Καταστροφικές χιονοστιβάδες έπληξαν το Αφγανιστάν το 2015. Αυτές είναι μόνο κάποιες από τις χιλιάδες φυσικές καταστροφές που έχουν μαστίσει τον πλανήτη μας μέσα στα χρόνια. Όταν ακούμε για τέτοιες καταστροφές, πώς μπορούμε να λέμε ότι η δημιουργία του Θεού είναι «πολύ καλή»;

Το ίδιο ισχύει και στην προσωπική μας ζωή. Αφθονούν τα παραδείγματα φόνων, βιασμών, κακοποίησης, ατυχημάτων και θανάτων. Βλέπουμε ότι η ιστορία της ανθρωπότητας παρουσιάζει πληθώρα πολέμων, φτώχειας, εκβιασμών, δουλείας και εκμετάλλευσης. Πώς μπορούμε να λέμε ότι αυτό είναι «πολύ καλό»; Όταν σε δημιούργησε ο Θεός, είπε «πολύ καλό», αλλά ίσως η ζωή σου απέχει πολύ από το καλό. Πώς μπορούμε να διαχειριστούμε αυτές τις αντιθέσεις;

Γνωρίζω από προσωπική εμπειρία τα πολλά ερωτηματικά που κυριεύουν το μυαλό όταν βιώνουμε μια ανεξήγητη απώλεια. Όταν ήμουν 17 ετών, ο 15 χρονος ξάδελφός μου πέθανε ξαφνικά. Οκτώ μήνες αργότερα, πέθανε και ο πατέρας του. Το πρώτο παιδί της αδελφής μου

Κοιτάζοντας τον Ιησού μπορούμε να αντιληφθούμε, ποιο είναι (και ποιο δεν είναι) το θέλημα του Πατέρα.

γεννήθηκε με μια σοβαρή καρδιακή δυσλειτουργία. Πέθανε 17 μέρες αργότερα. Το 2002, στον δέκατο μήνα του γάμου μας, ο σύζυγός μου, ο Αννίβας, διαγνώστηκε με καρκίνο του προστάτη στο τελευταίο στάδιο, που δεν μπορούσε να χειρουργηθεί, ούτε να θεραπευτεί. Πέθανε 5 χρόνια αργότερα.

Θα μπορούσα να πω κι άλλα. Θέλω απλά να ξέρεις ότι καταλαβαίνω τι σημαίνει να παλεύεις με ερωτηματικά: «Τι έγινε; Αυτό ήθελε ο Θεός; Εάν ναι, γιατί; Και εάν δεν ήταν το θέλημα του Θεού, γιατί έγινε; Πού ήταν ο Θεός; Γιατί δεν έκανε κάτι γι' αυτό;»

Προτού προχωρήσουμε, πρέπει να ομολογήσω ότι γράφω αυτό το κεφάλαιο με λίγη ανησυχία. Πολλοί μελετητές της Βίβλου, με πολύ βαθύτερη αντίληψη από μένα, έχουν συζητήσει εκτενώς το θέμα του θελήματος του Θεού.[44] Δεν θα εμβαθύνουμε σ' αυτό πέρα από ένα κεφάλαιο, καθώς δεν είναι αυτός ο σκοπός του βιβλίου. Ξέρω, όμως, ότι πρέπει να το αναφέρουμε, επειδή πολλές από τις παραποιημένες απόψεις που έχουμε για τον Πατέρα, προκύπτουν από την προσπάθειά μας να εξηγήσουμε τα άσχημα πράγματα που συμβαίνουν γύρω μας. Γράφω, λοιπόν, κάποια πράγματα για το θέλημα του Πατέρα, αλλά όχι ως μια αναλυτική διατριβή. Γνωρίζω από την προσωπική μου εμπειρία, ότι πάντα υπάρχει ένα στοιχείο μυστηρίου στα έργα του Θεού στη γη, καθώς συνεργάζεται με τον άνθρωπο για την επίτευξη των σκοπών Του.

Το ανθρώπινο μυαλό μας είναι περιορισμένο, κι όμως απαιτεί να έχει απαντήσεις για περίπλοκα προβλήματα. Βλέπω τον Πατέρα να χαμογελάει και να μας λέει με αγάπη, «Κάποια πράγματα απλά ξεπερνούν την κατανόησή σας». Είναι σαν να προσπαθεί ένας αστροφυσικός να εξηγήσει την πυρηνική φυσική σε ένα δίχρονο παιδί. Και ίσως ακόμα πιο δύσκολο απ' αυτό! Πώς μπορούμε εμείς, ως υπάρξεις με περιορισμένες ικανότητες, να καταλάβουμε τον τρόπο με τον οποίο ο Θεός διαχειρίζεται τις δισεκατομμύρια αποφάσεις που παίρνουν οι άνθρωποι κάθε δευτερόλεπτο, με την ελεύθερη θέλησή τους; Και πώς καταφέρνει να χρησιμοποιεί αυτές τις αποφάσεις για να εργαστεί το δικό Του σχέδιο; Δεν έχω όλες τις απαντήσεις, αλλά ξέρω αυτό που λέει ο Ιησούς:

Όποιος είδε Εμένα είδε τον Πατέρα.

Κατά Ιωάννη 14:9

70

Άρα, κατά μία έννοια, όταν βλέπουμε τον Ιησού, μπορούμε να αντιληφθούμε ποιο είναι (και ποιο δεν είναι) το θέλημα του Πατέρα. Ο ίδιος ο Ιησούς μας λέει ότι ο Πατέρας είναι καλός:

Αν, λοιπόν, εσείς που είστε πονηροί, ξέρετε να δίνετε καλές δόσεις στα παιδιά σας, πόσο μάλλον ο Πατέρας σας που είναι στους ουρανούς, θα δώσει αγαθά σ' αυτούς που ζητούν απ' αυτόν.
Κατά Ματθαίο 7:11

Βασιζόμενη σ' αυτή τη δήλωση του Χριστού, γράφω, έχοντας την ίδια πεποίθηση που διατυπώνει ο Μπρέναν Μάνινγκ:

Ο Abba δεν είναι εχθρός μας. Αν πιστεύουμε κάτι τέτοιο, κάνουμε λάθος. Ο Abba δεν προτιμά και δεν επιλέγει για μας τα βάσανα και τον πόνο. Αν πιστεύουμε κάτι τέτοιο, κάνουμε λάθος. Ο Abba δεν έχει την πρόθεση να μας δοκιμάσει ή να μας πειράξει. Αν πιστεύουμε κάτι τέτοιο, κάνουμε λάθος. Ο Ιησούς μας φέρνει καλά νέα για τον Πατέρα, όχι άσχημα νέα.[45]

Αρχικά, ας διερευνήσουμε το θέλημα του Πατέρα κοιτώντας τον Ιησού και αυτά που μας αποκαλύπτει η ζωή Του. Έπειτα θα συζητήσουμε πώς μπορούμε να συνεργαστούμε με τον Θεό για την εκπλήρωση του θελήματός Του.

Τι Έπαθαν τα Καλά Δημιουργήματα του Θεού;

Όπως είδαμε, ζούμε σε έναν κόσμο στον οποίο γίνονται άσχημα πράγματα. Όταν ο Θεός δημιούργησε τα πάντα, τα δημιούργησε «πολύ καλά». Τώρα, όμως, κάτι πήγε στραβά, και θέλουμε να ξέρουμε την αιτία. Κάθε φορά που συναντούμε μια καταστροφή —στο ευρύ μακρο-επίπεδο, αλλά και στο στενό μικρο-επίπεδο— πολλοί καλοπροαίρετοι άνθρωποι θα προσπαθήσουν να μας παρηγορήσουν λέγοντας, «ο Θεός έχει τον έλεγχο». Πράγμα που αληθεύει, εν μέρει, αλλά συνήθως συνοδεύεται από ανασηκωμένους ώμους, με το υπονοούμενο ότι ο Θεός προκάλεσε την καταστροφή, και αν την προκάλεσε Αυτός, άρα θα είναι για καλό σκοπό. Αυτό υποτίθεται ότι θα έπρεπε να μας παρηγορεί, αλλά εμένα, προσωπικά, με ενοχλεί.

Γιατί, πολύ απλά, δεν έχει καμία λογική, να καταστρέφει ο ίδιος ο Θεός τη δημιουργία Του.

Σκέψου μια καλλιτέχνη που δουλεύει πολλούς μήνες για να ολοκληρώσει το αριστούργημά της. Στην τελετή αποκάλυψής του, όλος ο κόσμος το θαυμάζει. Είναι πολύ περήφανη για το έργο της. Λέει ότι είναι «πολύ καλό». Είναι ευχαριστημένη με τη δουλειά της. Και ξαφνικά, παίρνει ένα μαχαίρι και αρχίζει να το κατακόβει, του βάζει φωτιά και το περιχύνει με νερό. Έπειτα κάθεται απέναντί του χαμογελαστή. Θα λέγαμε ότι η γυναίκα είναι εκτός εαυτού! Κι όμως, αποδεχόμαστε χωρίς καμία αντίρρηση την άποψη ότι ο Θεός ενεργεί με τον ίδιο τρόπο. Η θεολογία μας είναι πολύ ελαττωματική.

Από πού υιοθετήσαμε αυτές τις απόψεις για τον Θεό; Ίσως τις πήραμε από τον Ιώβ, που είπε:

> «Ο Κύριος έδωσε και ο Κύριος αφαίρεσε.
> Ας είναι ευλογημένο το όνομα του Κυρίου.»
>
> Ιώβ 1:21

Και μετά διερωτήθηκε,

> «Τα αγαθά μονάχα θα δεχθούμε από τον Θεό,
> και τα κακά δεν θα τα δεχθούμε;»
>
> Ιώβ 2:10

Πράγματι, ο Ιώβ τα είπε αυτά τα λόγια. Πάλευε, όπως κι εμείς, προσπαθώντας να καταλάβει τι του συνέβαινε. Με την πολύ περιορισμένη κατανόηση που είχε για τον Θεό, απέδιδε τα πάντα —καλά και κακά— στον Θεό.[46] Στη συνέχεια, όμως της ιστορίας του, ακούμε τον ίδιο τον Θεό να μιλάει. Ο Θεός ρωτάει τον Ιώβ:

> «Ποιος είναι αυτός που σκοτίζει τη βουλή μου με ασύνετα λόγια;»
>
> Ιώβ 38:2

Για άλλη μια φορά ο Θεός τον καλεί να εξηγηθεί ρωτώντας τον:

> «Θα αναιρέσεις, άραγε την κρίση μου; Θα με καταδικάσεις,
> για να δικαιωθείς;»
>
> Ιώβ 40:8

Σημείωσε ότι ο Θεός διορθώνει τη θεολογία του Ιώβ. Ο Ιώβ δέχεται τη διόρθωση και τελικά παραδέχεται:

«Εγώ, λοιπόν, πρόφερα εκείνο που δεν καταλάβαινα.
Πράγματα υπερθαύμαστα για μένα, που δεν τα γνώριζα.»
Ιώβ 42:3

Αν θέλουμε να αντλήσουμε τα θεολογικά μας πιστεύω από τον Ιώβ, ας το κάνουμε από το τέλος του βιβλίου, και ας παραδεχτούμε ότι υπάρχουν πράγματα που ξεπερνούν την κατανόησή μας. Όμως, όπως είπαμε νωρίτερα, είναι πολύ καλύτερο να αντλήσουμε τη θεολογία μας από τον Ιησού. Να θυμάσαι: ο Ιησούς είναι η τέλεια θεολογία!

Δες κάποια πράγματα που μαθαίνουμε από τον Ιησού. Αρχικά, ο Ιησούς μας διδάσκει πώς να προσευχόμαστε:

«Πατέρα μας, που είσαι στους ουρανούς, ας αγιαστεί το όνομά σου.
Ας έρθει η βασιλεία σου, ας γίνει το θέλημά σου,
όπως στον ουρανό έτσι κι επάνω στη γη.»
Κατά Ματθαίο 6:9-10

Εδώ προκύπτει το εξής ερώτημα: «Αν ό,τι συμβαίνει είναι το θέλημα του Πατέρα, τότε γιατί πρέπει να προσευχόμαστε για να γίνει το θέλημά Του;» Ο Ιησούς δεν μας διδάσκει να προσευχόμαστε μια ανούσια προσευχή. Αντίθετα, μας διδάσκει πώς να συνεργαζόμαστε με τον Πατέρα. Στον Ουρανό, το θέλημα του Θεού γίνεται άψογα. Γι' αυτό στον Ουρανό δεν υπάρχει ούτε αρρώστια, ούτε πόνος, ούτε δάκρυα, ούτε βάσανα. Όπου γίνεται το θέλημα του Θεού, το αποτέλεσμα είναι πάντα καλό. Στη Γη, όμως, τα πράγματα είναι κάπως διαφορετικά. Ό,τι συμβαίνει εδώ, δεν είναι απαραίτητα το θέλημα του Θεού. Γι' αυτό, λοιπόν, μας διδάσκει να προσευχόμαστε να γίνει το θέλημα του Θεού. Θα το εξετάσουμε και παρακάτω. Προς το παρόν, ας δούμε τι άλλο μπορούμε να μάθουμε από τη διακονία του Ιησού.

Δεύτερον, όταν ο Ιάκωβος και ο Ιωάννης, «οι γιοι της βροντής», ρώτησαν τον Ιησού εάν μπορούν να κατεβάσουν φωτιά από τον ουρανό για να αφανίσει τους Σαμαρείτες που Τον απέρριψαν, τι τους απάντησε ο Ιησούς;

Όταν υποφέρουμε, μας αποκαθιστά, μας κάνει δυνατούς, στερεούς και αμετακίνητους.

Και καθώς στράφηκε [ο Ιησούς], τους επέπληξε, και είπε: «Δεν ξέρετε τίνος πνεύματος είστε εσείς. Επειδή ο Υιός του ανθρώπου δεν ήρθε για να απωλέσει ψυχές ανθρώπων, αλλά για να σώσει.»
Κατά Λουκά 9:55-56

Οι μαθητές θεωρούσαν ότι μπορούν να χρησιμοποιήσουν τη δύναμη του Ιησού για να καταστρέψουν. Ο Ιησούς, όμως, είπε ότι η δύναμή Του χρησιμοποιείται μόνο για να φέρει αποκατάσταση. Ο Κύριος αρνείται να χρησιμοποιεί τη δύναμή Του για να φέρει καταστροφή, διόρθωση, πειθαρχία ή τιμωρία. Όπως βλέπουμε στη διακονία Του, πάντα χρησιμοποιεί τη δύναμή Του για να φέρει αποκατάσταση. Εφόσον ο Ιησούς λέει ότι όταν βλέπουμε Αυτόν, βλέπουμε τον Πατέρα, είναι αντιφατικό να θεωρούμε ότι ο Θεός ξαφνικά χρησιμοποιεί τη δύναμή Του με άλλο τρόπο.

Τρίτον, όταν πρόκειται για οποιαδήποτε καταστροφή, ο Ιησούς μας εξηγεί τι συμβαίνει στα παρασκήνια, στο πνευματικό επίπεδο:

Ο κλέφτης δεν έρχεται, παρά για να κλέψει, να σφάξει και να εξολοθρεύσει. Εγώ ήρθα για να έχουν ζωή, και να την έχουν με αφθονία.
Κατά Ιωάννη 10:10

Πρόσεξε την αντίθεση. Ο Ιησούς λέει ότι όποτε βλέπουμε κλοπές, φόνους και καταστροφές, αυτό δεν είναι δικό Του έργο. Υπάρχει ένας εχθρός, και δεν είναι ο Ιησούς. Στην πραγματικότητα, ο Λουκάς μας λέει ότι η αποστολή του Ιησού ήταν το ακριβώς αντίθετο:

Πως ο Θεός, τον Ιησού, αυτόν από τη Ναζαρέτ, τον έχρισε με Πνεύμα Άγιο και με δύναμη, ο οποίος πέρασε ευεργετώντας και θεραπεύοντας όλους εκείνους που καταδυναστεύονταν από τον διάβολο. Επειδή ο Θεός ήταν μαζί του.
Πράξεις 10:38

Ο Ιησούς όπου πήγαινε ευεργετούσε τους ανθρώπους, επειδή ο Πατέρας ήταν μαζί Του. Η διακονία Του στέκεται ενάντια στο έργο του διαβόλου. Ο Πέτρος επιβεβαιώνει αυτή την αλήθεια όταν γράφει για να παρηγορήσει την Εκκλησία που περνάει σοβαρό διωγμό. Πρόσεξε ότι ο Πέτρος εξηγεί με σαφήνεια τι συμβαίνει και ποιος το κάνει:

Εγκρατευτείτε, αγρυπνήστε. Επειδή ο αντίδικός σας ο διάβολος περιτριγυρίζει, σαν ωρυόμενο λιοντάρι, ζητώντας ποιον να καταπιεί. Στον οποίο αντισταθείτε μένοντας στερεοί στην πίστη, ξέροντας ότι τα ίδια παθήματα γίνονται στους αδελφούς σας που είναι μέσα στον κόσμο. Και ο Θεός κάθε χάρης που μας κάλεσε στην αιώνια δόξα του διαμέσου του Ιησού Χριστού, αφού πάθετε λίγο, αυτός να σας τελειοποιήσει, στηρίξει, ενισχύσει, θεμελιώσει, σ' αυτόν ας είναι η δόξα και η κυριαρχική εξουσία στους αιώνες των αιώνων, αμήν.

Α' Πέτρου 5:8-10

Ποιος είναι ο εχθρός; Ο διάβολος. Τι κάνει ο διάβολος; Προκαλεί βάσανα. Τι κάνει ο Θεός; Όταν υποφέρουμε, μας αποκαθιστά, μας κάνει δυνατούς, στερεούς και αμετακίνητους. Όταν ο διάβολος φέρνει αρρώστια, ο Ιησούς φέρνει θεραπεία. Όταν ο διάβολος φέρνει καταδυνάστευση, ο Ιησούς φέρνει απελευθέρωση. Όταν ο διάβολος φέρνει καταστροφή, ο Ιησούς φέρνει αποκατάσταση.

Ισχύει το γεγονός ότι, κάποιες φορές, βλέπουμε πολλά καλά να βγαίνουν μέσα από ανείπωτες τραγωδίες. Αυτό, όμως, δεν σημαίνει ότι ο Θεός προκάλεσε την τραγωδία, ούτε ότι τη χρειαζόταν για να βγάλει κάτι καλό απ' αυτή. Το ότι υπάρχει μια ευτυχής κατάληξη στο τέλος, δεν σημαίνει ότι τα βάσανα ήταν θέλημα του Θεού. Δεν έχω βρει κανένα σημείο μέσα στην Αγία Γραφή που ο Ιησούς κάνει κάποιον να αρρωστήσει, ούτε Τον βλέπω να προκαλεί οποιαδήποτε καταστροφή.

Ο Ιησούς λέει ότι αν είδαμε Αυτόν, είδαμε τον Πατέρα. Αυτό που βλέπουμε, ξανά και ξανά, είναι ότι ο Πατέρας, ο Γιος και το Άγιο Πνεύμα δεν είναι ποτέ η αιτία μιας καταστροφής. Ίσα ίσα, η αποστολή Τους πάντα είναι να φέρουν αποκατάσταση. Στο επόμενο κεφάλαιο θα μιλήσουμε περισσότερο γι' αυτό.

Προς το παρόν, ας δούμε κάποιες πιθανές εξηγήσεις ως προς το γιατί συμβαίνουν άσχημα πράγματα, παρόλο που το θέλημα του Θεού είναι το αντίθετο.

Γιατί Συμβαίνουν Άσχημα Πράγματα;

Μπορούμε να πούμε ότι τα άσχημα πράγματα μπορεί να συμβούν εξαιτίας (α) κάποιας άμεσης επίθεσης του εχθρού, (β) της δικής μας

Επειδή έχουμε ελεύθερη βούληση, ο Πατέρας δεν θα επιβάλλει το θέλημά Του σε εμάς.

ελεύθερης βούλησης, ή (γ) επειδή ζούμε σε έναν συντριμμένο κόσμο και βασανιζόμαστε από τις αθροιστικές επιπτώσεις της αμαρτίας του ανθρώπου. Ας δούμε με συντομία κάθε ένα από αυτά.

Η Άμεση Επίθεση του Εχθρού

Όπως είδαμε, ο Ιησούς λέει (και ο Πέτρος το επιβεβαιώνει) ότι πολλά από αυτά που μας τυραννούν προέρχονται από τον διάβολο. Είναι ο εχθρός που έρχεται για να κλέψει, να σκοτώσει και να καταστρέψει, και έχει τη νόμιμη εξουσία να εργάζεται στη γη. Για να το καταλάβουμε, πρέπει να κοιτάξουμε ξανά το αρχικό σχέδιο του Θεού· όπου ο κυρίαρχος Θεός διάλεξε να δώσει στον άνθρωπο εξουσία επάνω στη γη.[47] Χρησιμοποιώντας την εξουσία που μας έδωσε ο Θεός, εμείς οι άνθρωποι παραδώσαμε τα ηνία της κυριαρχίας μας στον διάβολο. Αυτό φαίνεται καθαρά σε διάφορα σημεία. Καταρχάς βλέπουμε τον Χριστό να επιβεβαιώνει την εξουσία που έχει ο διάβολος, όταν πειράστηκε στην έρημο:

Τον παραλαμβάνει πάλι ο διάβολος σε ένα βουνό πολύ ψηλό και του δείχνει όλα τα βασίλεια του κόσμου και τη δόξα τους, και του λέει: όλα αυτά θα σου τα δώσω, αν πέφτοντας με προσκυνήσεις. Τότε, ο Ιησούς λέει σ' αυτόν: πήγαινε σατανά. Επειδή είναι γραμμένο: «τον Κύριο τον Θεό σου θα προσκυνήσεις και μονάχα αυτόν θα λατρεύσεις».
Κατά Ματθαίο 4:8-10

Πρόσεξε ότι ο Ιησούς δεν αρνήθηκε τον ισχυρισμό του διαβόλου ότι τα βασίλεια του κόσμου του ανήκουν και ότι έχει την εξουσία να τα επιστρέψει πίσω στον Ιησού (τον νόμιμο κληρονόμο). Ο Ιησούς αναγνώρισε το γεγονός ότι ο κόσμος είναι υπό τον έλεγχο αυτού του σφετεριστή, αλλά είπε ότι δεν πρόκειται να γονατίσει για να προσκυνήσει τον διάβολο. Ο Ιησούς ήξερε ποιο ήταν το τίμημα που έπρεπε να πληρώσει για να ανακτήσει για τον Θεό αυτό που εγκατέλειψε η ανθρωπότητα.

Υπάρχουν και κάποια άλλα σημεία που δείχνουν τον Ιησού να αναγνωρίζει την εξουσία που έχει ο διάβολος για να κυβερνάει μέσα στον κόσμο:

Τώρα είναι η κρίση αυτού του κόσμου,
τώρα ο άρχοντας αυτού του κόσμου θα ριχτεί έξω.

Κατά Ιωάννη 12:31

Δεν θα μιλήσω πολλά πλέον μαζί σας, επειδή έρχεται ο άρχοντας
τούτου του κόσμου, και δεν έχει τίποτε μέσα σε μένα.

Κατά Ιωάννη 14:30

Και όταν έρθει εκείνος [το Άγιο Πνεύμα], θα ελέγξει τον κόσμο...
για κρίση, επειδή ο άρχοντας τούτου του κόσμου έχει κριθεί.

Κατά Ιωάννη 16:8,11

Σε ποιόν αναφέρεται ο Ιησούς σε αυτές τις τρεις περιπτώσεις; Στον διάβολο. Και τον αποκαλεί «άρχοντα αυτού του κόσμου». Γι' αυτό, δεν πρέπει να μας εκπλήσσει το γεγονός ότι ο διάβολος χρησιμοποιεί τη νόμιμη εξουσία που έχει και προκαλεί καταστροφές. Θα έρθει η μέρα που η Βασιλεία του Θεού θα αποκατασταθεί πλήρως· όταν συμβεί αυτό, το θέλημα του Θεού θα εκτελείται με τελειότητα στη γη. Στο μεταξύ, η αγάπη του Θεού για μας είναι τόσο μεγάλη, που αντί να μας αφήσει να ζούμε με τις συνέπειες της ανταρσίας μας, ήρθε ο Ίδιος και τιμωρήθηκε για μας, ώστε να αποκαταστήσει όλη την κτίση σύμφωνα με τον αρχικό Του σκοπό. Μπορούμε να γευθούμε τα οφέλη της Βασιλείας του Θεού από τώρα, αν και δεν θα είναι στην πλήρη μορφή τους.[48] Θα το συζητήσουμε και αυτό στο επόμενο κεφάλαιο.

Δεν είναι, όμως, όλα όσα συμβαίνουν αποτελέσματα κάποιας άμεσης επίθεσης του διαβόλου. Πρέπει να αναγνωρίσουμε ότι πολλά από τα βάσανα που περνάμε είναι ως αποτέλεσμα της άσκησης της ελεύθερης βούλησης που έχουμε.

Η Άσκηση της Ελεύθερης Βούλησής Μας

Στο προηγούμενο κεφάλαιο, συμφωνήσαμε ότι εμείς οι άνθρωποι είμαστε τα μοναδικά δημιουργήματα που έχουν την ικανότητα να λαμβάνουν από τον Θεό αγάπη και να Του επιστρέφουν αυτήν την αγάπη, χωρίς να είμαστε υποχρεωμένοι να το κάνουμε. Η αγάπη είναι αληθινή, μόνο όταν δίνεται ελεύθερα. Ο Θεός ήθελε δημιουργήματα με τα οποία να μπορεί να μοιραστεί την αγάπη Του, και γι' αυτό μας δημιούργησε και μας έδωσε τη δυνατότητα της ελεύθερης θέλησης. Αυτό σημαίνει ότι μπορούμε να επιλέξουμε εάν θα ζήσουμε σε μια σχέση με τον Θεό ή όχι. Και μπορούμε να επιλέξουμε αν θα ζήσουμε σύμφωνα με το θέλημα του Θεού —σύμφωνα με τις επιθυμίες Του, καθώς και με τη συμβουλή Του. Όποτε χρησιμοποιούμε την ελεύθερη βούλησή μας για να εναντιωθούμε στο θέλημα του Θεού, υποκείμεθα στις συνέπειες. Άκουσε τον Ιησού να θρηνεί για την Ιερουσαλήμ επειδή αρνήθηκε να αποδεχτεί το θέλημα του Θεού:

«Ιερουσαλήμ, Ιερουσαλήμ, εσύ που φονεύεις τους προφήτες,
και λιθοβολείς τους απεσταλμένους προς εσένα,
πόσες φορές θέλησα να συνάξω τα παιδιά σου,
με τον ίδιο τρόπο που η κότα συνάζει τα μικρά της
κάτω από τις φτερούγες της, αλλά δεν θελήσατε;»
Κατά Ματθαίο 23:37

Εφόσον έχουμε ελεύθερη βούληση, ο Πατέρας ποτέ δεν θα επιβάλλει το θέλημά Του σε μας. Θέλει να μας αγαπήσει και να μας δείξει πώς να ζούμε μια ολοκληρωμένη ζωή, αλλά, ταυτόχρονα, σέβεται τις επιθυμίες μας και μας επιτρέπει να παίρνουμε τις αποφάσεις που θέλουμε, ακόμα κι αν είναι αντίθετες με το θέλημά Του. Έπειτα θερίζουμε τις συνέπειες των επιλογών μας. Εάν επιλέξουμε να πάμε ενάντια στο θέλημα του Θεού, ίσως το αποτέλεσμα να είναι καταστροφικό. Ο Θεός μας διδάσκει πώς να ζούμε, και όταν υπακούμε, η ζωή μας είναι προστατευμένη. Όταν, όμως, παραβιάζουμε τις οδηγίες Του, δεν μπορούμε να λέμε ότι Αυτός ευθύνεται για την καταστροφή που έπεται.

Θα δώσω ένα παράδειγμα. Έχω μια ανιψιά —τη Ναταλία— που της αρέσει να έρχεται στο σπίτι μας. Όταν ήταν πιο μικρή, κάθε φορά που ερχόταν, ήθελε να φάει ομελέτα και αβοκάντο (αυτό μάλλον λέει πολλά για τις μαγειρικές μου ικανότητες). Σαν καλή θεία που είμαι, τη φρόντιζα με μεγάλη χαρά.

Μια φορά, όταν ήταν πέντε ετών, ένιωθε «αρκετά μεγάλη» και μου ζήτησε να φτιάξει μόνη της την ομελέτα της. Χαιρόμουν που ήθελε να με βοηθήσει και ήθελα να μάθει, γι' αυτό έφερα μια καρέκλα δίπλα μου, κοντά στα μάτια της κουζίνας και της έδωσα την ξεκάθαρη οδηγία να μην τα αγγίξει για κανέναν λόγο. Της έδειξα την κεραμική επιφάνεια της εστίας και τη λάμψη της καθώς ζεσταινόταν και της είπα, «Αν το αγγίξεις αυτό, θα καείς. Μην το ακουμπήσεις καθόλου!». Η μικρή ακολούθησε τις οδηγίες μου. Δηλαδή... στο περίπου.

Μόλις έσβησα το μάτι της κουζίνας και μετακίνησα το τηγάνι, έβαλε το μικρό χεράκι της πάνω στην καυτή επιφάνεια και αμέσως τσίριξε από τον πόνο. Κατευθείαν άρχισαν να εμφανίζονται φουσκάλες. Ο Κέρι και εγώ κάναμε αυτό που θα έκανε κάθε στοργικός θείος και θεία: την πήραμε στην αγκαλιά μας, της βάλαμε κρέμα για τα εγκαύματα στο χέρι της, δέσαμε την πληγή της και την παρηγορήσαμε. Τη διαβεβαιώσαμε ότι δεν θυμώσαμε μαζί της και της υπενθυμίσαμε πόσο πολύ την αγαπάμε. Αυτό που έπρεπε να μάθει, το έμαθε .

Τώρα, θα ήθελα να σου κάνω κάποιες ερωτήσεις.

Πιστεύω ότι αυτό που έμαθε η Ναταλία ήταν σημαντικό; Ναι.

Πήρα το χέρι της και το έβαλα πάνω στο καυτό μάτι, ώστε να μάθει αυτό που έπρεπε; Όχι βέβαια!

Της προκάλεσα το έγκαυμα για να την τιμωρήσω που δεν υπάκουσε στην εντολή μου; Σίγουρα όχι.

Μπορούσα να εμποδίσω αυτό το συμβάν; Φυσικά. Θα μπορούσα να αρνηθώ τη βοήθειά της ή ίσως να δέσω τα χέρια της για να βεβαιωθώ ότι δεν θα βλάψει τον εαυτό της. Διάλεξα να τη βοηθήσω να μεγαλώσει, και μ' αυτόν τον τρόπο, της έδειχνα την αγάπη μου.

Ένιωσε ανακούφιση και αγάπη από μας όταν τρέξαμε να τη βοηθήσουμε; Πιστεύω πως ναι.

Όμως, το γεγονός ότι βγήκε κάποιο καλό από αυτό, δεν σημαίνει ότι εμείς θέλαμε να συμβεί ή το προκαλέσαμε. Σημαίνει, απλά, ότι ως στοργικοί ενήλικες, χρησιμοποιήσαμε μια άσχημη κατάσταση για να βγάλουμε κάτι καλό από αυτή.

Τώρα ας πάμε ένα βήμα παραπέρα.

Μήπως προκάλεσε ο Θεός το έγκαυμα στο χέρι της Ναταλίας; Μήπως την τιμώρησε ή ήθελε να τη βλάψει για να της διδάξει κάτι; Δεν το νομίζω.

Μήπως το προκάλεσε ο εχθρός; Πολύ απίθανο.

Μήπως το προκάλεσε η ελεύθερη θέληση της Ναταλίας; Κατά μία έννοια, ναι. Η μικρή έπραξε με βάση τη γνώση που είχε εκείνη τη στιγμή, με κάποιους εξωτερικούς περιορισμούς.

Μπορούσε ο Θεός να το σταματήσει; Ναι, παρακάμπτοντας την ελεύθερη βούληση της Ναταλίας. Αλλά είναι Θεός αγάπης, γι' αυτό δεν θα επιβάλλει ποτέ το θέλημά Του σε μας.

Το σχέδιο του Θεού για μας είναι να κυβερνήσουμε στον πλανήτη σε συνεργασία μαζί Του.

Όταν ασκούμε την ελεύθερη βούλησή μας, κάποιες φορές παίρνουμε αποφάσεις, σαφώς προμελετημένες, που εναντιώνονται στο σχέδιο του Θεού για μας. Άλλες φορές παραπατάμε, πέφτουμε και βλάπτουμε τον εαυτό μας. Κάποιες φορές μπορεί να πάρουμε την καλύτερη δυνατή απόφαση με βάση τις διαθέσιμες πληροφορίες εκείνη τη στιγμή, και παρόλα αυτά, να έχουμε αρνητικά αποτελέσματα. Δεν υπάρχει καμία ενοχή σε αυτό, καμία κατάκριση. Ο Πατέρας μας αφήνει να ενεργούμε όπως θέλουμε. Είναι μέσα στο πακέτο του δώρου της ελευθερίας που μας έδωσε.

Ο Θεός δεν θέλει ρομπότ, αναγκασμένα να τον υπακούν. Θέλει μια σχέση αγάπης, η οποία προϋποθέτει ότι είμαστε ελεύθεροι να δεχτούμε ή να απορρίψουμε τις οδηγίες και τις συμβουλές Του. Ο Θεός θα μπορούσε να παρακάμπτει τις αποφάσεις μας και να μας αναγκάζει να κάνουμε αυτό που λέει Αυτός· αυτό, όμως, θα ήταν αντίθετο με τον σκοπό Του να δημιουργήσει σχέσεις ελευθερίας με μας.[49]

Εξαιτίας αυτού, είναι επίσης πιθανό να υποφέρουμε ως συνέπεια της ελεύθερης βούλησης κάποιου άλλου. Σκέψου κάποιον που μεθάει, τον πιάνει δολοφονική μανία και σκοτώνει κάποιον άλλον. Γίνεται να πούμε ότι αυτό ήταν το θέλημα του Θεού; Με τίποτα. Ο Θεός μας λέει να μη μεθάμε (γιατί είναι καταστροφικό), αλλά δεν πρόκειται να προσπεράσει την ελεύθερη θέληση κάποιου πάνω σε αυτό το θέμα. Είναι υποχρεωμένος να το επιτρέψει να συμβεί, ακόμα κι αν οι συνέπειες είναι μοιραίες.

Ίσως έχεις πέσει θύμα της σκόπιμης ανυπακοής κάποιου άλλου στις οδηγίες του Πατέρα. Ξέρω ότι είναι δύσκολο να το δεχτείς και, πραγματικά, λυπάμαι για τον πόνο που βίωσες. Σε παρακαλώ, όμως, θέλω να ξέρεις ότι αυτό που σου συνέβη δεν είχε καμία σχέση με το σχέδιο του Θεού και με τον σκοπό Του για σένα. Αν Τον αφήσεις, θέλει να δέσει τις πληγές σου, να σε παρηγορήσει, να σε ενισχύσει και να σε διαβεβαιώσει για την αγάπη Του. Αν παραδώσεις ό,τι έγινε σε Αυτόν, Αυτός μπορεί να κάνει κάτι καλό να βγει από αυτό.

Υπάρχουν κάποια πράγματα που δεν οφείλονται ούτε σε κάποια άμεση επίθεση του εχθρού, ούτε στην άσκηση της ελεύθερης βούλησης ενός ανθρώπου. Κάποια πράγματα είναι οι αθροιστικές συνέπειες της αμαρτίας του ανθρώπου. Ας το εξηγήσουμε.

Οι Αθροιστικές Επιπτώσεις της Αμαρτίας του Ανθρώπου

Στο 3ο κεφάλαιο της Γένεσης, διαβάζουμε ότι ο Αδάμ και η Εύα επέλεξαν να φάνε από το Δέντρο της Γνώσης του Καλού και του Κακού. Οι άνθρωποι ουσιαστικά είπαν στον Θεό: «Μπορούμε να φροντίσουμε τον εαυτό μας. Αν αποκτήσουμε περισσότερη γνώση, μπορούμε και μόνοι μας να κάνουμε τα πράγματα να δουλέψουν». Από τότε μέχρι σήμερα, ως άνθρωποι, κακομεταχειριζόμαστε τη γη και τους πόρους της. Ο Θεός σχεδίασε να κυβερνήσουμε στον πλανήτη σε συνεργασία μαζί Του, αλλά εμείς διαλέξαμε να το κάνουμε μόνοι μας και, όπως φαίνεται, τα θαλασσώσαμε!

Όπως είπαμε στο 1ο κεφάλαιο, μια λανθασμένη αντίληψη για τον Θεό, και επομένως για την πραγματικότητα, μας οδηγεί σε αποχωρισμό από τον Θεό, αποχωρισμό από τον εαυτό μας, αποχωρισμό από τους γύρω μας και αποχωρισμό από τη φύση. Σε κάθε πτυχή αυτού του αποχωρισμού, οι συνέπειες είναι καταστροφικές. Καταλήγουμε, λοιπόν, στο ασφαλές συμπέρασμα ότι, ένα μεγάλο μέρος της συντριβής που βιώνουμε στον κόσμο μας, οφείλεται σε κάποια παραποιημένη άποψη για τον Θεό.

Ζούμε σε έναν κόσμο όπου οι διαθέσιμοι πόροι δεν επαρκούν, και βλέπουμε λιμούς, φτώχεια και εκμετάλλευση. Ζούμε σε έναν μολυσμένο πλανήτη και η διατροφή μας έχει αλλάξει τόσο πολύ, που τα σώματά μας δεν μπορούν να λειτουργήσουν όπως τα σχεδίασε ο Θεός. Στις δυτικές κοινωνίες, ζούμε με το βάρος της παραγωγικότητας, που μας προκαλεί άγχος και κάθε είδους ασθένειες. Η γη έχει υποστεί κακομεταχείριση, γεγονός που προκαλεί κλιματικές διαταραχές και, κατ' επέκταση, φυσικές καταστροφές. Όλα αυτά δεν ήταν ποτέ μέσα στα σχέδια του Θεού για μας.

Ίσως ακόμα αναρωτιόμαστε: Εφόσον ο Θεός είναι παντοδύναμος, γιατί δεν κάνει κάτι για όλα αυτά;

Ο Θεός Δεν Έχει τη Δύναμη να Εμποδίσει τα Άσχημα Πράγματα πριν Συμβούν;

Για να απαντήσω σ' αυτήν την ερώτηση, θα σου ζητήσω να σκεφτείς τρία σενάρια. Έχουμε τρία ζευγάρια γονέων, που το καθένα έχει διαφορετική άποψη για τη σωστή διαπαιδαγώγηση των παιδιών τους.

Ο Θεός εργάζεται για να λυτρώσει και να αποκαταστήσει όλα όσα έχουν διαλυθεί από την αμαρτία.

Οι πρώτοι γονείς αγαπούν το παιδί τους τόσο πολύ, που θέλουν να αποτρέψουν κάθε πιθανό κακό. Καθώς το παιδί αρχίζει να κάνει τα πρώτα του βήματα, κρατάνε το χέρι του και δεν το αφήνουν ποτέ.

Το δεύτερο ζευγάρι γονέων αγαπούν το παιδί τους τόσο πολύ, που θέλουν να το μάθουν να περπατά όσο γίνεται νωρίτερα. Ξέρουν ότι η διαδικασία της μάθησης συμπεριλαμβάνει κάποιες πτώσεις του παιδιού, ώστε να μάθει να σηκώνεται. Και έτσι, όποτε η μικρή τους κάνει κάποια βήματα, τη σπρώχνουν, ώστε να μάθει αυτά που πρέπει και να αναπτύξει τις δεξιότητες του βαδίσματος μέσα από τα παθήματα της ζωής.

Οι τρίτοι γονείς αγαπούν το παιδί τους τόσο πολύ, που θέλουν να μάθει να περπατά. Γνωρίζουν και αυτοί ότι η διαδικασία της μάθησης συμπεριλαμβάνει κάποιες πτώσεις του παιδιού, ώστε να μάθει να σηκώνεται, κι έτσι από νωρίς του κρατάνε το χέρι. Σιγά σιγά, του δίνουν περισσότερη ελευθερία. Κάθε φορά που πέφτει, το σηκώνουν, το παρηγορούν, και το ενθαρρύνουν να σηκωθεί και να προσπαθήσει ξανά και ξανά, μέχρι να μάθει να περπατάει μόνο του.

Και ερωτώ, ποιο από τα ζευγάρια γονέων θα έλεγες ότι είναι οι καλύτεροι γονείς; Εύκολη η απάντηση. Σου θυμίζω ότι ο Ιησούς είπε:

Αν λοιπόν, εσείς που είστε πονηροί, ξέρετε να δίνετε καλές δόσεις στα παιδιά σας, πόσο μάλλον ο Πατέρας σας που είναι στους ουρανούς, θα δώσει αγαθά σ' αυτούς που ζητούν απ' αυτόν;
Κατά Ματθαίο 7:11

Οι δικές μας ικανότητες γονικής φροντίδας ωχριούν μπροστά στην καρδιά του Πατέρα για μας. Αυτό που βλέπουμε μέσα στην Αγία Γραφή είναι ότι ως καλός Πατέρας, ο *Abba* θέλει να μεγαλώσουμε. Θέλει να μάθουμε να περπατάμε μόνοι μας, να Τον εμπιστευόμαστε ελεύθερα και να εξασκούμε την ελεύθερη θέλησή μας με υπευθυνότητα. Ξέρει ότι στην πορεία μπορεί να σκοντάψουμε, να πέσουμε, ακόμα και να πληγώσουμε τον εαυτό μας —κάποιες φορές και τους άλλους. Αλλά, δεν πρόκειται να περιορίσει την ελεύθερη βούλησή μας.

Ναι, ο Θεός είναι κυρίαρχος, το οποίο σημαίνει ότι ουσιαστικά μπορεί να κάνει ό,τι θέλει. Θα πρέπει, όμως, να καταλάβουμε ότι υπάρχουν δύο όψεις της κυριαρχίας: η *de jure* και η *de facto*.

Μπορούμε να πούμε ότι το *de jure* απορρέει από τη νόμιμη εξουσία. Είναι αυτό που δικαιωματικά ανήκει σε κάποιον. Όταν οδηγώ και φτάσω σε κόκκινο φανάρι, πρέπει να σταματήσω. Μόλις, όμως, γίνει πράσινο, έχω *de jure* το δικαίωμα να ξεκινήσω. Μπορώ εκ του νόμου να διασχίσω τη διασταύρωση αν θέλω.

Αντίθετα, το *de facto* αναφέρεται στο τι συμβαίνει στην πραγματικότητα. Αφορά τα πραγματικά γεγονότα. Με το παράδειγμα της οδήγησης ξανά, όταν το φανάρι γίνεται πράσινο, μπορεί να έχω το *de jure* δικαίωμα να ξεκινήσω, αλλά αν υπάρχει μπροστά μου ένα άλλο αμάξι σταματημένο, δεν έχω τη *de facto* δυνατότητα να το κάνω. Όσο κι αν θέλω, υπάρχει κάτι που εκ των πραγμάτων με εμποδίζει να κάνω αυτό που θέλω, αυτό που εκ του νόμου έχω το δικαίωμα να κάνω.

Αν το αναγάγουμε στη σχέση μας με τον Θεό, μπορούμε να πούμε ότι κάθε στιγμή ο Θεός είναι ο απόλυτος κυρίαρχος *de jure* (εκ του νόμου), αλλά όχι απαραίτητα *de facto* (εκ των πραγμάτων).[50] Αυτό σημαίνει ότι, παρότι έχει την εξουσία να κάνει ό,τι θέλει, μπορεί να υπάρχουν κάποιοι παράγοντες που στην πραγματικότητα Τον εμποδίζουν να το κάνει.

Ο κυρίαρχος Θεός, επέλεξε να δημιουργήσει τον άνθρωπο ως μια ύπαρξη που θα λειτουργεί με βάση τη σχέση και με ελεύθερη βούληση, ώστε να μπορούμε να μοιραζόμαστε την αγάπη Του, χωρίς όμως να είμαστε υποχρεωμένοι να το κάνουμε. Αυτή ήταν μια πράξη αγάπης εκ μέρους Του. Ο ύψιστος Θεός, διάλεξε να θέσει περιορισμούς στον εαυτό Του για να προστατεύσει τη δική μας ελεύθερη θέληση και τη σχέση μας μαζί Του. Και αυτή ήταν μια πράξη αγάπης εκ μέρους Του. Συνεπώς, στις καταστάσεις που φέρνει η ζωή, μπορεί να υπάρχουν περιπτώσεις που ο Θεός έχει τη *de jure* κυριαρχία να παρακάμψει την ανθρώπινη ελεύθερη βούληση· αλλά δεν θα το κάνει, όχι επειδή δεν έχει τη δύναμη, αλλά επειδή μας αγαπάει και δεν πρόκειται να ακυρώσει την ελεύθερη βούλησή μας.

Και πάλι όμως, όταν ένας άνθρωπος ασκεί την ελεύθερη βούλησή του και οδεύει στην καταστροφή, η δύναμη του Θεού είναι τέτοια, που κατά κάποιο τρόπο μπορεί να το χρησιμοποιήσει για το καλό. Κάθε φορά που νιώθουμε τον πόνο της συντριβής που υπάρχει στον κόσμο μας, πρέπει να ξέρουμε ότι ο *Abba* δεν κάθεται παθητικά. Εργάζεται για να λυτρώσει και να αποκαταστήσει όλα όσα έχουν διαλυθεί από την αμαρτία. Το οποίο και θα συζητήσουμε στο επόμενο κεφάλαιο.

Μέχρι τώρα, είδαμε ότι τα άσχημα πράγματα που συμβαίνουν στον κόσμο δεν είναι το θέλημα του Πατέρα. Τι γίνεται όμως με τα καλά πράγματα; Σίγουρα ο Θεός μπορεί να κάνει όλα τα καλά που θέλει να κάνει, σωστά; Υπάρχει περίπτωση να θέλει ο Θεός να κάνει κάτι, και αυτό να μη γίνεται; Ας το δούμε με συντομία προτού κλείσουμε αυτό το κεφάλαιο.

Η Συνεργασία μας στο Θέλημα του Θεού

Θυμήσου τη σκηνή της δημιουργίας, όταν ο Θεός μάς δημιούργησε σύμφωνα με την εικόνα και την ομοίωσή Του, εκφράζοντας ρητά την επιθυμία Του να μοιραστεί μαζί μας τη φροντίδα της υπόλοιπης δημιουργίας Του. Ο Θεός θέλει να συνεργαστεί μαζί μας.

Και είπε ο Θεός: «Ας κάνουμε άνθρωπο σύμφωνα με τη δική μας εικόνα, σύμφωνα με τη δική μας ομοίωση. Και ας εξουσιάζει επάνω στα ψάρια της θάλασσας και επάνω στα πουλιά του ουρανού και επάνω στα κτήνη, και επάνω σε ολόκληρη τη γη, και επάνω σε κάθε ερπετό, που σέρνεται επάνω στη γη».

Γένεση 1:26

Ένα βασικό κομμάτι αυτή της συνεργασίας είναι η προσευχή. Λίγο νωρίτερα σε αυτό το κεφάλαιο είδαμε ότι, όταν ο Ιησούς μας δίδαξε να προσευχόμαστε, είπε να ζητάμε από τον Πατέρα:

Ας έρθει η βασιλεία σου, ας γίνει το θέλημά σου, όπως στον ουρανό έτσι κι επάνω στη γη.

Κατά Ματθαίο 6:10

Ο Ιησούς μας δείχνει πώς να συνεργαζόμαστε με τον Πατέρα μέσα από την προσευχή. Μπορεί να μην καταλαβαίνουμε το γιατί, αλλά είναι ολοφάνερο ότι «ο Θεός έχει δεσμευτεί αμετάκλητα να συνεργαστεί με τον άνθρωπο για να εκτελέσει τους θεϊκούς σκοπούς Του». Αυτό μας φέρνει πίσω στην *de jure* και *de facto* κυριαρχία Του. Ο Θεός έχει τη νόμιμη εξουσία να κάνει ό,τι θέλει, αλλά επέλεξε να συνεργαστεί με τον άνθρωπο για τις υποθέσεις του κόσμου. Συνεπώς, ο Θεός περιορίζεται στη *de facto* κυριαρχία Του για να κάνει αυτά που θέλει. Με απλά λόγια, υπάρχουν πράγματα που θέλει να κάνει ο Θεός, αλλά δεν μπορούν να γίνουν, παρά μόνο μέσα από τη συνεργασία Του με τον άνθρωπο.

Έχεις ακούσει τη φράση, «όλα συνεργούν στο αγαθό»; Όταν την ακούμε, υποθέτουμε ότι σημαίνει πως ο Θεός θα βγάλει κάτι καλό μέσα από κάθε κατάσταση, ό,τι κι αν συμβεί. Ας δούμε, όμως, αυτή τη φράση μέσα στο πλαίσιο στο οποίο αναφέρεται στη Βίβλο:

Παρόμοια, όμως και το Πνεύμα συμβοηθάει στις ασθένειές μας,
επειδή το τι να προσευχηθούμε καθώς πρέπει, δεν ξέρουμε,
αλλά το ίδιο το Πνεύμα ικετεύει για χάρη μας με στεναγμούς
αλάλητους. Και αυτός που ερευνά τις καρδιές ξέρει τι είναι
το φρόνημα του Πνεύματος, ότι ικετεύει σύμφωνα με το
θέλημα του Θεού για χάρη των αγίων. Γνωρίζουμε δε ότι, όλα
συνεργούν προς το αγαθό σ' αυτούς που αγαπούν τον Θεό, τους
προσκαλεσμένους σύμφωνα με την πρόθεσή του.

Ρωμαίους 8:26-28

Η Αγία Γραφή, σε κανένα σημείο της δεν υπονοεί ότι όλα συνεργούν για το καλό και τέλος. Το συγκεκριμένο απόσπασμα μας λέει ότι η συνεργασία του ανθρώπου —με τη βοήθεια του Αγίου Πνεύματος— μπορεί να επηρεάσει το αποτέλεσμα κάθε κατάστασης. Δείτε πώς αποδίδουν το εδάφιο 28 δύο άλλες αγγλικές μεταφράσεις της Βίβλου (RSV και NEB):

Σε όλα ο Θεός εργάζεται το καλό μαζί με εκείνους που τον αγαπούν.

Ρωμαίους 8:28, RSV

Σε όλα, όπως γνωρίζουμε, [το Πνεύμα] συνεργάζεται για το
καλό, μαζί με αυτούς που αγαπούν τον Θεό.

Ρωμαίους 8:28, NEB

Έχουμε το προνόμιο να συνεργαζόμαστε με τον Θεό, μέσα από την προσευχή και τις πράξεις μας, ώστε να δούμε το θέλημά Του να εδραιώνεται στη γη. Θα το δούμε και αργότερα στη μελέτη μας.

Συμπέρασμα

Σε αυτό το κεφάλαιο, είδαμε ότι παρότι ο Θεός δημιούργησε έναν «πολύ καλό» κόσμο, υπάρχουν πράγματα που συμβαίνουν, τόσο σε ευρεία κλίμακα, όσο και στην προσωπική μας ζωή, που δεν είναι καλά. Αυτά δεν είναι μέσα στο θέλημα του Πατέρα. Δεν είναι όλα όσα συμβαίνουν στη γη μέσα στο θέλημα του Θεού· ούτε και γίνονται πάντα αυτά που θέλει ο Θεός στη γη. Άσχημα πράγματα μπορεί να συμβούν εξαιτίας (α) κάποιας άμεσης επίθεσης του εχθρού, (β) της δικής μας ελεύθερης βούλησης ή (γ) επειδή ζούμε σε έναν συντετριμμένο κόσμο και βασανιζόμαστε από τις αθροιστικές επιπτώσεις της αμαρτίας του ανθρώπου.

Παρότι ο Θεός είναι κυρίαρχος και μπορεί να κάνει κάτι για το κακό που υπάρχει στον κόσμο μας, μας αγαπάει με τέτοιο τρόπο, που μας επιτρέπει να ασκούμε την ελεύθερη βούλησή μας χωρίς να παρεμβαίνει. Με άλλα λόγια, ο κυρίαρχος Θεός επέλεξε να περιορίσει τον εαυτό Του για να προστατεύσει τη δική μας ελεύθερη βούληση και τη σχέση μας μαζί Του —πράγμα που Του κόστισε πολλά, όπως θα δούμε παρακάτω.

Τέλος, είδαμε ότι ο Θεός θέλει να γίνει το θέλημά Του στη γη, αλλά διάλεξε να θέσει περιορισμούς στον Εαυτό Του και να συνεργαστεί με τον άνθρωπο. Έτσι, έχουμε το προνόμιο μιας συνεργασίας με τον Θεό —μέσα από την προσευχή και τις πράξεις μας— για να εδραιωθεί το θέλημά Του στη γη. Θα το δούμε πιο αναλυτικά σε επόμενα κεφάλαια. Προς το παρόν, πρέπει να καταλάβουμε ότι ο *Abba* δεν μένει παθητικός μπροστά στη συντριβή που υπάρχει στον κόσμο. Κάνει κάτι για όλα αυτά. Στο επόμενο κεφάλαιο θα συνεχίσουμε από αυτό το σημείο.

ΠΕΡΙΣΣΥΛΟΓΗ

Έχεις περάσει πόνο και συντριβή στη ζωή σου; Σκέφτηκες ποτέ ότι τα προκάλεσε ο Θεός; Ίσως υπήρξες θύμα της αμαρτίας κάποιου άλλου, όμως αυτό δεν ήταν το θέλημα του Θεού, ούτε το σχέδιό Του για σένα.

Δώσε λίγο από τον χρόνο σου για να μιλήσεις στον Θεό για αυτή την κατάσταση και ζήτησέ Του να σε οδηγήσει σε προσευχή, ώστε να μπορεί να συνεργαστεί μαζί σου για να βγάλει κάτι καλό από αυτό.

Έχεις βιώσει πόνο και συντριβή εξαιτίας των δικών σου επιλογών, της δικής σου ελεύθερης βούλησης; Μήπως νόμιζες ότι οι συνέπειες ήταν η τιμωρία του Θεού για αυτό που έκανες; Να θυμάσαι πως ο Θεός δεν είναι ένας θυμωμένος, απόμακρος θεός που πρέπει να κατευνάσεις. Είναι ένας Θεός που σε αγαπάει με πάθος και θέλει να αποκαταστήσει τη σχέση Του με τα δημιουργήματά Του. Μήπως ο πόνος που πέρασες δεν ήταν η τιμωρία του Θεού, αλλά η λογική συνέπεια των πράξεων σου;

Δώσε λίγο χρόνο και μίλα στον Θεό για αυτήν την κατάσταση. Ζήτησέ Του να σε οδηγήσει σε προσευχή, ώστε να μπορεί να συνεργαστεί μαζί σου για να βγάλει κάτι καλό από αυτό.

ΠΡΟΣΕΥΧΗ

Πατέρα, Σε ευχαριστώ που μου έδωσες ελεύθερη βούληση, ακόμα κι αν αυτό σημαίνει ότι δεν γίνεται πάντα το θέλημά Σου στη γη. Συγχώρησέ με για κάθε φορά που Σε κατηγόρησα για τα άσχημα πράγματα που συνέβησαν, για κάθε φορά που δεν κατάλαβα τι γινόταν. Βοήθησέ με να βλέπω πιο καθαρά —να διακρίνω πότε βρίσκομαι σε επίθεση και πότε θερίζω τις συνέπειες των λανθασμένων αποφάσεών μου. Συγχώρησέ με για κάθε φορά που προχώρησα ενάντια στο θέλημά Σου για τη ζωή μου, και δίδαξέ με πώς να συνεργάζομαι μαζί Σου για να τις μετατρέψεις σε καλό. Για κάθε φορά που ήμουν θύμα εξαιτίας της αμαρτίας κάποιου άλλου, δώσε μου τη χάρη να τους συγχωρήσω και κράτησε την καρδιά μου καθαρή και ελεύθερη από την πικρία και τη μνησικακία. Μέσα σε κάθε τι θέλω να συνεργαστώ μαζί Σου· θέλω να «έρθει η Βασιλεία Σου, να γίνει το θέλημά Σου στη γη, όπως είναι στον ουρανό». Στο όνομα του Ιησού. Αμήν.

ΟΜΑΔΙΚΗ ΣΥΖΗΤΗΣΗ

1. Έχεις ακούσει ανθρώπους να αναφέρονται σε φοβερές κακοκαιρίες όπως οι τυφώνες, οι ανεμοστρόβιλοι, οι σεισμοί κτλ. ως «θεομηνίες»; Συζητήστε ποιες είναι οι επιπτώσεις της λογικής ότι αυτά τα καταστρεπτικά φαινόμενα είναι ενέργειες του Θεού. Τι συμβαίνει στην πίστη μας όταν θεωρούμε ότι ο Θεός είναι ταυτόχρονα δημιουργός και καταστροφέας της δημιουργίας Του;

2. Μπορείς να σκεφτείς περιστατικά της ζωής σου όπου έπρεπε να υποστείς αρνητικές συνέπειες ως αποτέλεσμα μιας ελεύθερης επιλογής σου; Τι έμαθες από αυτήν την εμπειρία;

3. Με βάση τα όσα καλύψαμε σε αυτό το κεφάλαιο, μπορείς να σκεφτείς με ποιον τρόπο θα εξηγούσες σε κάποιον το γεγονός, ότι ο Θεός μας αγαπάει τόσο πολύ, που αφήνει άσχημα πράγματα να συμβαίνουν;

Πέντε

Η Αποστολή του Πατέρα

Ο Πατέρας δεν με έστειλε στον κόσμο για να κρίνει τον κόσμο,
αλλά για να σωθεί ο κόσμος μέσα από Μένα.

—Ιησούς

«Έσπασε ο κύριος Μπλάκμαν!». Με αυτή τη φράση έχει μείνει στην ιστορία της οικογένειάς μου ένα περιστατικό που δεν θα ξεχάσουμε ποτέ. Ο «κύριος Μπλάκμαν» ήταν ένα πολύτιμο οικογενειακό κειμήλιο του πατέρα μου. Ήταν το άγαλμα ενός τροβαδούρου που καθόταν πάνω σε έναν μαρμάρινο στύλο. Πήρε το όνομά του από τον Κόμη Μπλάκμαν, ο οποίος το έδωσε ως δώρο στην αγαπημένη του δασκάλα πιάνου. Αυτή το χάρισε στη γιαγιά μου (ως ένδειξη ευγνωμοσύνης για τη φροντίδα που της προσέφερε στη διάρκεια μιας δύσκολης ασθένειας). Και η γιαγιά μου το χάρισε στους γονείς μου ως δώρο γάμου. Είναι προφανές ότι το άγαλμα είχε τεράστια συναισθηματική αξία και ήταν πάντα στολισμένο σε περίοπτη θέση στο σπίτι μας.

Μια μέρα, για κάποιο λόγο, η αδελφή μου, η Καρολίνα, σκέφτηκε ότι θα ήταν καλή ιδέα να κάνει σχοινάκι στο σαλόνι μας, δίπλα στον κύριο Μπλάκμαν. Όπως ήταν αναμενόμενο, το σχοινάκι μπλέχτηκε στην κιθάρα του κυρίου Μπλάκμαν, τον έριξε κάτω, και τον προσγείωσε με δύναμη στο πάτωμα. Το θέαμα ήταν τρομερό. Χιλιάδες μικροσκοπικά θρύψαλα σκορπίστηκαν σε όλο το σαλόνι —ήταν μια καταστροφή (κατά μία έννοια).

Τι έπρεπε να κάνει ο πατέρας μου; Μια επιλογή ήταν να αποδεχθεί την απώλεια· εξάλλου, ένα άγαλμα ήταν μόνο. Σίγουρα θα μπορούσε να το αντικαταστήσει με κάτι άλλο. Δεν ήταν, όμως, ένα απλό άγαλμα. Έπρεπε να κάνει κάτι. Μάζεψε, λοιπόν, όλα τα σπασμένα κομμάτια και τα πήγε σε έναν εξαιρετικό συντηρητή· αυτός ο τεχνίτης συναρμολόγησε με πολλή προσοχή τον κύριο Μπλάκμαν, και τελικά του έμειναν μόνο κάποιες μικροατέλειες από την πρόσφατη καταστροφή του. Σήμερα, ο κύριος Μπλάκμαν κάθεται και πάλι πάνω στον στύλο του, μέσα στο σαλόνι του πατέρα μου.

Με τον ίδιο τρόπο —αλλά σε απείρως μεγαλύτερη κλίμακα— ο Πατέρας μας δεν πρόκειται να πετάξει τη συντριμμένη δημιουργία Του, δεν τη θεωρεί άχρηστη και δεν την εγκαταλείπει. Θυμήσου ότι όταν ο Θεός δημιούργησε τα πάντα, δήλωσε ότι όλα ήταν *πολύ καλά*. Ο Θεός αγαπάει όλα όσα δημιούργησε, ακόμα και τώρα· παρότι ο άνθρωπος, ασκώντας το δικαίωμα της ελεύθερης βούλησής του, έχει επιφέρει συνέπειες που είναι αντίθετες με το αρχικό σχέδιο του Θεού. Η δημιουργία του Θεού είναι διαλυμένη, αλλά ο Θεός δεν έχει τελειώσει μαζί της. Ο Θεός δημιούργησε από αγάπη, και η αγάπη δεν απομακρύνεται όταν το πρόσωπο που αγαπά βυθίζεται στο χάος. Ίσα ίσα, ο Ιησούς μας δείχνει ότι η καρδιά του Πατέρα είναι να αποκαταστήσει όλα αυτά που ήταν «πολύ καλά» όταν τα δημιούργησε, αλλά αμαυρώθηκαν από την αμαρτία. Θα εξετάσουμε σε επόμενο κεφάλαιο την αμαρτία, ως ένα πρόβλημα στις σχέσεις μας. Προς το παρόν, ας δούμε ποια είναι η αποστολή του Πατέρα, η ουσία της σωτηρίας μας. Ας ξεκινήσουμε αυτό το ταξίδι, διερευνώντας τον τρόπο με τον οποίο αντιδρά ο Πατέρας στη συντριβή που υπάρχει στον κόσμο, μέσα από το παράδειγμα που μας δίνουν «Οι Άθλιοι» του Βίκτωρος Ουγκώ.

Η Διαλυμένη Δημιουργία

Ανάμεσα στους βασικούς χαρακτήρες του κλασικού μυθιστορήματος, βρίσκουμε τη Φαντίνα —μια νεαρή γυναίκα που γίνεται πόρνη. Πολλοί από μας, βλέποντας τη ζωή της μέσα από τη ρωμαϊκή οπτική, θα θεωρήσουμε ότι η κοπέλα «αστόχησε» στη ζωή της. Θα πούμε ότι, «Η Φαντίνα είναι πόρνη. Είναι αμαρτωλή. Χρειάζεται συγχώρεση». Το οποίο είναι, σαφώς, πολύ σημαντικό. Είναι, όμως, το μόνο που χρειάζεται; Θα ήταν ικανοποιημένος ο Θεός να συγχωρήσει την αμαρτία της, αλλά να την αφήσει στην ίδια κατάσταση που την οδήγησε σ' αυτές τις επιλογές; Κοιτώντας τη Φαντίνα, είναι δυνατόν να πει ο Θεός: «Αν εξαιρέσω το γεγονός ότι είναι πόρνη, η ζωή της είναι πολύ καλή»; Οφείλουμε να παραδεχτούμε, ότι η ιστορία της Φαντίνας ξεκινά πολύ νωρίτερα από τις πράξεις της. Ο χαρακτήρας της απεικονίζει με μεγάλη ακρίβεια τη συντριμμένη δημιουργία, κάτι που ο Πατέρας δεν ήθελε ποτέ να συμβεί.

Η ιστορία της νεαρής, και μάλλον ορφανής, κοπέλας είναι τραγική: ο εραστής της εγκαταλείπει αυτήν και τη μικρή τους κόρη, την Τιτίκα. Η Φαντίνα δεν έχει άλλη επιλογή, οπότε αφήνει το μικρό παιδί στη φροντίδα κάποιων ξενοδόχων και στέλνει τα λιγοστά λεφτά που βγάζει ως εργάτρια σε εργοστάσιο, για να καλύψουν τις ανάγκες της Τιτίκας. Τα πράγματα, όμως, χειροτερεύουν για τη Φαντίνα, όταν χάνει τη δουλειά της στο εργοστάσιο. Ξαφνικά μένει στον δρόμο χωρίς

Ο Θεός μας δίνει επιλογές και μας καλεί να επιλέξουμε τη ζωή.

δουλειά και χωρίς εισόδημα. Για να βγάλει τα προς το ζην, πουλάει τα κοσμήματά της, έπειτα τα μαλλιά της και στο τέλος, τα δόντια της. Έχοντας εξαντλήσει κάθε άλλη διέξοδο, αναγκάζεται να πουλήσει και το σώμα της. Είναι ξεκάθαρο ότι οι επιλογές της δεν ήταν σύμφωνες με το θέλημα του Θεού, αλλά σίγουρα ούτε και οι καταστάσεις που συνέβαλαν σε αυτήν την κατάληξη. Μπορούμε να πούμε ότι η ζωή της Φαντίνας απεικονίζει την κατάσταση της ανθρωπότητας. Η ζωή της —όπως και η δική μας—δείχνει την επίδραση της αντάρσιας του ανθρώπου που ξεκίνησε από τον Κήπο της Εδέμ.

Όπως είδαμε στο προηγούμενο κεφάλαιο, ο Θεός μας δημιούργησε για να είμαστε όντα με ελεύθερη θέληση και μας έδωσε την επιλογή, είτε να αποδεχτούμε την αγάπη Του και να ζήσουμε σε σχέση μαζί Του, είτε να την αρνηθούμε και να ζήσουμε ανεξάρτητοι από Αυτόν. Ακριβώς επειδή έχουμε την ελευθερία, μπορούμε να επιλέξουμε να ζήσουμε σύμφωνα με το θέλημα του Θεού, ή να διαχειριστούμε τη ζωή μας σύμφωνα με τη δική μας αντίληψη. Μέσα σε όλη την Αγία Γραφή βλέπουμε τον Θεό να μας δίνει επιλογές και να μας συμβουλεύει να διαλέξουμε τη ζωή. Για παράδειγμα, λέει ο Θεός:

«*Επικαλούμαι σήμερα σε σας μάρτυρες τον ουρανό και τη γη,
ότι έβαλα μπροστά σας τη ζωή και τον θάνατο, την ευλογία και την
κατάρα. Γι' αυτό διαλέξτε τη ζωή για να ζείτε, εσύ και το σπέρμα σου*».
Δευτερονόμιο 30:19

Ο Θεός θέλει να ανταποκριθούμε στην αγάπη Του και να διαλέξουμε τη ζωή, αλλά δεν θα μας το επιβάλλει. Η ελευθερία που έχουμε μπορεί να δημιουργεί προβλήματα, αλλά ο Θεός, επειδή μας αγαπά, προστατεύει την ελεύθερη θέλησή μας. Ως άνθρωποι, από την επιθυμία μας να είμαστε κυρίαρχοι στη ζωή μας, συχνά κάνουμε λανθασμένες επιλογές —κάποιες φορές άθελά μας, κάποιες φορές από άγνοια, άλλες φορές με καλές προθέσεις, κι άλλες φορές από εσκεμμένη αντάρσια. Όποια κι αν είναι η περίπτωση, κάθε φορά που χρησιμοποιούμε το δώρο της ελεύθερης βούλησης για να απορρίψουμε το σχέδιο και τη συμβουλή

Η σωτηρία μας είναι πολλά περισσότερα από τη συγχώρεση της κακής συμπεριφοράς μας.

του Θεού, θα υποστούμε τις συνέπειες. Αυτές οι επιλογές έχουν ως αποτέλεσμα την καταστροφή της δημιουργίας του Θεού.

Σύμφωνα με τη ρωμαϊκή, νομικιστική θεώρηση του κόσμου, ο Θεός έχει κάθε «δικαίωμα» να μας πει, «Τα κάνατε θάλασσα με τη δημιουργία Μου. Κάποιος πρέπει να πληρώσει!». Εάν προσεγγίζουμε τη σχέση μας με τον Θεό μέσα από τη ρωμαϊκή οπτική, θα θεωρούμε ότι το έργο της σωτηρίας του Ιησού αφορά μόνο τη συγχώρεσή μας για την κακή συμπεριφορά μας. Στο παράδειγμα της Φαντίνας, σίγουρα χρειάζεται συγχώρεση για τις πράξεις της· και φυσικά, ο Θεός, μέσα στο έλεός Του, της προσφέρει συγχώρεση μέσω του Ιησού, για όλα όσα κάνει ενάντια στο θέλημά Του. Αυτό ισχύει για όλους μας. Αλλά αν θέλουμε να κατανοήσουμε πλήρως την αποστολή του Πατέρα, πρέπει να την εξετάσουμε μέσα από το πρίσμα που μας δίνει ο Ιησούς για τον Θεό· ως έναν Πατέρα που βλέπει τη συντριβή μας και θέλει να μας κάνει πλήρεις ξανά.

Η Ουσία της Σωτηρίας

Ο Ιησούς μας δείχνει ότι ο Πατέρας Θεός, ο *Abba*, ενδιαφέρεται για την υγεία μας, όχι για την κατάκρισή μας. Θέλει να μαζέψει τα εκατομμύρια θρύψαλα της συντριμμένης δημιουργίας Του και να τα επαναφέρει στο αρχικό Του σχέδιο. Για κάθε φορά που επιλέξαμε τον θάνατο, ο Πατέρας δεν αναζητά τον ένοχο για να τον κρίνει και να τον καταδικάσει. Αντίθετα, ο *Abba* έρχεται για να προσφέρει τη δυνατότητα για αποκατάσταση. Για να ξεκαθαρίσει κάθε σύγχυση, ο Ιησούς μίλησε πολύ συγκεκριμένα γι' αυτό σε μια συνάντηση που είχε με τον Νικόδημο. Λέει για τον εαυτό Του:

Δεδομένου ότι, ο Θεός δεν απέστειλε τον Υιό του στον κόσμο
για να κρίνει τον κόσμο, αλλά για να σωθεί ο κόσμος διαμέσου αυτού.

Κατά Ιωάννη 3:17

Πρέπει να το τονίσουμε, γιατί πολλοί είμαστε της άποψης ότι ο Θεός έχει απαιτήσεις από τα δημιουργήματά Του, και θέλει να μας καταδικάζει και να μας τιμωρεί. Δες, όμως, το εδάφιο 17 που λέει ότι, «ο Θεός δεν

έστειλε τον Γιο του στον κόσμο για να κατακρίνει τον κόσμο». Σύμφωνα
τη μετάφραση του Γιουτζίν Πίτερσον:

> *Ο Θεός δεν μπήκε στον κόπο να στείλει τον Γιο του, για να μας*
> *κατηγορήσει κουνώντας το δάχτυλό Του και να μας πει πόσο*
> *απαίσιοι είμαστε. Ήρθε για να μας βοηθήσει, για να βάλει τα*
> *πράγματα ξανά στη σωστή θέση.*
>
> Κατά Ιωάννη 3:17, MSG

Θα μπορούσαμε να πούμε ότι, εφόσον ο Θεός συγχωρεί την κακή
συμπεριφορά μας διαμέσου του Ιησού, δεν είχε λόγο να κατακρίνει τον
κόσμο. Όμως, και πάλι, αυτός είναι ο ρωμαϊκός τρόπος σκέψης που
αδυνατεί να περιγράψει τις προθέσεις του Θεού. Πρέπει να εμβαθύνουμε
περισσότερο στο τι εννοεί όταν λέει ότι ο Θεός έστειλε τον Ιησού
«ώστε ο κόσμος να σωθεί διαμέσου αυτού». Η σωτηρία μας είναι πολλά
περισσότερα από τη συγχώρεση της κακής συμπεριφοράς μας. Αν θέλουμε
να καταλάβουμε τι λέει ο Ιησούς, πρέπει να κοιτάξουμε τη γλώσσα στην
οποία γράφτηκε το πρωτότυπο κείμενο αυτού του εδαφίου.

Το ελληνικό ρήμα σ' αυτήν την πρόταση, είναι το ρήμα «σώζω», που
περιλαμβάνει μεγάλο εύρος εννοιών, όπως «διασώζω, διατηρώ κάποιον
σώο και αβλαβή, γλιτώνω έναν ασθενή που υποφέρει, γιατρεύω,
θεραπεύω, αποκαθιστώ την υγεία· διασώζω ή διαφυλάττω κάποιον που
κινδυνεύει να καταστραφεί».[52] Το νόημα της λέξης είναι ότι η σωτηρία
αφορά το σύνολο μιας ζωής. Προλαμβάνει, αλλά και αποκαθιστά,
διασώζει από την καταστροφή και ταυτόχρονα, σε καθιστά απόλυτα
πλήρη. Με την ίδια σημασία εμφανίζεται και στο εβραϊκό κείμενο. Σε
μία από τις πολλές προφητείες του Ησαΐα για τον ερχόμενο Μεσσία
(τον Ιησού), συναντούμε την αντίστοιχη έννοια:

> *Θα σε δώσω φως στα έθνη, για να είσαι η σωτηρία μου μέχρις*
> *εσχάτου της γης.*
>
> Ησαΐας 49:6

Στα εβραϊκά, η λέξη σωτηρία είναι «Yeshua» (γιεσούα), που σημαίνει
«σωτηρία, απελευθέρωση, υγεία, ευτυχία, ευημερία και νίκη».[53]

Έχοντας υπόψιν αυτούς τους ορισμούς, καταλαβαίνουμε ότι η
σωτηρία είναι πολλά περισσότερα από τη συγχώρεση των αμαρτιών
μας. Η σωτηρία μας περιλαμβάνει προστασία, απελευθέρωση και

αποκατάσταση. Η κίνηση του Πατέρα να πάρει όλα τα σπασμένα κομμάτια της συντριμμένης δημιουργίας Του και να τα επαναφέρει στη σωστή θέση, είναι σωτηρία. Ας προχωρήσουμε βλέποντας τις προφητικές περιγραφές της αποστολής του Ιησού.

Τα Χαρακτηριστικά της Αποστολής του Ιησού

Το ευαγγέλιο του Ματθαίου αναφέρει μία από τις πολλές προφητείες για τον Ιησού, τον Μεσσία:

Προσέξτε! Ο δούλος μου, στον οποίο ευαρεστήθηκε η ψυχή μου. Θα βάλω επάνω του το Πνεύμα μου, και θα εξαγγείλει κρίση στα έθνη. Δεν θα αντιλογήσει ούτε θα κραυγάσει, ούτε θα ακούσει κάποιος τη φωνή του στις πλατείες. Συντριμμένο καλάμι δεν θα το σπάσει και λινάρι που καπνίζει δεν θα το σβήσει, μέχρις ότου εκφέρει την κρίση σε νίκη, και στο όνομά του θα ελπίσουν τα έθνη.

Κατά Ματθαίο 12:18-21

Ο Πατέρας ξεκινάει μιλώντας για τον Ιησού και για το πόσο ευαρεστείται μ' Αυτόν. Έπειτα, βλέπουμε το έργο του Αγίου Πνεύματος —άλλη μια στιγμή που η Αγία Τριάδα συνεργάζεται για την ανθρωπότητα. Η εικόνα που βλέπουμε εδώ δεν είναι η εικόνα ενός αυστηρού και τιμωρητικού Πατέρα. Βλέπουμε έναν τρυφερό Θεό γεμάτο αγάπη, που ταυτίζεται με την αδυναμία μας. Όταν βλέπει ότι είμαστε χτυπημένοι, δεν θα μας συντρίψει. Όταν βλέπει ότι το φως μας είναι αμυδρό, δεν θα έρθει να το σβήσει. Αντίθετα, ο Ιησούς ήρθε για να διακηρύξει δικαιοσύνη —την ελπίδα για ένα καλύτερο βασίλειο και ένα καλύτερο μέλλον. Δες τι προφήτευσε ο Ησαΐας για τον Ιησού:

Αυτό που έκανε (και εξακολουθεί να κάνει) υπερβαίνει κατά πολύ τη συγχώρεση των αμαρτιών μας.

Αυτός στην πραγματικότητα βάσταξε τις ασθένειές μας και επιφορτίστηκε τις θλίψεις μας. Ενώ εμείς τον θεωρήσαμε τραυματισμένο, πληγωμένο από τον Θεό και ταλαιπωρημένο. Αυτός όμως τραυματίστηκε για τις παραβάσεις μας,

ταλαιπωρήθηκε για τις ανομίες μας. Η τιμωρία που έφερε
τη δική μας ειρήνη ήταν επάνω σ' αυτόν και διαμέσου των
πληγών του γιατρευτήκαμε εμείς.

Ησαΐας 53:4-6

Βλέπουμε ότι ο Ιησούς σήκωσε όλες τις συνέπειες της αμαρτίας μας για να μας κάνει πλήρεις σε όλα. Αυτό που έκανε (και εξακολουθεί να κάνει) υπερβαίνει κατά πολύ τη συγχώρεση των αμαρτιών μας. Δεν ήρθε μόνο για να δεχθεί την τιμωρία που μας άξιζε, αλλά και για να αποκαταστήσει την ειρήνη μας και να μας θεραπεύσει. Επιλέξαμε να ζήσουμε ανεξάρτητα από τον Δημιουργό μας, απομακρυνθήκαμε απ' Αυτόν και χάσαμε την ελπίδα μας. Ο Ιησούς, όμως, έρχεται και παίρνει πάνω Του τη συντριβή όλης της ανθρωπότητας για να μας κάνει πλήρεις. Έρχεται και αποκαθιστά την ελπίδα μας. Στο ευαγγέλιο του Λουκά, βλέπουμε ένα περιστατικό όπου ο Ιησούς παίρνει το βιβλίο του Ησαΐα και διαβάζει για τον εαυτό Του:

Πνεύμα Κυρίου είναι επάνω μου, γι' αυτό με έχρισε.
Με απέστειλε για να φέρνω τα χαρμόσυνα νέα στους φτωχούς,
για να γιατρέψω τους συντριμμένους στην καρδιά,
για να κηρύξω ελευθερία στους αιχμαλώτους,
και ανάβλεψη στους τυφλούς,
να αποστείλω τους ψυχικά τσακισμένους σε ελευθερία,
για να κηρύξω ευπρόσδεκτο χρόνο του Κυρίου.

Κατά Λουκά 4:18-19

Δες πόσες πτυχές έχει η αποστολή του Ιησού. Κηρύττει καλά νέα στους φτωχούς και διακηρύττει ελευθερία στους φυλακισμένους. Υπάρχει ελπίδα! Αποκαθιστά την όραση των τυφλών. Υπάρχει θεραπεία! Απελευθερώνει τους αιχμαλώτους. Υπάρχει απελευθέρωση! Και διακηρύττει τον χρόνο της χάρης του Κυρίου. Ο Θεός είναι με το μέρος μας! Ο Ιησούς έρχεται και μας φέρνει καλά νέα για τον Πατέρα —όχι άσχημα νέα. Ο Ιησούς έρχεται για να σώσει την ανθρωπότητα, όχι μόνο από την κόλαση, αλλά από ό,τι δεν είναι ολοκληρωμένο, δηλαδή όπως το καθόρισε ο *Abba* να είναι.

Από αυτές τις προφητικές περιγραφές της διακονίας του Ιησού, βλέπουμε ότι ο Πατέρας έχει δεσμευτεί να σε κάνει πλήρη σε όλα τα επίπεδα. Είναι αποφασισμένος να φέρει θεραπεία και να αποκαταστήσει

Αυτή είναι αιώνια ζωή και έχει ήδη ξεκινήσει. οτιδήποτε υπάρχει μέσα σου που έχει ραγίσει από την αμαρτία. Για ποιον σκοπό, όμως; Γιατί να σε θέλει πλήρη; Για ποιο λόγο μπήκε ο Θεός σ' αυτή τη διαδικασία για να σε σώσει; Διότι θέλει να ζεις με αιώνια ζωή. Ας δούμε τι σημαίνει αυτό.

Η Υπόσχεση της Αιώνιας Ζωής

Ας επιστρέψουμε στο Κατά Ιωάννη 3, στη συνομιλία του Ιησού με τον Νικόδημο. Εδώ βρίσκεται ένα από τα πιο γνωστά εδάφια —και μια ξεκάθαρη αναφορά της αποστολής του Πατέρα. Ο Ιησούς μιλάει για την αιώνια ζωή και μας φανερώνει το κίνητρο του Πατέρα, τη μέθοδό Του και τον σκοπό Του:

Επειδή με τέτοιον τρόπο αγάπησε ο Θεός τον κόσμο, ώστε έδωσε τον Υιό Του τον μονογενή, για να μη χαθεί καθένας που πιστεύει σ' αυτόν, αλλά να έχει αιώνια ζωή. Δεδομένου ότι ο Θεός δεν απέστειλε τον Υιό Του στον κόσμο για να κρίνει τον κόσμο, αλλά για να σωθεί ο κόσμος διαμέσου αυτού.

Κατά Ιωάννη 3:16-17

«Με τέτοιο τρόπο αγάπησε ο Θεός τον κόσμο». Αυτό ήταν το κίνητρό Του. Ο Θεός μας δημιούργησε από αγάπη και συνεχίζει να μας αγαπάει, παρά το γεγονός ότι, χρησιμοποιώντας την ελευθερία μας, φέραμε την καταστροφή. Ο κόσμος δεν είναι όπως έπρεπε ή όπως θα μπορούσε να είναι· είναι κατεστραμμένος από την αμαρτία. Αλλά ο Θεός αγαπάει τον κόσμο· και όπως είπαμε νωρίτερα, ο Θεός δεν κάθεται παθητικά και θρηνεί την παρούσα κατάσταση. Αντίθετα, ανέλαβε την ευθύνη να κάνει κάτι γι' αυτό. Τι έκανε ακριβώς;

«Έδωσε τον μονογενή γιο Του». Αυτή ήταν η μέθοδός Του. Θα μπορούσε να μας στείλει ένα εγχειρίδιο με οδηγίες. Θα μπορούσε να στείλει αγγέλους ή να σηκώσει ηγέτες ή καθοδηγητές. Είχε απεριόριστες επιλογές στη διάθεσή Του. Όμως, επειδή ο Θεός είναι αγάπη, μια αγάπη άπειρη, υπερβολική, εξωστρεφής, που δίνει τον εαυτό της, ο Θεός αποφασίζει να δώσει τον εαυτό Του. Και τότε συνέβη το πιο ακατανόητο γεγονός στην Ιστορία, ένα συμβάν που ταρακούνησε τη γη: ο Θεός πήρε ανθρώπινη μορφή. Ο Ιησούς γεννήθηκε από μια

παρθένα, διαμέσου του Αγίου Πνεύματος. Είναι απόλυτα Θεός και απόλυτα άνθρωπος. Με την ενσάρκωσή Του, ο Θεός ταυτίστηκε απόλυτα με τη δημιουργία Του, βίωσε στο έπακρον τη διάλυση της ανθρώπινης φύσης. Πήρε τη συντριβή μας και όλες τις συνέπειες της ανυπακοής μας. Ο Ιησούς πλήρωσε το τίμημα για την αμαρτία μας, και, ταυτόχρονα, νίκησε τον θάνατο και

Μπορούμε να απολαμβάνουμε τη ζωή του Θεού· μπορούμε να αφήνουμε τη ζωή Του να κυλάει μέσα από εμάς· μπορούμε να ζούμε βέβαιοι για τον σκοπό, τη σημαντικότητα και την αξία μας.

εξασφάλισε τη νίκη μας, όπως θα δούμε σύντομα. Γιατί να μπει σ' αυτή τη διαδικασία;

«*Ώστε όποιος πιστεύει σε Αυτόν να μη χαθεί, αλλά να έχει αιώνια ζωή*». Αυτός ήταν ο σκοπός Του. Ο Ιησούς έγινε άνθρωπος, πέθανε και αναστήθηκε από τους νεκρούς, όχι για να έχουμε το περιβόητο «εισιτήριο για τον Παράδεισο». Δεν τα υπέμεινε όλα αυτά, μόνο για να περάσουμε την αιωνιότητα μαζί Του στον Παράδεισο. Σίγουρα είναι κι αυτό ένα από τα πολλά οφέλη που απολαμβάνουμε —και είμαι ευγνώμων γι' αυτή την υπόσχεση που μας δίνει ελπίδα! Αλλά με αυτό που λέει ο Κύριος εδώ, μας πηγαίνει πολύ πιο μακριά. Τι θέλει να πει ο Ιησούς με αυτή τη φράση; Το νόημα του κειμένου στο ελληνικό πρωτότυπο μας βοηθά να το καταλάβουμε καλύτερα.

Η φράση «*να μη χαθεί*» δεν έχει χρονική χροιά, δηλαδή δεν αναφέρεται συγκεκριμένα στο παρελθόν, το παρόν, ή το μέλλον.[54] Η φράση «*να έχει αιώνια ζωή*» είναι σε χρόνο ενεστώτα, που σημαίνει ότι πρόκειται για δήλωση ενός περιστατικού ή μιας πραγματικότητας που ισχύει σε πραγματικό χρόνο, αλλά μπορεί να συμβεί ή να μη συμβεί ανάλογα με τις περιστάσεις.[55] Τι σημαίνει αυτό για μας: ότι αυτή η υπόσχεση δεν προορίζεται για κάποια στιγμή στο μέλλον (όταν θα πεθάνει το γήινο σώμα μας). Είναι μια παροντική, διαρκής πραγματικότητα την οποία μπορούμε να βιώσουμε εδώ και τώρα, αρκεί να πληρούμε την προϋπόθεση της πίστης στον Ιησού. Με άλλα λόγια, εξαιτίας αυτού που έκανε ο Ιησούς για μας, δεν χρειάζεται να παραμένουμε στην κατάσταση της απώλειας, αλλά μπορούμε να ζούμε μια ολοκληρωμένη ζωή. Ναι! Ακόμα και μέσα στη συντριβή που υπάρχει γύρω μας, ακόμα και όταν οι καταστάσεις είναι δύσκολες, ακόμα και όταν όλα γύρω μας φαίνεται ότι καταρρέουν, μπορούμε να ζούμε· με την πιο πραγματική, κυριολεκτική, πλήρη σημασία της λέξης «*ζω*». Αυτή είναι η αιώνια ζωή και έχει ήδη ξεκινήσει.

Η φράση «*αιώνια ζωή*» δεν αναφέρεται τόσο στη διάρκεια της

ζωής, όσο στην ποιότητά της. Το επίθετο «αιώνιος» στα ελληνικά χαρακτηρίζει κάτι που υπήρχε από πάντα και θα υπάρχει για πάντα — δηλαδή, αναφέρεται στον ίδιο τον Θεό. Η ελληνική λέξη «ζωή» δηλώνει την ολοκληρωτική, πλήρη ζωή που χαρακτηρίζει πάλι τον Θεό. Είναι μια ζωή αληθινή και αυθεντική, ενεργητική και δραστήρια —όπως η ζωή που απολαμβάνουν ο Πατέρας, ο Γιος και το Άγιο Πνεύμα μεταξύ Τους.[56] Πώς είναι αυτή η απόλυτα πλήρης ζωή;

Θυμηθείτε από το 2ο κεφάλαιο, ότι η κοινή ζωή που απολαμβάνουν ο Πατέρας, ο Γιος και το Άγιο Πνεύμα χαρακτηρίζεται από τέλεια ενότητα και αρμονία, αφθονία αγάπης, χαρά, ειρήνη, επιβεβαίωση και αποδοχή. Είναι μια άψογη, υγιής, πλήρης ζωή. Όταν ο Ιησούς προσευχήθηκε για μας, εξέφρασε μια επιθυμία Του· θέλει να νιώσουμε τι πραγματικά σημαίνει να είμαστε άνθρωποι, φτιαγμένοι σύμφωνα με την εικόνα του Θεού, άνθρωποι που ζούνε σε τέλεια αρμονία με Αυτόν —και κατ' επέκταση ο ένας με τον άλλον— σύμφωνα με το αρχικό Του σχέδιό. Αυτή τη ζωή έχει διαθέσιμη για μας ο Ιησούς, εδώ και τώρα. Πόσο μεγάλη είναι η αγάπη του Πατέρα για εμάς!

Λίγο παρακάτω στο ευαγγέλιο του Ιωάννη, ο Ιησούς συνοψίζει την αποστολή Του με τα εξής λόγια:

Εγώ ήρθα για να έχουν ζωή και να την έχουν με αφθονία.
Κατά Ιωάννη 10:10

ἐγὼ ἦλθον ἵνα ζωὴν ἔχωσι καὶ περισσὸν ἔχωσιν.
(Πατριαρχικό Κείμενο)

Και πάλι, η λέξη «ζωή» στα ελληνικά, δηλώνει την απόλυτα πλήρη ζωή που χαρακτηρίζει τον Θεό. Ο Ιησούς λέει ξεκάθαρα για ποιον λόγο ήρθε: για να έχουμε ζωή, με την πιο ουσιαστική σημασία της λέξης. Επιπλέον, λέει ότι ήρθε για να έχουμε ζωή με αφθονία. Στο αρχαίο κείμενο, η ελληνική λέξη που χρησιμοποιείται είναι «*περισσὸν*», που σημαίνει «υπερβολικά άφθονα, εξαιρετικά, παραπάνω, επιπλέον, πολύ περισσότερο από όλα, ανώτερα, εξαίσια, ασύγκριτα, ασυνήθιστα».[57] Αυτό δεν αποτελεί εγγύηση για μια ζωή χωρίς προβλήματα ή μια ζωή με υλική ευημερία. Είναι μια υπόσχεση ότι ακόμη και μέσα σε αντίξοες συνθήκες, μπορούμε να απολαμβάνουμε τη ζωή του Θεού· μπορούμε να αφήνουμε τη ζωή Του να κυλάει μέσα από εμάς· μπορούμε να ζούμε βέβαιοι για τον σκοπό, τη σημαντικότητα και την αξία μας.

Η αιώνια ζωή είναι μια πλήρης ζωή, είναι η ένταξή μας στη ζωή της Αγίας Τριάδας. Άρα όλα καταλήγουν πάλι σε μια σχέση, με την πιο ουσιαστική σημασία της λέξης. Ο Θεός μας δημιούργησε για να έχουμε σχέση μαζί Του, άρα δεν αντέχει να βλέπει τον πόνο που μας κρατάει μακριά Του. Είναι τόσο μεγάλη η αγάπη του Πατέρα για μας, είναι τόσο μεγάλη η δέσμευσή Του απέναντί μας, που ήρθε και έγινε ένας από εμάς· πλήρωσε με την υπέρτατη θυσία για να αντιστρέψει κάθε επίπτωση της αμαρτίας και να μας αποκαταστήσει σε μια ολοκληρωμένη ζωή. Και το έκανε με δική Του πρωτοβουλία, πρόθυμα και δωρεάν. Αυτό ακριβώς λέγεται «χάρη». Ο Θεός δεσμεύτηκε για πάντα απέναντι στον άνθρωπο, ότι θα μας κάνει πλήρεις και θα μας φέρει πίσω σε μια σχέση μαζί Του. Αυτή είναι η ουσία της σωτηρίας, αυτή είναι η ουσία της αιώνιας ζωής και αυτή είναι η αποστολή του Πατέρα. Ο Καρλ Μπαρθ συνοψίζει λέγοντας:

Ο Θεός, με το δώρο της χάρης Του, τάσσεται υπέρ της ανθρωπότητας σε κάθε επίπεδο. Ο Θεός είναι με το μέρος μας ως Δημιουργός μας, που μας δημιούργησε και μας προόρισε για να είμαστε πολύ καλοί. Παρά την αμαρτία μας, ο Θεός εξακολουθεί να είναι με το μέρος μας, και διαμέσου του Ιησού Χριστού, συμφιλιώνεται με τον κόσμο και μας ελκύει κοντά Του με καλοσύνη και κρίση. Ο Θεός δεν διαγράφει απλά το παρελθόν μας σαν να είναι ασήμαντο. Αντίθετα, το παίρνει στη φροντίδα Του, και αναλαμβάνει να αποκαταστήσει, να ξαναχτίσει, να κάνει τα πάντα καινούργια. Ο Θεός έρχεται και μας συναντάει ως λυτρωτής και τελειοποιητής· έρχεται από το μέλλον και μας προσκαλεί, γιατί είναι ήδη εκεί· θέλει να μας δείξει ποια είναι η πλήρης ζωή που σχεδίασε εξαρχής για μας, αυτή που τώρα εκπληρώνεται διαμέσου του Χριστού.[58]

Δεν μπορούμε να κερδίσουμε τη σωτηρία μας, συνεπώς δεν υπάρχει λόγος να αγωνιζόμαστε για να σωθούμε. Το μόνο που μπορούμε να κάνουμε είναι να δεχθούμε το ευγενικό δώρο του Θεού, που έχει ήδη ολοκληρώσει ο Ιησούς. Ο *Abba* μας λέει για άλλη μια φορά: «Θέτω μπροστά σου τη ζωή και τον θάνατο, την ευλογία και την κατάρα. Διάλεξε τη ζωή».

Chiqui Wood

Συμπέρασμα

Στο προηγούμενο κεφάλαιο, είδαμε ότι ο πόνος και η φθορά που βλέπουμε γύρω μας δεν ήταν το θέλημα του Πατέρα, αλλά παρόλα αυτά, η δημιουργία είναι συντριμμένη. Σ' αυτό το κεφάλαιο είπαμε, ότι ο Πατέρας θέλει να αποκαταστήσει τα διαλυμένα δημιουργήματά Του και να τα επαναφέρει στο αρχικό Του σχέδιο. Για να καταλάβουμε τι είναι η σωτηρία, πρέπει πρώτα να συνειδητοποιήσουμε ότι η «αμαρτία» είναι κάτι πολύ βαθύτερο από μια κακή συμπεριφορά. Η αλήθεια είναι ότι, όπως θα δούμε στα επόμενα δύο κεφάλαια, μια καταστροφική συμπεριφορά είναι πολύ συχνά το σύμπτωμα ενός βαθύτερου προβλήματος. Ο Πατέρας δεν υπήρχε περίπτωση να μας εγκαταλείψει μέσα στη συντριβή μας. Έκανε κάτι γι' αυτό!

Ο Ιησούς ξεκαθαρίζει ότι ο Πατέρας Θεός, ο *Abba* δεν έχει σκοπό να κατακρίνει τον κόσμο, αλλά να τον σώσει. Αυτό σημαίνει ότι ο Θεός θέλει να μας προστατέψει, να μας ελευθερώσει και να μας αποκαταστήσει. Η αποστολή του Ιησού φανερώνει έναν στοργικό και τρυφερό Θεό, που ταυτίζεται με την αδυναμία μας και μας δίνει ελπίδα. Μας αγαπάει τόσο πολύ, που έγινε ένας από μας —ο ενσαρκωμένος Γιος: ο Ιησούς— για να μας ελευθερώσει από την καταστροφική πορεία του κόσμου μας.

Ο Ιησούς επωμίστηκε όλες τις συνέπειες της αμαρτίας μας, μια για πάντα, ώστε να μας κάνει πλήρεις —πλήρεις σε όλο το είναι μας, πλήρεις στη σχέση μας μαζί Του, και πλήρεις στις σχέσεις μας μεταξύ μας. Αν πιστεύουμε σ' Αυτόν, δεν χρειάζεται να ζούμε χαμένοι και διαλυμένοι. Μπορούμε να ζήσουμε μια ολοκληρωμένη ζωή, όπως η ζωή του Πατέρα, του Γιου και του Αγίου Πνεύματος. Αυτή είναι η αιώνια ζωή: η ζωή που έχει την ποιότητα του Θεού, που χαρακτηρίζεται από τέλεια ενότητα και αρμονία, αφθονία αγάπης, χαράς, ειρήνης, επιβεβαίωσης και αποδοχής. Αυτή η ζωή είναι διαθέσιμη σε μας από τον Ιησού, εδώ και τώρα. Αυτή είναι η αποστολή του Πατέρα, αυτά είναι τα καλά νέα!

Αυτή είναι και η ουσία του Ευαγγελίου, και ο Θεός μας προσκαλεί να δεχθούμε το δώρο που μας δίνει. Θέλει να ζήσουμε μέσα στην πληρότητα που εξασφάλισε για μας. Ο Θεός μας καλεί να ζήσουμε άγιες ζωές. Πράγμα που θα συζητήσουμε στο επόμενο κεφάλαιο.

ΠΕΡΙΣΣΥΛΟΓΗ

Έχεις σκεφτεί ποτέ το μέγεθος της αγάπης του Θεού για σένα; Ίσως η ζωή σου δεν μοιάζει καθόλου με την «πολύ καλή» ζωή που ο Θεός σχεδίασε για σένα όταν σε δημιούργησε. Ίσως η καρδιά σου είναι διαλυμένη και οι καταστάσεις σου χαοτικές. Μπορείς να δεχθείς ότι ο Πατέρας δεν χαίρεται με τον πόνο σου, ούτε έχει σκοπό να σε κατακρίνει; Θέλει να σε κάνει πλήρη. Μίλησέ Του για την κατάστασή σου. Ζήτησέ Του να σου πει τι βλέπει Αυτός, να σου πει ότι θέλει να σε αποκαταστήσει.

Έχεις σκεφτεί ότι η *σωτηρία* είναι κάτι παραπάνω από τη συγχώρεση της κακής συμπεριφοράς σου; Ότι είναι κάτι μεγαλύτερο από ένα εισιτήριο για τον Παράδεισο; Έχεις μιλήσει στον Θεό για τους τομείς της ζωής σου που χρειάζονται *σωτηρία;* Ρώτησέ Τον σε ποια σημεία έχεις πληγές που θέλει να θεραπεύσει. Ίσως είναι ένα πρόβλημα υγείας, ίσως είναι μια σχέση, ίσως είναι ένα συναισθηματικό ή ψυχολογικό ζήτημα. Ό,τι κι αν είναι, ο Ιησούς έχει ήδη βαστάξει επάνω Του όλον τον πόνο σου, ώστε να μπορείς να γίνεις υγιής σε όλα.

ΠΡΟΣΕΥΧΗ

Πατέρα, Σε ευχαριστώ για την αγάπη Σου για μας. Σε ευχαριστώ που έδωσες τον Εαυτό Σου για να μας κάνεις πλήρεις. Δείξε μου, Σε παρακαλώ, εάν υπάρχει κάποιος σημείο στη ζωή μου που είναι συντριμμένο και θέλεις να το αγγίξεις. Δείξε μου αν υπάρχει κάτι που κρύβω από Σένα. Δείξε μου αν υπάρχει κάποιος τομέας που έχω κολλήσει στις πληγές μου. Κύριε, ανοίγω τη ζωή μου σε Εσένα. Σου ζητάω να έρθεις, να με αγγίξεις, να με κάνεις πλήρη, να με καθαρίσεις, να με επαναφέρεις σε μια σχέση μαζί Σου. Θέλω να ζήσω στην αιώνια ζωή. Θέλω να ζήσω μια πλήρη ζωή —τη δική Σου ζωή. Πατέρα, Σε ευχαριστώ που με έσωσες. Σε ευχαριστώ που έστειλες τον Ιησού, τον Γιο Σου, για να πάρει όλη την αμαρτία μας και τις συνέπειές της, για να μας κάνει πλήρεις. Ιησού, Σε δέχομαι ξανά στη ζωή μου. Δέχομαι Εσένα και όλα όσα είσαι. Δέχομαι το Άγιο Πνεύμα στη ζωή μου, για να με μεταμορφώσει από μέσα προς τα έξω. Σου δίνω την καρδιά μου, και Σου δίνω την άδεια να με αποκαταστήσεις. Σε ευχαριστώ για αυτό που είσαι και για την απέραντη, υπέροχη αγάπη Σου για μας. Στο όνομα του Ιησού. Αμήν.

ΓΙΑ ΟΜΑΔΙΚΗ ΣΥΖΗΤΗΣΗ

1. Τι είναι η «σωτηρία» και γιατί είναι σημαντικό να καταλάβουμε ότι είναι κάτι παραπάνω από ένα «εισιτήριο για τον Παράδεισο»;

2. Με βάση τα εδάφια από την Αγία Γραφή που συζητήσαμε σε αυτό το κεφάλαιο, πώς θα εξηγούσες σε κάποιον την αποστολή του Πατέρα;

3. Μια συχνή απορία ανάμεσα στους πιστούς είναι το αν γίνεται να χάσει κάποιος τη σωτηρία του. Με βάση τα όσα είδαμε για την αποστολή του Πατέρα, τι απάντηση θα έδινες;

Έξι

Ο Πατέρας και η αγιότητα

Να είστε, λοιπόν, τέλειοι, όπως ο Πατέρας σας, που είναι στους
ουρανούς είναι τέλειος.

-Ιησούς

Ο Κέρι διηγείται το εξής περιστατικό από ένα ταξίδι που έκανε για να μιλήσει σε ένα συνέδριο ηγεσίας στη Γαλλία. Αν και παραλίγο θα έχανε το τρένο, τελικά το πρόλαβε και βολεύτηκε αναπαυτικά στη θέση του, έτοιμος για το τρίωρο ταξίδι από το Παρίσι στο Βισύ της Γαλλίας. Τότε αντιλήφθηκε ότι κάτι δεν πάει καλά με το εισιτήριό του. Μιας και ο Κέρι δεν μιλάει γαλλικά, εμπιστεύθηκε τους ευγενικούς περαστικούς που του έδειχναν προς τα που να πάει, από αποβάθρα σε αποβάθρα, μέχρι που τελικά βρήκε το σωστό τρένο. Τώρα, όμως, ο διπλανός συνεπιβάτης του έδειχνε το εισιτήριο του Κέρι λέγοντας, *"Première, première!"*. Αυτό που δεν είχε συνειδητοποιήσει ο Κέρι, ήταν ότι το ταξιδιωτικό γραφείο του είχε κλείσει εισιτήρια πρώτης θέσης. Πραγματικά ευγνώμων για το θάρρος του άγνωστου συνεπιβάτη του, ο Κέρι πήρε τις αποσκευές του και προσπέρασε αρκετά βαγόνια, μέχρι που έφτασε στο βαγόνι της πρώτης θέσης· πράγματι, βρήκε μια άνετη θέση κρατημένη για αυτόν εκεί, με σερβιρισμένο φαγητό και αφεψήματα. Μετά από μερικές ώρες, έφτασε στον προορισμό του. Ο Κέρι θα έφτανε στο Βισύ ούτως ή άλλως —είτε ταξίδευε σε βαγόνι πρώτης θέσης, είτε σε βαγόνι τρίτης. Σίγουρα, όμως, το ταξίδι του ήταν πολύ πιο ευχάριστο όταν απολάμβανε όλα τα προνόμια που του παρείχε το εισιτήριό του.

Με τον ίδιο τρόπο, όταν μιλάμε για τη σωτηρία μας εννοώντας μόνο τον αιώνιο προορισμό μας, τότε το μόνο που χρειάζεται να κάνουμε είναι να πιστέψουμε στον Ιησού και να Τον δεχθούμε ως Κύριο και Σωτήρα μας. Έτσι αποκτούμε το «εισιτήριο» για τον Παράδεισο. Σύμφωνα, όμως, με το προηγούμενο κεφάλαιο, η σωτηρία μας είναι πολλά παραπάνω από την άφιξη στον προορισμό μας. Ο Ιησούς μας προμήθευσε *αιώνια ζωή*. Μας άνοιξε τον δρόμο, ώστε να απολαύσουμε μια ζωή ολοκληρωμένη, αλλά αυτό, κατά ένα μέρος, εξαρτάται από μας. Το κλειδί για να ζήσουμε την *αιώνια ζωή* εδώ και τώρα, είναι η αγιότητα.

Ο *Abba* θέλει το καλύτερο για μας, θέλει να έχουμε *άφθονη ζωή*, γι' αυτό μας καλεί να γίνουμε άγιοι, όπως ο Πατέρας, ο Γιος και το Άγιο Πνεύμα είναι άγιοι.

Μας Καλεί στην Αγιότητα

Στο Λευιτικό 11:44, ο Θεός λέει στους Ισραηλίτες, «Να είστε άγιοι, επειδή εγώ είμαι άγιος». Τους θυμίζει ότι Αυτός είναι ο Θεός τους, και τους καλεί ξανά στην αγιότητα:

Επειδή, εγώ είμαι ο Κύριος που σας ανέβασα από τη γη της Αιγύπτου, για να είμαι Θεός σας. Θα είστε λοιπόν άγιοι, επειδή εγώ είμαι άγιος.

Λευιτικό 11:45

Και ξανά:

Να μιλήσεις σε ολόκληρη τη συναγωγή των γιων Ισραήλ, και να τους πεις: άγιοι θα είστε, επειδή άγιος είμαι εγώ, ο Κύριος ο Θεός σας.

Λευιτικό 19:2

Ο Θεός κάλεσε τον λαό Ισραήλ να είναι ξεχωρισμένος —να διαχωριστούν από τα γύρω έθνη. Τους καλούσε επανειλημμένα να πλησιάσουν κοντά Του, να ζουν έχοντας σχέση με τον Θεό τους, ώστε να μη λειτουργούν όπως οι ειδωλολάτρες γύρω τους. Βλέπουμε στην Καινή Διαθήκη ότι ο Θεός μας καλεί, ακόμα και σήμερα, να ζούμε άγιες ζωές:

Ως παιδιά υπακοής, χωρίς να συμμορφώνεστε με τις προηγούμενες επιθυμίες, που είχατε εν αγνοία σας, αλλά καθώς εκείνος που σας κάλεσε είναι άγιος, έτσι κι εσείς να γίνετε άγιοι σε κάθε διαγωγή. Επειδή είναι γραμμένο: «Άγιοι να είστε, επειδή εγώ είμαι άγιος».

Α' Πέτρου 1:14-16

Όταν ακούς αυτά τα εδάφια, τι εικόνα έρχεται στο μυαλό σου; Οι περισσότεροι σκεφτόμαστε έναν δικαστή, που μας δείχνει με το επικριτικό χέρι του και μας λέει, «Συμμορφωθείτε, αλλιώς καήκατε». Σκεφτόμαστε με αυτό τον τρόπο επειδή έχουμε παρεξηγήσει και το πρόβλημα της αμαρτίας, αλλά και την πραγματική έννοια της αγιότητας. Ο Θεός μας καλεί να είμαστε άγιοι όπως Αυτός είναι άγιος, αλλά εμείς δεν τα καταφέρνουμε. Κάνουμε αμαρτίες. Το βασικό πρόβλημα, όμως, δεν είναι η συμπεριφορά μας αυτή καθ' αυτή. Πρέπει, πρώτα απ' όλα, να έχουμε σωστή αντίληψη για την αμαρτία, ώστε να μπορέσουμε να αγκαλιάσουμε το κάλεσμα του Θεού για αγιότητα.

Αντί να εμπιστευθούν τον Θεό, ότι η αγάπη Του θα τους προστατέψει και θα προμηθεύσει ό,τι χρειάζονται, άρχισαν να ψάχνουν τρόπους για να αποκαταστήσουν μόνοι τους αυτό που έχασαν.

Το Πρόβλημα της Αμαρτίας

Για τους περισσότερους πιστούς στις εκκλησίες της Δύσης, οι απόψεις μας περί αμαρτίας έχουν διαμορφωθεί από το ρωμαϊκό, νομικίστικο πλαίσιο.[59] Λέμε ότι η αμαρτία είναι μια παράβαση του Νόμου, μια «αστοχία». Εξετάζουμε μια συμπεριφορά και τη συγκρίνουμε με αυτό που ξέρουμε ότι είναι το θέλημα του Θεού. Εάν δεν ταυτίζεται μ' αυτό, ονομάζουμε αυτή τη συμπεριφορά «αμαρτία». Όπως είδαμε, όμως, στο πρώτο κεφάλαιο, η ρωμαϊκή θεώρηση του κόσμου είναι ανεπαρκής, είναι μια παραποιημένη θεώρηση της πραγματικότητας. Η έννοια της «αμαρτίας» στην εβραϊκή κοσμοθεωρία είναι η απώλεια ή ο τραυματισμός μιας σχέσης. Με απλά λόγια, η αμαρτία είναι η κατάσταση της διαλυμένης σχέσης μας με τον Θεό.[60] Είναι ο αποχωρισμός από τον Θεό και είναι αυτό που μας οδηγεί στη συντριβή. Η «κακή διαγωγή» μας ή οι αμαρτωλές πράξεις μας είναι απλά συμπτώματα της συντριβής που προκαλεί η κλονισμένη σχέση μας με τον Θεό. Θα ήθελα να σου εξηγήσω πώς γίνεται αυτό.

Όπως είπαμε στο πρώτο κεφάλαιο, κάθε λανθασμένη άποψη για τον Θεό φέρνει χωρισμό ανάμεσα στον Θεό και τα δημιουργήματά Του. Είμαστε πλασμένοι για να έχουμε στενή σχέση με τον Πατέρα, τον Γιο και το Άγιο Πνεύμα. Όταν, όμως, αυτή η σχέση κλονιστεί, όλα επηρεάζονται αρνητικά. Αυτό το πρόβλημα ξεκίνησε πολύ παλιά, στον κήπο της Εδέμ. Διαβάζουμε στη Γένεση ότι ο Αδάμ και η Εύα έφαγαν από το δέντρο της γνώσης του Καλού και του Κακού. Μόλις το έκαναν αυτό, έβαλαν ένα χώρισμα ανάμεσα σ' αυτούς και τον Θεό. Άρχισαν να

Πιστεύεις ότι ο Θεός είναι άγιος επειδή τηρεί μια μεγάλη λίστα από «πρέπει» και «δεν πρέπει»; στηρίζονται σε κάτι άλλο, πέρα από τον Θεό, ως πηγή της γνώσης, της σοφίας, της προστασίας και της προμήθειάς τους. Με αυτή τους την κίνηση, άρχισαν να νιώθουν ντροπή, φοβήθηκαν, κρύφτηκαν και σκέπασαν το σώμα τους. Αντί να εμπιστευθούν τον Θεό, ότι η αγάπη Του θα τους προστατέψει και θα προμηθεύσει ό,τι χρειάζονται, άρχισαν να ψάχνουν τρόπους για να αποκαταστήσουν μόνοι τους αυτό που έχασαν. Άρχισαν να κατηγορούν ο ένας τον άλλον (ακόμα και τον Θεό) και να προσπαθούν να αυτοσυντηρηθούν. Το ίδιο μοτίβο επαναλαμβάνεται ξανά και ξανά στην Ιστορία της ανθρωπότητας. Όποτε αποχωριζόμαστε από τον Θεό, έχουμε την τάση να προσηλωνόμαστε στα δικά μας συμφέροντα. Αυτός ο αποχωρισμός από τον Θεό, που μας οδηγεί στην αυτάρκεια και τον εγωκεντρισμό, είναι η ουσία της αμαρτίας.[61]

Ο Ιησούς εξηγεί ότι αυτό που μας μολύνει δεν είναι οι πράξεις μας, αλλά η κατάσταση της καρδιάς μας που παρακινεί τις πράξεις μας:

Έλεγε, μάλιστα ότι: Αυτό που βγαίνει από μέσα από τον άνθρωπο, εκείνο μολύνει τον άνθρωπο. Επειδή, από μέσα από την καρδιά των ανθρώπων βγαίνουν οι κακοί συλλογισμοί, μοιχείες, πορνείες, φόνοι, κλοπές, πλεονεξίες, πονηρίες, δόλος, ασέλγεια, πονηρό βλέμμα, βλασφημία, υπερηφάνεια, αφροσύνη. Όλα αυτά τα πονηρά βγαίνουν από μέσα, και μολύνουν τον άνθρωπο.

Κατά Μάρκο 7:20-23

Όταν ζούμε σ' αυτήν την κατάσταση της αυτοσυντήρησης, καταλήγουμε σε πράξεις που τελικά μας βλάπτουν. Για παράδειγμα, αναζητούμε μόνοι μας θεραπεία, και έτσι εξαρτόμαστε από διάφορα πράγματα (συχνά εθιζόμαστε κιόλας), προσπαθώντας να κρύψουμε τον πόνο μας. Κάποιοι άνθρωποι καταφεύγουν στα ναρκωτικά. Άλλοι στο αλκοόλ, στο φαγητό, στην ανηθικότητα ή στην πορνογραφία. Ζούμε με τον φόβο της στέρησης, έτσι είμαστε διατεθειμένοι να κάνουμε τα πάντα για να εξασφαλίσουμε τα πράγματα που πιστεύουμε ότι χρειαζόμαστε. Λέμε ψέματα, εξαπατούμε ή κλέβουμε για να προστατεύσουμε τον εαυτό μας. Εφόσον δεν εμπιστευόμαστε την αγάπη του Θεού, θεωρούμε ότι πρέπει να φροντίσουμε μόνοι μας τον εαυτό μας, και κάνουμε ό,τι χρειαστεί για να σιγουρευτούμε ότι θα γίνει το δικό μας. Όλες αυτές οι συμπεριφορές είναι αποτελέσματα της αμαρτίας. Κάθε τέτοια πράξη αμαρτίας, πληγώνει εμάς και τις σχέσεις μας. Με αυτό τον τρόπο η αμαρτία έρχεται και κλέβει την ολοκληρωμένη ζωή που θέλει ο Θεός για μας.

Η θεώρηση του κόσμου μέσα από το εβραϊκό πρίσμα μας δείχνει ότι τον Θεό δεν Τον απασχολεί τόσο η σωστή ή η λάθος συμπεριφορά μας, αλλά η υγεία στις σχέσεις μας. Αυτό δεν σημαίνει ότι ο Πατέρας θεωρεί τη συμπεριφορά μας άνευ σημασίας. Είναι σημαντική —πολύ σημαντική! Κάποιες συμπεριφορές μάς οδηγούν προς τη ζωή, ενώ κάποιες μας οδηγούν στον θάνατο. Ποιος καλός πατέρας θα άφηνε το παιδί του να πέσει από έναν γκρεμό; Ποιος καλός πατέρας θα άφηνε το παιδί του να παίζει στη μέση του δρόμου; Από τη στιγμή που ο *Abba* είναι ένας καλός Πατέρας, σίγουρα νοιάζεται για τη συμπεριφορά μας, αλλά όχι προς όφελός Του. Μας δείχνει τον δρόμο που οδηγεί στη ζωή, και μας προειδοποιεί για τους δρόμους που οδηγούν στον θάνατο. Αυτό είναι προς όφελός μας, όχι δικό Του. Ο Θεός δεν θα χάσει κάτι από τη θεότητά Του εξαιτίας των δικών μας πράξεων. Δεν χρειάζεται την καλή μας επίδοση για να είναι Θεός. Δεν μας θέλει καλούς, ώστε να μπορεί να μας αγαπήσει, λες και έχει κάτι να χάσει εάν δεν είμαστε καλοί. Θέλει, όμως, να επιλέξουμε τη ζωή. Θέλει τα παιδιά Του να ζουν με αγιότητα, γιατί η αγιότητα είναι το κλειδί για να έχουμε μια άφθονη ζωή.

Όταν ο Θεός μας λέει, «Να είστε άγιοι, όπως εγώ είμαι άγιος», δεν μας διατάζει για να ελέγξει τη συμπεριφορά μας. Είναι περισσότερο πρόσκληση, παρά διαταγή. Η εικόνα που μας δίνει ο Ιησούς, είναι ενός Πατέρα που σε κοιτάζει στα μάτια με αγάπη και σου λέει: «Έλα σε Μένα· θέλω να σε κάνω άγιο, όπως Εγώ είμαι άγιος». Θα επανέλθουμε σ' αυτό αργότερα. Προτού φτάσουμε εκεί, πρέπει να εξετάσουμε την αγιότητα του Θεού, γιατί αυτό θα μας δώσει ένα πλαίσιο για το τι σημαίνει η αγιότητα για μας.

Η Αγιότητα του Θεού

Όταν σκεφτόμαστε την αγιότητα από τη δική μας οπτική γωνία, συχνά θεωρούμε ότι έχει να κάνει με τη σχολαστική τήρηση κάποιων κανόνων. Νομίζουμε ότι αγιότητα είναι η υπακοή μας σε μια τεράστια λίστα από «πρέπει» και «δεν πρέπει». Έτσι, εστιάζουμε την προσοχή μας στο να θέσουμε εξωτερικούς περιορισμούς, να βελτιώσουμε τον χαρακτήρα μας και να αναπτύξουμε τη δύναμη της θέλησής μας. Έπειτα,

Η σχέση του Abba μαζί σου βασίζεται στην ανιδιοτελή αγάπη Του που δίνεται ολοκληρωτικά σε σένα· όχι σε όσα κάνεις, αλλά στην αγάπη Του για σένα.

συγκρίνουμε και κρίνουμε ο ένας τον άλλον, με βάση αυτό που θεωρούμε ότι είναι η «καλή συμπεριφορά». Θέλω να θυμάσαι ότι ο Θεός μας καλεί να είμαστε άγιοι, *όπως Αυτός είναι άγιος*. Πιστεύεις ότι ο Θεός είναι άγιος επειδή τηρεί μια μεγάλη λίστα από «πρέπει» και «δεν πρέπει»; Θεωρείς ότι ο Θεός επιτρέπει στον εαυτό Του κάποια πράγματα, ενώ απαγορεύει κάποια άλλα; Όχι βέβαια! Πρέπει να δούμε τι ακριβώς σημαίνει ότι ο Θεός είναι άγιος, λαμβάνοντας υπόψιν μας τη φύση Του. Μόνο τότε θα μπορέσουμε να καταλάβουμε τι εννοεί να είμαστε άγιοι, *όπως Αυτός είναι άγιος*.

Η αγιότητα του Θεού μπορεί να γίνει κατανοητή σε τρία επίπεδα. Πρώτον, ο Θεός είναι άγιος γιατί *είναι μοναδικός και ξεχωρίζει από όλους τους θεούς*. Δεν υπάρχει άλλος θεός σαν τον Θεό μας, που να είναι Τρεις σε Έναν, που η φύση Του να στηρίζεται σε μια σχέση. Ο Θεός είναι αγάπη και δεν υπάρχει θεός όμοιός Του. Όλοι οι άλλοι θεοί είναι ιδιοτελείς και δεν έχουν καμία ουσιαστική σχέση με την ανθρωπότητα, μόνο περιμένουν τα έργα και τη λατρεία των ανθρώπων για να τους κατευνάσουν. Αλλά, ο Θεός μας είναι στραμμένος έξω από τον εαυτό Του, είναι δίκαιος, και γεμάτος αγάπη και έλεος. Είναι μοναδικός και διαφέρει από όλους τους άλλους θεούς. Αυτό σημαίνει ότι ο Θεός είναι άγιος. Είναι προφανές ότι αυτό το επίπεδο της αγιότητας του Θεού δεν ισχύει για μας.

Επιπλέον, ο Θεός είναι άγιος γιατί ξεχωρίζει από τα δημιουργήματά Του. Ξεπερνάει και υπερέχει απέναντι σε όλα όσα έφτιαξε. Όπως εξηγεί ο Θεός μέσω του προφήτη Ησαΐα:

Επειδή, οι βουλές μου δεν είναι βουλές σας, ούτε οι δρόμοι σας οι δικοί μου δρόμοι, λέει ο Κύριος. Αλλά όσο ψηλοί είναι οι ουρανοί από τη γη, έτσι και οι δρόμοι μου είναι ψηλότεροι από τους δρόμους σας, και οι βουλές μου από τις δικές σας βουλές.

Ησαΐας 55:8-9

Πολλές φορές, ασυνείδητα πιστεύουμε ότι ο Θεός είναι μια καλύτερη εκδοχή της ανθρωπότητας, αλλά η αλήθεια είναι ότι δεν είναι απλά ένας υπεράνθρωπος. Είναι κάποιος τελείως διαφορετικός. Είναι ο Δημιουργός, όχι το δημιούργημα. Συγκρατεί όλο το σύμπαν με τη δύναμη της ισχύς Του. Είναι κυρίαρχος σε όλη τη δημιουργία. Αυτό σημαίνει ότι ο Θεός είναι άγιος. Και πάλι, αυτή η πτυχή της αγιότητας του Θεού δεν μπορεί να εφαρμοστεί σε εμάς.

Ο Abba ποτέ δεν σε θεωρεί αποκρουστικό εξαιτίας της συμπεριφοράς σου, και ποτέ δεν θα σε απορρίψει εξαιτίας των πράξεών σου.

Τέλος, ο Θεός είναι άγιος, επειδή *είναι σωστός και απόλυτα δίκαιος σε ό,τι κάνει.* Ο Θεός είναι πάντα δίκαιος απέναντι στα δημιουργήματά Του.[62] Μπορούμε κάλλιστα να πούμε, ότι πάντα ενεργεί δίκαια και ορθά. Με αυτήν ακριβώς την έννοια καλούμαστε και εμείς να είμαστε άγιοι, όπως Αυτός είναι άγιος. Πρέπει, ωστόσο, να καταλάβουμε ότι η αγιότητα του Θεού είναι κάτι πολύ βαθύτερο από μια συμπεριφορά. Ο Θεός δεν επιλέγει απλά *να κάνει* το καλό. Ό,τι κάνει ο Θεός *είναι* καλό, επειδή η καλοσύνη είναι η ίδια Του η φύση. Ο Πατέρας, ο Γιος και το Άγιο Πνεύμα υπάρχουν μέσα σε μια τέλεια σχέση αγάπης. Γι' αυτό, ο Θεός είναι απόλυτα πλήρης στην ύπαρξή Του. Δεν Του λείπει τίποτα. Δεν έχει ανάγκη να προστατεύσει τον εαυτό Του. Ο Θεός δεν ενεργεί με σκοπό την αυτοσυντήρηση. Όλα όσα κάνει ο Θεός είναι προς όφελος των άλλων. Κάθε Του πράξη απορρέει από την πληρότητα του εαυτού Του.

Καταλαβαίνουμε ότι το κυρίαρχο χαρακτηριστικό της ύπαρξης του Θεού δεν είναι η αγιότητα, αλλά η αγάπη. Με άλλα λόγια, όταν συνειδητοποιήσουμε ότι ο Θεός είναι πρωτίστως Θεός σχέσης, τότε θα δούμε ότι η αγιότητα είναι μια άλλη όψη της πληρότητας. Η αγιότητα είναι μια έκφραση του χαρακτήρα του Θεού, και απορρέει πολύ φυσιολογικά απ' αυτόν, γιατί ο Θεός είναι αγάπη και λειτουργεί μέσα σε σχέσεις. Δεν μπορούμε να χωρίσουμε το ένα από το άλλο.

Ο Θεός είναι άγιος επειδή ο Θεός είναι αγάπη· και σύμφωνα με την αγιότητα, η αγάπη του Θεού είναι άνευ όρων. Είναι πολύ σημαντικό να το καταλάβουμε αυτό, ειδάλλως θα παρεξηγήσουμε τον λόγο και τον τρόπο που μας καλεί να είμαστε άγιοι. Ας δούμε, λοιπόν, την αγάπη του Θεού και τη σχέση της με την αγιότητα.

Η Απόλυτη Αγάπη του Θεού

Όπως είδαμε σε προηγούμενα κεφάλαια, ο Θεός είναι από τη φύση Του αγάπη, και μάλιστα, μια αγάπη απεριόριστη, που πλημμυρίζει τα πάντα, που έχει στο επίκεντρό της τους άλλους, που θυσιάζει τον εαυτό της για τους άλλους. Ο Θεός δημιούργησε τα πάντα από αγάπη, συντηρεί το σύμπαν διαμέσου της αγάπης, και έχει ως αποστολή Του την αποκατάσταση του κόσμου, γιατί αγαπάει τα δημιουργήματά Του. Σε δημιούργησε μέσα από την αγάπη Του, γι' αυτό σε αγαπάει και σε θεωρεί *πολύ καλό*. Η σχέση του *Abba* μαζί σου βασίζεται στην ανιδιοτελή αγάπη Του που δίνεται ολοκληρωτικά σε σένα. Αυτή η σχέση δεν βασίζεται σε όσα κάνεις, αλλά στην αγάπη Του για σένα. Η Αγία Γραφή το λέει ξεκάθαρα:

> *Ο Θεός όμως δείχνει τη δική του αγάπη σε μας, επειδή ενώ ήμασταν ακόμα αμαρτωλοί, ο Χριστός πέθανε για χάρη μας.*
>
> Ρωμαίους 5:8

Αν σκεφτείς το έργο της σωτηρίας που έκανε ο Ιησούς από αγάπη για μας, είναι ολοφάνερο ότι ο Θεός δεν περίμενε πρώτα να συμμαζέψουμε τη ζωή μας. Δεν περίμενε πρώτα να βάλουμε σε τάξη τη συμπεριφορά μας. Δεν περίμενε πρώτα να κάνουμε τα σωστά πράγματα και να διορθώσουμε τα λάθη μας, προτού μπορέσει να μας αγαπήσει. Όχι! Ήρθε και μας αγάπησε πρώτος, και ακόμα εξακολουθεί να μας αγαπάει. Είναι γνωστά τα λόγια του Μπρέναν Μάνινγκ ότι, «Ο *Abba* αγαπάει τον καθένα από μας, όπως ακριβώς είμαστε, ανεξάρτητα από το αν ποτέ αλλάξουμε κάτι στον εαυτό μας ή όχι. Μας αγαπάει ακριβώς όπως είμαστε, όχι όπως θα έπρεπε ή θα μπορούσαμε να είμαστε».[63]

Θέλω να το θυμάσαι: Ο *Abba* ποτέ δεν σε θεωρεί αποκρουστικό εξαιτίας της συμπεριφοράς σου, και ποτέ δεν θα σε απορρίψει εξαιτίας των πράξεών σου. Δεν έκανες κάτι για να αξίζεις την αγάπη του Θεού, ούτε μπορείς να κάνεις κάτι για να Τον εμποδίσεις να σε αγαπάει. Δεν είναι οι αμαρτίες μας που μας αποχωρίζουν από τον Θεό. Λειτουργεί αντίστροφα· ο αποχωρισμός από τον Θεό είναι η ουσία της αμαρτίας. Ο Ιησούς, όμως, ήρθε για να αποκαταστήσει τη σχέση μας με τον Πατέρα και μ' αυτόν τον τρόπο, να μας κάνει πλήρεις. (Να διευκρινίσω ότι δεν υποστηρίζω τον οικουμενισμό. Εφόσον έχουμε ελεύθερη βούληση, μπορούμε να απορρίψουμε τον Θεό και τους δρόμους Του. Κάθε τέτοια απόρριψη θα έχει συνέπειες και στο παρόν, αλλά και στην αιωνιότητα. Η ρίζα, όμως, του προβλήματος δεν είναι η συμπεριφορά μας, αλλά η άρνησή μας να αποκαταστήσουμε τη σχέση μας με τον Θεό). Όπως αναφέραμε προηγουμένως, ο Πατέρας δεν θέλει να είσαι άγιος για δικό Του όφελος, αλλά για το δικό σου. Το πρώτο πράγμα που Τον απασχολεί δεν είναι η συμπεριφορά σου, αλλά η συνολική υγεία σου. Όπως λέει ο

Μαξ Λουκάντο: «Ο Θεός σε αγαπάει ακριβώς όπως είσαι, αλλά σε αγαπάει πάρα πολύ για να σε αφήσει όπως είσαι». Αυτό ακριβώς μας βεβαιώνει η διακονία του Ιησού στη γη.

Μπορείς να είσαι πλήρης, όπως είναι ο ουράνιος Πατέρας σου. Σου δίνω αυτή τη δυνατότητα. Δεν χρειάζεται να μείνεις για πάντα διαλυμένος.

Αγιότητα σημαίνει Πληρότητα

Ο Ιησούς έζησε ως Εβραίος μέσα σε ένα πλαίσιο αυστηρής τήρησης του Νόμου. Οι Φαρισαίοι μελετούσαν τις Γραφές καθημερινά ώστε να εκτελούν ακόμα και την παραμικρή λεπτομέρεια του Νόμου. Είχαν δημιουργήσει ένα νομικό σύστημα με πάνω από 600 διατάξεις. Η αντίληψή τους ήταν ότι αν τηρούσαν σχολαστικά τον Νόμο, ίσως να κατάφερναν να ανακηρυχθούν δίκαιοι. Θεωρούσαν ότι μια καλή σχέση με τον Θεό βασίζεται στην τελειότητα της συμπεριφοράς μας. Ωστόσο, βλέπουμε τον Ιησού να διορθώνει τη σκέψη τους:

Ερευνάτε τις γραφές, επειδή εσείς νομίζετε ότι μέσα σ' αυτές έχετε αιώνια ζωή. Και εκείνες είναι που δίνουν μαρτυρία για μένα. Όμως, δεν θέλετε να έρθετε σε μένα, για να έχετε ζωή.
Κατά Ιωάννη 5:39-40

Ο Ιησούς δηλώνει ότι δεν βρίσκουμε τη ζωή με το να ακολουθούμε το γράμμα του Νόμου. Αυτός είναι ο μόνος που δίνει ζωή, και το κλειδί για όλα είναι η σχέση. Η αιώνια ζωή δεν εντοπίζεται στη συμπεριφορά μας, αλλά στη σχέση μας μαζί Του.

Σύμφωνα με τη νομοθεσία των Φαρισαίων, έπρεπε να απομακρύνουν από κοντά τους κάθε τι ακάθαρτο, για να μη μολυνθούν και χάσουν την αγιότητά τους. Μόλις, όμως, ήρθε στο προσκήνιο ο Ιησούς, ανέτρεψε όλα τα δεδομένα. Δεν έζησε με τους ίδιους κανόνες. Ο Ιησούς δεν απέφευγε τους αμαρτωλούς. Επέτρεψε σε μια αμαρτωλή γυναίκα να Τον χρίσει (Κατά Λουκά 7:39-50). Έφαγε μαζί με τελώνες και αμαρτωλούς. Άγγιξε λεπρούς, χωρίς να γίνει ακάθαρτος (Κατά Ματθαίο 8:1-3). Αντίθετα, τους έδωσε τη δική Του αγνότητα. Ο Ιησούς τους έκανε πλήρεις ξανά. Η αγιότητα των Φαρισαίων ήταν μόνο εξωτερική. Η αγιότητα του Ιησού, όμως, πήγαζε από μέσα Του, και είχε τη δύναμη να καθαρίσει και να επαναφέρει στη σωστή θέση κάθε ακαθαρσία που συναντούσε.

Οι Φαρισαίοι δεν μπορούσαν να καταλάβουν τη συμπεριφορά

του Ιησού, γι' αυτό και Τον κατηγορούσαν. Ο Ιησούς τους απάντησε διευκρινίζοντας ότι ο πήχης της τελειότητας ήταν πολύ ψηλότερος από ό,τι νόμιζαν:

> *Επειδή, σας λέω ότι, αν η δικαιοσύνη σας δεν περισσεύει*
> *περισσότερο από τη δικαιοσύνη των γραμματέων και των*
> *Φαρισαίων, δεν θα μπείτε μέσα στη βασιλεία των ουρανών.*
>
> Κατά Ματθαίο 5:20

Τα εδάφια που ακολουθούν δείχνουν πόσο αδύνατο είναι να τηρηθεί ο Νόμος: το μίσος είναι φόνος, η λαγνεία ισοδυναμεί με μοιχεία, αν αλλάξεις γνώμη είναι σαν να παραβαίνεις τον όρκο σου, και ούτω καθεξής. Σίγουρα, όσοι Τον άκουγαν να μιλάει περίμεναν ότι θα τους διδάξει να συμμορφώνονται πλήρως με το γράμμα του Νόμου, αλλά ο Ιησούς το πήγε ένα βήμα παραπέρα· τους είπε ότι δεν έχει σημασία το γράμμα του Νόμου, αλλά το πνεύμα του. Η πρόθεσή Του δεν ήταν να μας επιβαρύνει με επιπλέον κανόνες που πρέπει τηρήσουμε, αλλά να μας δείξει ότι η δικαιοσύνη (η σωστή σχέση με τον Θεό) δεν είναι θέμα συμπεριφοράς, αλλά ένας τρόπος ζωής που δεν μπορούμε να πετύχουμε μόνοι μας. Έπειτα, ανακεφαλαιώνοντας, είπε:

> *Να είστε λοιπόν εσείς τέλειοι, όπως ο Πατέρας σας*
> *που είναι στους ουρανούς είναι τέλειος.*
>
> Κατά Ματθαίο 5:48

Τώρα, μπορεί να σκέφτεσαι, «Για μισό λεπτό! Κάτι δεν πάει καλά. Νομίζω ότι ο Ιησούς ανέβασε τον πήχη πολύ ψηλότερα από όσο μπορούμε να φτάσουμε, και τώρα μας προστάζει να τον φτάσουμε!». Ίσως, όμως, να μην το λέει σαν προσταγή, αλλά σαν υπόσχεση. Για να καταλάβουμε ορθότερα τι ακριβώς λέει, ας δούμε τη γλώσσα του πρωτότυπου κειμένου.

Η ελληνική λέξη «τέλειος» σημαίνει «αυτός που έφτασε στο τέλος, που έχει τελειώσει, που δεν χρειάζεται καμία άλλη προσθήκη για να είναι ολοκληρωμένος».[64] Σ' αυτήν την περίπτωση, η λέξη που χρησιμοποίησε ο Ιησούς μεταφράζεται ως «τέλειος», αλλά το νόημα της λέξης είναι ουσιαστικά συνώνυμο με τη λέξη «άγιος». Το αγγλικό «*holy*» (άγιος) προέρχεται από τη μεσαιωνική αγγλική λέξη «*hal*», που είναι ταυτόχρονα η ρίζα για τις λέξεις *υγεία, θεραπεία* και *πληρότητα.* Και τα δύο, το «*τέλειος*» και το «*άγιος*», μιλάνε για μια πλήρη, ολοκληρωμένη ζωή, και όχι μια συμπεριφορά. Θυμήσου ότι κάθε πράξη του Θεού απορρέει από την πληρότητά Του. Ο Θεός είναι από τη φύση Του απόλυτα ολοκληρωμένος και πλήρης μέσα στην τριαδική φύση Του, και έτσι δεν κινείται με γνώμονα το δικό Του συμφέρον. Ό,τι κάνει ο Θεός έχει εξωστρεφή χαρακτήρα, είναι στραμμένο στους άλλους. Όταν ο Πατέρας μας λέει να είμαστε άγιοι όπως Αυτός είναι άγιος, μας προσκαλεί σε έναν τρόπο ζωής που τελικά οδηγεί σε υγιείς πράξεις.

Ο Ιησούς δεν έχει ως σκοπό να θέσει ένα άπιαστο πρότυπο συμπεριφοράς, αλλά να διαψεύσει το πρότυπο των Φαρισαίων. Ξεκαθαρίζει ότι μπορούμε να είμαστε άγιοι όπως είναι ο Θεός, αλλά όχι με τη δική μας προσπάθεια. Δεν υπάρχει λόγος να σκέφτεσαι ότι ο Θεός σε δείχνει με το επικριτικό χέρι Του και σου λέει, «Συμμορφώσου, αλλιώς κάηκες»· η εικόνα που μας δίνει ο Ιησούς, είναι ενός Πατέρα που σε κοιτάζει στα μάτια με αγάπη και σου λέει, «Μπορείς να είσαι τέλειος, όπως Εγώ είμαι τέλειος». Ο Ιησούς σου λέει, «Μπορείς να είσαι πλήρης, όπως είναι ο ουράνιος Πατέρας σου. Σου δίνω αυτή τη δυνατότητα. Δεν χρειάζεται να μείνεις για πάντα διαλυμένος». Ο Ιησούς μας προσκαλεί κοντά Του και μας κάνει άγιους.

Η Προμήθεια του Θεού για την Αγιότητα

Ο Πατέρας θέλει να είμαστε πλήρεις. Μας καλεί να είμαστε, και έχει ανοίξει τον δρόμο για να είμαστε πλήρεις. Ο *Abba* ποτέ δεν ρίχνει πάνω μας την ευθύνη να κάνουμε τους εαυτούς μας πλήρεις. Είναι σαν να λες σε έναν ανάπηρο άνθρωπο, «Περπάτα σωστά!». Όσο κι αν προσπαθεί, απλά δεν μπορεί να το κάνει. Πολλές φορές αντιμετωπίζουμε την αγιότητα με τον ίδιο τρόπο. Φτιάχνουμε νάρθηκες, τους δίνουμε σε ανάπηρους ανθρώπους και τους λέμε, «Φόρεσέ τους και θα μπορείς να περπατάς σωστά». Αλλά το πρόβλημα δεν έχει λυθεί. Μπορεί εξωτερικά να φαίνονται υγιείς, αλλά η δυσλειτουργία παραμένει. Υπάρχει ένα βαθύτερο πρόβλημα που πρέπει να διορθωθεί. Ο Θεός δεν ασχολείται με το αν δείχνουμε υγιείς· θέλει να είμαστε ολοκληρωτικά υγιείς —και μας καλεί να περπατούμε ανάλογα.

Ο Θεός παίρνει την πρωτοβουλία και το Άγιο Πνεύμα εργάζεται μέσα μας για να αλλάξει τις επιθυμίες μας, ώστε να συμμορφωθούν με τις επιθυμίες του Πατέρα για μας.

Ο Πατέρας δεν έχει παράλογες απαιτήσεις από εμάς. Η μέθοδός Του είναι να δίνει μια υπόσχεση. «Εφόσον Εγώ είμαι άγιος και εσύ είσαι παιδί μου, η αγιότητα μπορεί να είναι μια πραγματικότητα και για σένα. Όσο μεγαλώνεις στη σχέση σου μαζί Μου, θα είσαι άγιος όπως είμαι Εγώ». Ο Θεός είναι τόσο αποφασισμένος να μας βοηθήσει να είμαστε άγιοι, που ο Ιησούς ήρθε σε εμάς, σύμφωνα με τους πατέρες της πρώτης εκκλησίας, ως «ο Γιατρός της Ανθρώπινης Φύσης μας». Αυτός είναι ο Μεγάλος Γιατρός που μας κάνει υγιείς. Ο Ιησούς είπε στους Φαρισαίους:

Δεν έχουν ανάγκη από γιατρό αυτοί που υγιαίνουν, αλλά αυτοί που πάσχουν. Πηγαίνετε μάλιστα και μάθετε τι είναι: «έλεος θέλω και όχι θυσία». Επειδή δεν ήρθα να καλέσω δικαίους, αλλά αμαρτωλούς σε μετάνοια.

Κατά Ματθαίο 9:12-13

Ο Ιησούς δεν είναι ένας συνηθισμένος γιατρός. Δεν έρχεται απλά για να μας εξετάσει, να κάνει τη διάγνωσή Του, να μας δώσει μια συνταγή και να φύγει, αφήνοντάς μας να αναρρώσουμε εάν ακολουθήσουμε τις οδηγίες Του. Όχι! Ήρθε και έγινε ασθενής και ο Ίδιος. Ο Ιησούς έγινε άνθρωπος και πήρε πάνω Του όλη τη συντριβή, όλη την αμαρτία μας, και όλες τις συνέπειες των επιλογών μας που είναι αντίθετες με το θέλημα του Πατέρα. Αυτός που πάντα είχε μια τέλεια σχέση με τον Πατέρα, τώρα γίνεται ένα με τα δημιουργήματά Του και αποκαθιστά τη σχέση μας, ώστε να γίνουμε πλήρεις μέσα από τη σχέση μας με τον Θεό. Η θεραπεία μας δεν έρχεται απλά από τον Χριστό, και εξαιτίας του έργου του Χριστού, αλλά μέσα από τη σχέση μας με τον Χριστό και διαμέσου του Χριστού.[65]

Η συνολική υγεία μας είναι εφικτή, όχι με τη δική μας προσπάθεια ή τη δύναμη της θέλησής μας, αλλά επειδή ο ίδιος ο Ιησούς πήρε τις πληγές μας για να μας κάνει πλήρεις. Τη στιγμή που δεχόμαστε τον Ιησού και αυτό που έκανε για μας, τότε ξεκινάει η πορεία μας προς την πληρότητα. (Αυτή η διαδικασία περιγράφεται με περισσότερες λεπτομέρειες στα βιβλία «The Abba Factor» [Ο Ρόλος του Abba] και «The Abba Formation» [Η Διαμόρφωση από τον Abba]). Ο Θεός αναλαμβάνει την πρωτοβουλία και μας δίνει το Άγιο Πνεύμα για να μας αλλάξει από μέσα προς τα έξω. Δες την υπόσχεση που έδωσε διαμέσου του προφήτη Ιεζεκιήλ:

Και θα ράνω επάνω σας καθαρό νερό, και θα **Είμαι άγιος**
καθαριστείτε από όλες τις ακαθαρσίες σας, και από **σημαίνει**
όλα τα είδωλά σας, θα σας καθαρίσω. Και θα σας **είμαι πλήρης.**
δώσω μία νέα καρδιά και θα βάλω μέσα σας ένα νέο
πνεύμα, και αφού θα έχω αποσπάσει την πέτρινη καρδιά από τη
σάρκα σας, θα σας δώσω καρδιά σάρκινη. Και θα βάλω μέσα σας
το Πνεύμα μου, και θα σας κάνω να περπατάτε στα διατάγματά
μου, και να τηρείτε τις κρίσεις μου και να τις εκτελείτε.
Και θα κατοικήσετε στη γη, που έδωσα στους πατέρες σας
και θα είστε λαός μου και εγώ θα είμαι Θεός σας.

Ιεζεκιήλ 36:25-28

Ο Παύλος μας δείχνει στην Καινή Διαθήκη ότι το Άγιο Πνεύμα είναι Αυτός που μας διδάσκει πώς να περπατάμε στη νέα ζωή που έχουμε. Πρώτον, μας λέει να κατεργαζόμαστε τη σωτηρία μας:

Ώστε, αγαπητοί μου, καθώς πάντοτε υπακούσατε,
όχι μονάχα όπως στην παρουσία μου, αλλά πολύ περισσότερο
τώρα στην απουσία μου, με φόβο και τρόμο να κατεργάζεστε τη
δική σας σωτηρία...

Φιλιππησίους 2:12

Εάν απομονώσουμε αυτήν την πρόταση, θα εκλάβουμε την κατεργασία της σωτηρίας μας ως αποτέλεσμα της δικής μας δύναμης και θέλησης. Αλλά αν τη δούμε μαζί με τα συμφραζόμενα, βλέπουμε ότι ο Παύλος εξηγεί με ποιο τρόπο συμβαίνει:

...επειδή, ο Θεός είναι που ενεργεί μέσα σας και το να θέλετε και
το να ενεργείτε, σύμφωνα με την ευδοκία του.

Φιλιππησίους 2:13

Άρα, ο Θεός παίρνει την πρωτοβουλία και το Άγιο Πνεύμα εργάζεται μέσα μας για να αλλάξει τις επιθυμίες μας, ώστε να συμμορφωθούν με τις επιθυμίες του Πατέρα για μας. Και επιπλέον, το Άγιο Πνεύμα μας δίνει και τη δύναμη να περπατήσουμε σύμφωνα με τις επιθυμίες Του. Όταν δεχόμαστε τον Ιησού, παραδιδόμαστε σε Αυτόν και επιτρέπουμε στο Άγιο Πνεύμα να δουλεύει μέσα μας, μας αλλάζει από μέσα προς τα έξω. Ο Θεός μας δίνει τη δύναμη να ζήσουμε τη νέα ζωή που μας χάρισε ο Ιησούς· έτσι, μπορούμε να μην είμαστε πλέον υποκείμενοι στις επιθυμίες της παλιάς, συντριμμένης και νεκρής φύσης μας. Το κλειδί για να περπατήσουμε με αγιότητα είναι να ζούμε διαμέσου του Πνεύματος:

> *Λέω λοιπόν: να περπατάτε σύμφωνα με το Πνεύμα, και δεν θα εκπληρώνετε τις επιθυμίες της σάρκας. Επειδή η σάρκα επιθυμεί ενάντια στο Πνεύμα, και το Πνεύμα ενάντια στη σάρκα. Αυτά μάλιστα αντιμάχονται το ένα προς το άλλο, ώστε εκείνα που θέλετε να μη τα πράττετε. Αλλά, αν οδηγείστε από το Πνεύμα, δεν είστε κάτω από τον νόμο. Είναι δε φανερά τα έργα της σάρκας, τα οποία είναι: μοιχεία, πορνεία, ακαθαρσία, ασέλγεια, ειδωλολατρία, φαρμακεία, έχθρες, φιλονικίες, ζηλοτυπίες, θυμοί, διαπληκτισμοί, διχοστασίες, αιρέσεις, φθόνοι, φόνοι, μέθες, γλεντοκόπια, και τα παρόμοια μ' αυτά. Για τα οποία σας λέω από πριν, όπως και σας είχα προείπει, ότι εκείνοι που τα πράττουν αυτά βασιλεία του Θεού δεν θα κληρονομήσουν. Ο καρπός όμως του Πνεύματος είναι: αγάπη, χαρά, ειρήνη, μακροθυμία, καλοσύνη, αγαθοσύνη, πίστη, πραότητα, εγκράτεια. Ενάντια στους ανθρώπους αυτού του είδους δεν υπάρχει νόμος.*
>
> Γαλάτες 5:19-23

Πρόσεξε ότι ο Παύλος δεν λέει, «Προσπαθήστε πολύ σκληρά, ώστε να μην εκπληρώνετε τις επιθυμίες της αμαρτωλής φύσης». Λέει ότι, εάν περπατάς σύμφωνα με το Πνεύμα, δεν θα είσαι δεμένος με αυτές τις επιθυμίες. Εάν περπατάς σύμφωνα με το Πνεύμα, θα περπατάς με αγιότητα και θα φέρνεις τους δικούς Του καρπούς.

Συμπέρασμα

Σε αυτό το κεφάλαιο, διαπιστώσαμε ότι αγιότητα σημαίνει πληρότητα, και ότι ο Πατέρας δεν εστιάζει τόσο στη συμπεριφορά μας, όσο στη συνολική υγεία μας. Αυτό είναι ολοφάνερο στο περιστατικό που ο Ιησούς βρίσκεται μπροστά σε μια γυναίκα που συνελήφθη να μοιχεύει. Από την αφήγηση της ιστορίας στο Κατά Ιωάννη 8:3-11 βλέπουμε ότι ο Πατέρας δεν παραμονεύει για να μας κατακρίνει για τις αμαρτίες μας. Όταν οι Φαρισαίοι Του φέρνουν τη γυναίκα που πιάστηκε να διαπράττει μοιχεία, ο Ιησούς δεν την καταδικάζει. Βέβαια, όλοι ξέρουμε ότι της είπε, «Πήγαινε και στο εξής μην αμαρτάνεις». Ανάλογα με το ποια είναι η εικόνα που έχουμε για τον Πατέρα, θα ερμηνεύσουμε αυτή τη σκηνή με διαφορετικούς τρόπους. Βέβαια, είναι εξίσου σημαντικό —αν όχι πιο σημαντικό— το πώς ερμηνεύουμε αυτά που δεν ειπώθηκαν. Ο Ιησούς της λέει, «Πήγαινε, και στο εξής μην αμαρτάνεις». Αυτό και μόνο αυτό. Εμείς, όμως, όταν το διαβάζουμε, ίσως άθελά μας, σκεφτόμαστε: «Εντάξει, ο Ιησούς την αγάπησε χωρίς προϋποθέσεις γιατί ήταν αμαρτωλή και δεν ήξερε το σωστό και το λάθος. Τώρα, όμως, που συνάντησε τον Ιησού, οι κανόνες του παιχνιδιού αλλάζουν». Είναι σαν να συμπληρώνουμε τα λόγια Του και νομίζουμε ότι ο Κύριος είπε κάτι τέτοιο: «Πήγαινε και στο εξής μην αμαρτάνεις, αλλιώς θα σταματήσω να σε αγαπώ. Τώρα που ξέρεις τι είναι σωστό και τι όχι, θα απομακρύνω την αγάπη Μου από σένα, μέχρι να συμμορφωθείς». Τι θα γινόταν αν η γυναίκα όντως έκανε πίσω και έπεφτε ξανά στην ίδια αμαρτία; Άραγε θα έπαυε ο Ιησούς να την αγαπάει; Μήπως θα την αγαπούσε λιγότερο;

Πολύ συχνά εφαρμόζουμε το ίδιο σκεπτικό και στη δική μας ζωή —ακόμα και ασυνείδητα. Κατά κάποιο τρόπο, πιστεύουμε ότι ο Ιησούς μας αγαπάει άνευ όρων... όμως, μόνο μέχρι να Τον συναντήσουμε. Μόλις Του δώσουμε τη ζωή μας, τα πράγματα αλλάζουν, και έκτοτε η αγάπη Του δίνεται υπό προϋποθέσεις. Ζούμε με την αντίληψη ότι μόλις γίνουμε δικοί Του, μας αγαπάει ανάλογα με την απόδοσή μας. Μπορεί να μην το αντιλαμβανόμαστε καν, αλλά η ζωή μας διέπεται από αυτήν την αντίληψη. Σκεφτόμαστε ότι, «Εντάξει, ο Ιησούς με αγαπούσε απόλυτα όταν ήμουν αμαρτωλός, αλλά τώρα που είμαι άγιος περιμένει από μένα μια συγκεκριμένη συμπεριφορά, ώστε να μπορεί να με αγαπάει πραγματικά». Μα πώς μπορεί να μετρηθεί ποσοτικά η άπειρη, απεριόριστη, απόλυτη αγάπη του Θεού;

Αυτό που διακυβεύεται εδώ είναι η πληρότητά μας. Όπως είπαμε και προηγουμένως, αγιότητα σημαίνει πληρότητα. Το θέμα δεν είναι αν μας αποδέχεται ο Θεός, αλλά αν είμαστε πραγματικά πλήρεις. Ο Θεός δεν μας αγαπά περισσότερο ή λιγότερο ανάλογα με το τι κάνουμε. Ο Θεός είναι αγάπη, μια απέραντη, υπερβολική, εξωστρεφής αγάπη χωρίς όρους. Δεν μας αγαπά ανάλογα με την απόδοσή μας, ούτε παύει να μας αγαπάει ανάλογα με τη συμπεριφορά μας. Αυτό που θέλει για μας, όμως, όπως είδαμε στο προηγούμενο κεφάλαιο, είναι να γευθούμε την αιώνια ζωή. Έτσι, έρχεται ο Ιησούς και μας λέει, «Γιατί να μείνεις κολλημένος στη συντριβή σου; Γιατί να ζεις μια κατώτερη ζωή από αυτήν που σου παρέχω; Εάν επιμένεις να ζεις μέσα στη συντριβή, δεν θα σε αγαπάω λιγότερο, αλλά δεν θα μπορείς να ζήσεις την αιώνια ζωή που ήρθα να σου δώσω. Έλα σε Μένα. Θέλω να σε κάνω πλήρη. Και όταν σε κάνω πλήρη, δεν θα έχεις ανάγκη να συνεχίσεις την αμαρτία σου. Όταν σε κάνω πλήρη, θα μπορείς να ζήσεις μια πλήρη ζωή —την αιώνια ζωή— όπως τη σχεδίασα για σένα».

Επαναλαμβάνω ότι η αγιότητα δεν έχει να κάνει με την απόδοσή μας που αποσκοπεί στο να ευαρεστήσει τον Θεό —ώστε να είναι ευχαριστημένος μαζί μας, να μας αποδεχτεί ή να μας αγαπήσει. Η αγιότητα έχει να κάνει με το να είμαστε πλήρεις —να πλησιάζουμε στον Θεό και να Του επιτρέπουμε, ως Γιατρό της Ανθρώπινης Φύσης, να μας κάνει υγιείς. Όντας υγιείς και πλήρεις, δεν θα έχουμε την ανάγκη να συνεχίσουμε να ζούμε στην αμαρτία μας. Ο Ιησούς ήρθε για να θεραπεύσει κάθε πληγή μας, ώστε να μην έχουμε λόγο να παραμείνουμε στην αμαρτία. Αυτά είναι τα Καλά Νέα! Δεν είμαστε πια δέσμιοι της αμαρτίας. Είμαστε πλέον ελεύθεροι από τον νόμο της αμαρτίας και του θανάτου, και μπορούμε να νιώσουμε τι σημαίνει πληρότητα και αιώνια ζωή. Μας ζωοποίησε μέσα στον Χριστό, και το Άγιο Πνεύμα έρχεται αυτοπροσώπως για να μας βοηθήσει να ζήσουμε μια νέα ζωή. Αυτή η ανανεωμένη ζωή φέρνει υγεία σε κάθε σχέση μας —έναν υγιή τρόπο συνύπαρξης και συσχέτισης μεταξύ μας, που θυμίζει τη σχέση μεταξύ του Πατέρα, του Γιου και του Αγίου Πνεύματος. Θα αναφερθούμε σε αυτό στο επόμενο κεφάλαιο.

Προς το παρόν, θέλω να μπορείς να ακούσεις τον Πατέρα να σου λέει, «Γιατί να συνεχίσεις να ζεις σύμφωνα με το πρότυπο του παλιού σου εαυτού; Γιατί να συμβιβαστείς με κάτι κατώτερο από την πλήρη ζωή που σου παρέχω; Έλα σε Μένα, άφησέ με να σε κάνω πλήρη. Θέλω να σε φέρω κοντά Μου, να επιδιορθώσω τα συντρίμμια σου, να σε κάνω πλήρη, και έπειτα να σε γεμίσω με το Άγιο Πνεύμα Μου, ώστε να μπορείς να ζεις σε ολοκληρωτική αγιότητα». Αυτό μας λέει ο Πατέρας όταν μας απευθύνει την πρόσκληση, «Να γίνεστε άγιοι, όπως εγώ είμαι άγιος». Είναι μια ένδοξη υπόσχεση και μια σπουδαία πρόσκληση. Θα τη δεχτείς;

ΠΕΡΙΣΣΥΛΟΓΗ

Το ξέρεις ότι ο Πατέρας σε αγαπάει χωρίς όρους; Τι εικόνα έρχεται στο μυαλό σου όταν ακούς τον Θεό να λέει, «Να είσαι άγιος, όπως εγώ είμαι άγιος»; Ένιωσες ποτέ ότι απομάκρυνε την αγάπη Του από σένα, επειδή έκανες (ή δεν έκανες) κάτι; Έχεις φοβηθεί ποτέ να Τον πλησιάσεις; Σκέψου πόσο πολύ σε αγάπησε, ενώ ήσουν ακόμα μακριά Του. Σε αγάπησε τόσο πολύ, που έστειλε τον μονάκριβο Γιο Του για να μπορέσει να συμφιλιωθεί με σένα. Η αγάπη του Θεού είναι πολύ μεγαλύτερη από όσο μπορείς να φανταστείς. Μπορείς να έρθεις με θάρρος μέσα στην παρουσία Του. Είναι έτοιμος να σε δεχθεί με ανοιχτή αγκαλιά.

Όταν είσαι εκεί, μέσα στην αγκαλιά του Πατέρα, ρώτησέ Τον, εάν υπάρχουν σημεία στη ζωή σου που είσαι εγκλωβισμένος σε φαύλους κύκλους αυτοσυντήρησης. Ρώτησέ Τον εάν υπάρχουν μέρη της ζωής σου που θέλει να τα παραδώσεις σε Αυτόν. Υπάρχει κάποια συγκεκριμένη συμπεριφορά, εθισμός ή τρόπος σκέψης με τα οποία παλεύεις; Ζήτησε από τον Πατέρα να σου δείξει ποια είναι η ρίζα και προσκάλεσε το Άγιο Πνεύμα να έρθει, να σε θεραπεύσει και να σε αλλάξει από μέσα προς τα έξω.

ΠΡΟΣΕΥΧΗ

Πατέρα, Σε ευχαριστώ που με αγαπάς χωρίς όρους. Σε ευχαριστώ που δεν μου κρατάς κακία για την αμαρτία μου, αλλά ανοίγεις τον δρόμο για να έρθω να συμφιλιωθώ μαζί Σου. Ομολογώ ότι υπάρχουν τομείς στη ζωή μου στους οποίους δεν Σε έχω εμπιστευθεί. Θέλω να Σου δώσω όλο το είναι μου. Ανοίγω την καρδιά μου σε Εσένα και δέχομαι τη συγχώρεση και την αγάπη Σου που με κάνουν πλήρη. Δοκίμασέ με, Θεέ, και γνώρισε την καρδιά μου. Εξέτασέ με και μάθε τους στοχασμούς μου. Και δες μήπως υπάρχει μέσα μου κάποιος δρόμος ανομίας και οδήγησέ με στον δρόμο τον αιώνιο. Γέμισέ με με το Άγιο Πνεύμα Σου και δίδαξέ με πώς να περπατάω στους δρόμους Σου. Σου δίνω την ελευθερία να αλλάξεις τις επιθυμίες μου και να τις μορφώσεις σύμφωνα με τις δικές Σου. Εργάσου μέσα μου το να θέλω και να ενεργώ σύμφωνα με την ευδοκία Σου. Δέχομαι όλα όσα έχεις για μένα, και παραδίδω τη ζωή μου σε Εσένα. Στο όνομα του Ιησού, Αμήν.

(δες Ψαλμό 139:23-23 και Φιλιππησίους 2:13)

ΓΙΑ ΟΜΑΔΙΚΗ ΣΥΖΗΤΗΣΗ

Διάβασε τα ακόλουθα περιστατικά από τα Ευαγγέλια, όπου ο Ιησούς ήρθε σε επαφή με αμαρτωλούς, και συζήτησε τις ερωτήσεις που ακολουθούν.

- Κατά Ιωάννη 8:3-11 – Η γυναίκα που συνελήφθη να μοιχεύει
- Κατά Λουκά 7:39-50 – Η αμαρτωλή γυναίκα που έχρισε τον Ιησού
- Κατά Ματθαίο 9:10-13 (ή Κατά Μάρκο 2:15-17) – Ο Ιησούς είναι για δείπνο στο σπίτι ενός τελώνη

1.   Πώς συμπεριφέρθηκε ο Κύριος;

2.   Πώς εκφράζεται η αγιότητα του Θεού στις συναναστροφές που είχε ο Ιησούς με αμαρτωλούς;

3.   Για να είμαστε άγιοι, όπως Αυτός είναι άγιος, ποια πρέπει να είναι η στάση μας απέναντι στους αμαρτωλούς ανθρώπους —σε αυτούς που είναι βαθιά συντριμμένοι;

Επτά

Ο Πατέρας και οι Σχέσεις

«Θα αγαπάς τον Κύριο τον Θεό σου από όλη την καρδιά σου, και
από όλη την ψυχή σου, και από όλη τη διάνοιά σου». Αυτή είναι
η πρώτη και μεγάλη εντολή. Δεύτερη, όμως, όμοια μ' αυτή είναι:
«Θα αγαπάς τον πλησίον σου σαν τον εαυτό σου». Σ' αυτές τις
δύο εντολές κρέμονται ολόκληρος ο νόμος και οι προφήτες.

—Ιησούς

Δεν είχα ιδέα πόσο επώδυνη μπορεί να γίνει μια διαλυμένη σχέση, μέχρι που βρέθηκα αντιμέτωπη και έμεινα άναυδη με την αντίδραση της πεθεράς μου εναντίον μου μετά τον θάνατο του γιου της. Είχε έρθει από την Αργεντινή αρκετούς μήνες πριν, για να μείνει μαζί μας —ήταν οι τελευταίοι μήνες στη μάχη του πρώην συζύγου μου με τον καρκίνο. Ήταν μια πολύ δύσκολη περίοδος· ο Αννίβας μπαινόβγαινε στο νοσοκομείο, ήταν αδύναμος και είχε φριχτούς πόνους. Το γεγονός ότι η Αντελίνα ήταν μαζί μας ήταν μεγάλη ανακούφιση. Η παρουσία της ήταν μια ευλογία για μας. Πιστεύω ότι τίποτα δεν μπορεί να συγκριθεί με τη φροντίδα μιας μητέρας προς τον γιο της που πεθαίνει. Μέσα σ' αυτούς τους λίγους μήνες κλάψαμε, γελάσαμε και προσευχηθήκαμε μαζί, προσπαθώντας με βάρδιες να περιποιηθούμε τον Αννίβα, όσο ήταν ανθρωπίνως δυνατό.

Ήμουν βέβαιη ότι ήρθαμε πολύ κοντά με την Αντελίνα μέσα από όσα περάσαμε μαζί —πράγμα που έκανε ακόμα πιο δύσκολο για μένα αυτό που συνέβη. Τη νύχτα που πέθανε ο Αννίβας, μάζεψε τα πράγματά της, έφυγε από το σπίτι μας, και το μόνο που μου είπε ήταν ότι πίστευε πως είχα σταματήσει να αγαπώ τον Αννίβα, ότι ήμουν υπεύθυνη για τον θάνατό του, και ότι δεν ήθελε να με ξαναδεί ποτέ. Ήρθε στην κηδεία του Αννίβα, αλλά δεν μου μίλησε καν. Ο πόνος μου ήταν αβάσταχτος. Ενώ πενθούσα τον θάνατο του συζύγου μου, έπρεπε να αντιμετωπίσω και τις κατηγορίες της εναντίον μου. Δεν μπορούσα να σκεφτώ τι έκανα και προκάλεσα μια τέτοια αντίδραση. Κάθε φορά που την έβλεπα, ένιωθα ένα μαχαίρι να διαπερνάει την καρδιά μου.

Στις προσευχές μου, ζητούσα από τον Θεό να με δικαιώσει — εξάλλου, ήταν άδικο εκ μέρους της να με κατηγορεί. Ήμουν σίγουρη ότι ο Κύριος θα ξεκαθάριζε την κατάσταση και θα φανέρωνε σε όλους ότι εγώ είχα δίκιο. Περίμενα ότι μια μέρα η Αντελίνα θα άλλαζε στάση και θα ερχόταν μετανιωμένη να μου ζητήσει συγγνώμη. Περίμενα ότι ο Θεός θα εργαζόταν στην καρδιά της, και θα έκανε εκείνη το πρώτο βήμα για να συμφιλιωθούμε. Μια μέρα, προς έκπληξή μου, τα λόγια του Ιησού μου έδειξαν κάτι τελείως διαφορετικό.

«Αλλά σε σας που ακούτε, λέω: Να αγαπάτε τους εχθρούς σας.
Να αγαθοποιείτε εκείνους που σας μισούν.
Να ευλογείτε εκείνους που σας καταρώνται
και να προσεύχεστε για εκείνους που σας βλάπτουν».
Κατά Λουκά 6:27-28

Μόλις διάβασα αυτό το χωρίο, ήξερα ότι ο Ιησούς με καλούσε όχι μόνο να συγχωρήσω την Αντελίνα, αλλά να την ευλογήσω και να προσευχηθώ για αυτήν. Δεν μου ήταν εύκολο, αλλά ήξερα ότι ο Θεός δεν θα μου ζητούσε να κάνω κάτι μόνο για να με δοκιμάσει και να δει αν θα υπακούσω. Όπως είπαμε, ο Θεός δεν θεσπίζει αυθαίρετα νόμους και κανόνες για δικό Του όφελος. Ό,τι μας ζητάει να κάνουμε, πηγάζει από τον χαρακτήρα Του και την επιθυμία Του να μας δει να απολαμβάνουμε μια πλήρη ζωή. Θα σου πω ποια ήταν η κατάληξη της ιστορίας μου με την Αντελίνα στο κλείσιμο αυτού του κεφαλαίου. Πρώτα, θα ήθελα να εξετάσουμε το πως βλέπει ο Θεός τις σχέσεις· αυτό έχει άμεσο αντίκτυπο στη σχέση μας μαζί Του και μεταξύ μας, και καθορίζει εάν και κατά πόσο απολαμβάνουμε την πλήρη ζωή που επιθυμεί για μας.

Ο Οδηγός του Θεού για τις Σχέσεις: Οι Δέκα Εντολές

Δεν θα πρέπει να μας εκπλήσσει το γεγονός ότι ο Θεός μας δίνει ξεκάθαρες οδηγίες, μέσα σε όλη την Αγία Γραφή, για το πώς πρέπει να ζούμε. Από τα πρώτα βήματα της σχέσης Του με τον λαό Ισραήλ, ο Θεός κάνει σαφείς τις προθέσεις Του:

«Με τον Θεό δεν υπάρχει απόρριψη, απλά αλλαγή κατεύθυνσης».

Επικαλούμαι σήμερα σε σας μάρτυρες τον ουρανό και τη γη, ότι έβαλα μπροστά σας τη ζωή και τον θάνατο, την ευλογία και την κατάρα, γι' αυτό

διαλέξτε τη ζωή, για να ζείτε εσύ
και το σπέρμα σου.

Δευτερονόμιο 30:19

«Διαλέξτε τη ζωή», λέει. Ο Θεός θέλει να κάνουμε σωστές επιλογές, ώστε να έχουμε μια ζωή πλήρη. Ας ξεκαθαρίσουμε, όμως, κάτι: Η αγάπη του Θεού για μας και η επιθυμία Του να μας ευλογήσει είναι χωρίς προϋποθέσεις. Ποτέ δεν μας κρατάει μακριά από την αγάπη Του, ανεξάρτητα από το τι κάνουμε. Όπως λέει ο Γουές Πίνκχαμ, «Με τον Θεό δεν υπάρχει απόρριψη, απλά αλλαγή κατεύθυνσης». Αυτό δεν σημαίνει ότι η συμπεριφορά μας δεν έχει καμία σημασία· ίσα ίσα, έχει μεγάλη σημασία. Μπορούμε να κάνουμε πράγματα που μας εμποδίζουν να λάβουμε την αγάπη και τις ευλογίες Του. Εάν επιλέξουμε να ζήσουμε ανεξάρτητοι από Αυτόν, δεν θα απολαύσουμε τα προνόμια που έχουν τα παιδιά Του που ζουν στο σπίτι Του. Και αυτό, όχι επειδή θα τα παρακρατήσει ο Θεός από μας, αλλά λόγω της δικής μας άρνησης. Εάν δεν Τον θέλουμε, δεν μπορούμε να απολαύσουμε αυτά που δίνει απλόχερα. Καταλαβαίνουμε, λοιπόν, ότι όταν ο Θεός μας καλεί να είμαστε άγιοι, δεν μας λέει «Συμμορφωθείτε, αλλιώς τη βάψατε!», αλλά μας προσκαλεί μέσα στην πληρότητά Του. Ζωγραφίζει μπροστά μας μια εικόνα, για το πώς μπορεί να γίνει η ζωή μας όταν δεχτούμε την πρόσκλησή Του να συμμετέχουμε στη ζωή της Αγίας Τριάδας. Θέλει να ζούμε πλήρεις, πράγμα που μπορεί να συμβεί μόνο μέσα σε ολοκληρωμένες και υγιείς σχέσεις —με Αυτόν και μεταξύ μας. Σου θυμίζω ότι σύμφωνα με την εβραϊκή κοσμοθεωρία, η αμαρτία είναι πρωτίστως η απώλεια ή ο τραυματισμός μιας σχέσης. Άρα, όλους τους νόμους που μας έδωσε ο Θεός, μπορούμε να τους καταλάβουμε μόνο υπό το πρίσμα των σχέσεων. Αυτό ακριβώς είναι οι Δέκα Εντολές (Εξοδος 20:1-17).

Έχουν μείνει στο μυαλό μας ως διαταγές, γιατί έτσι μεταφράστηκε η επικεφαλίδα τους, και με αυτό το ύφος διδάσκονται στις εκκλησίες. Στο πρωτότυπο εβραϊκό κείμενο, όμως, περιγράφονται ως τα «Δέκα Λόγια».[66] Για την καταγραφή τους, οι αγγλικές μεταφράσεις (όπως και οι ελληνικές) χρησιμοποιούν το «θα», που δεν είναι απαραίτητα λέξη προσταγής. Μπορεί να χρησιμοποιηθεί για να εκφράσει εντολή ή προτροπή, αλλά μπορεί επίσης να δηλώσει κάτι αναπόφευκτο ή πιθανό να συμβεί στο μέλλον.[67] Άρα, μήπως οι Δέκα Εντολές είναι περισσότερο «περιγραφικές» και λιγότερο «προστακτικές»; Δεν θεωρώ ότι αυτή είναι η οριστική ερμηνεία του πρωτότυπου κειμένου (αυτή είναι δουλειά των μελετητών της Αγίας Γραφής), απλά θα ήθελα να δούμε τις Δέκα Εντολές υπό το πρίσμα των σχέσεων. Ίσως ο Θεός δεν μας τις έδωσε για να μας επιβαρύνει, αλλά μάλλον θέλει να μας δώσει μια εικόνα για το τι σημαίνει να έχουμε υγιείς σχέσεις. Δες αυτό:

Εγώ είμαι ο Κύριος ο Θεός σου... δεν θα έχεις άλλον Θεό εκτός από μένα.
Έξοδος 20:2-3

Μπορεί να το δούμε ως μια προειδοποίηση: «Μην τολμήσετε να έχετε άλλους θεούς...». Όμως, μπορεί να μην είναι προειδοποίηση· μπορεί να είναι μια υπόσχεση. Πρόσεξε, ότι ο Πατέρας ξεκινάει να μιλάει θυμίζοντας στους ακροατές Του Ποιος είναι και τι είδους σχέση έχει μαζί τους. Θέτει το πλαίσιο. Μέσα από τα συμφραζόμενα, σχεδόν Τον ακούμε να λέει, «Εάν Με γνωρίσετε και δεχτείτε την αγάπη Μου, δεν θα έχετε άλλους θεούς. Τι να τους κάνετε; Εγώ είμαι ο *Ελ Σαντάι*, ο Θεός που είναι υπέρ-αρκετός (Γένεση 17:1). Είμαι ο μόνος Θεός που χρειάζεστε». Ο *Abba*, ως Πατέρας, μας προσκαλεί να Τον γνωρίσουμε και να Τον εμπιστευτούμε. Όταν το κάνουμε, δεν θα θέλουμε να έχουμε άλλους θεούς.

Έπειτα, διαβάζουμε:

Να μη κάνεις για τον εαυτό σου είδωλο μήτε ομοίωμα κάποιου,
από όσα είναι στον ουρανό επάνω ή όσα είναι στη γη κάτω ή όσα
είναι στα νερά κάτω από τη γη.
Να μη τα προσκυνήσεις, μήτε να τα λατρεύσεις. Επειδή εγώ ο
Κύριος ο Θεός σου είμαι Θεός ζηλότυπος, που ανταποδίδω τις
αμαρτίες των πατέρων επάνω στα παιδιά,
μέχρι τρίτης και τέταρτης γενεάς εκείνων που με μισούν. Και
κάνω έλεος σε χιλιάδες γενεές εκείνων που με αγαπούν και
τηρούν τα προστάγματά μου.
Έξοδος 20:4-6

Χρησιμοποιούμε το όνομα του Κυρίου μάταια, όταν διεκδικούμε τα οφέλη της σχέσης μας μαζί Του, χωρίς να έχουμε αληθινή σχέση.

Και πάλι, μπορεί να το δούμε ως προειδοποίηση, «Μην τυχόν φτιάξετε είδωλα, αλλιώς...». Ή μπορεί ο *Abba* να θέλει να μας δείξει πώς θα είναι η ζωή μας όταν Τον γνωρίζουμε και έχουμε μια υγιή σχέση μαζί Του: «Εάν Με γνωρίσετε και δεχτείτε την αγάπη

Μου, θα δείτε ότι δεν υπάρχει άλλος θεός σαν Εμένα. Δεν θα ψάχνετε σε υποκατάστατα για να πάρετε αυτό που χρειάζεστε. Δεν θα τα χρειάζεστε! Εάν ξέρετε Ποιος είμαι, ξέρετε ότι φροντίζω κάθε ανάγκη σας. Κανένα είδωλο δεν μπορεί να σας αγαπήσει όπως σας αγαπώ Εγώ. Είναι χαρά Μου να σας δείχνω την ακλόνητη αγάπη Μου». Ο *Abba* μας καλεί να Τον γνωρίσουμε και να Τον εμπιστευθούμε. Όταν το κάνουμε αυτό, δεν θα φτιάχνουμε για τον εαυτό μας είδωλα, ούτε θα προσκυνούμε άλλους θεούς:

Συνεχίζουμε στο επόμενο:

Να μη πάρεις το όνομα του Κυρίου του Θεού σου μάταια. Επειδή δεν θα αθωώσει ο Κύριος εκείνον που παίρνει μάταια το όνομά του.

Έξοδος 20:7

Αυτή ίσως είναι η πιο παρεξηγημένη εντολή. Μπορεί να θεωρήσουμε ότι σημαίνει, «Άμα χρησιμοποιήσετε το όνομά Μου με ασεβή τρόπο, θα σας τιμωρήσω». Ωστόσο, η μάταιη χρήση του ονόματος του Κυρίου είναι να διεκδικούμε τα οφέλη της σχέσης μας μαζί Του, χωρίς να έχουμε αληθινή σχέση. Είναι σαν να χρησιμοποιούμε το όνομά Του επειδή έχει δύναμη, ενώ, ταυτόχρονα, αμελούμε τη σχέση μέσα από την οποία ο Θεός δουλεύει για χάρη μας. Ένα καλό παράδειγμα είναι το περιστατικό με τους επτά γιους του Σκευά, που προσπάθησαν να εκβάλλουν δαιμόνια λέγοντας, «Σας ορκίζουμε στον Ιησού, που ο Παύλος κηρύττει...» (Πράξεις 19:11-16). Ήξεραν ότι το όνομα του Ιησού είχε δύναμη, αλλά δεν γνώριζαν τον ίδιο τον Ιησού. Χρησιμοποίησαν το όνομά Του μάταια, γιατί η δύναμη δεν είναι στο όνομα, αλλά στο Πρόσωπο που λέγεται Ιησούς. Η εξουσία που μας δόθηκε προέρχεται από τη σχέση μας με τον Ιησού. Άρα, αυτό που λέει ο Θεός είναι, «Εάν θέλεις να φύγουν οι ενοχές σου, έλα σε Εμένα, θα σε συγχωρέσω και θα σε αποκαταστήσω, επειδή σε αγαπώ. Αυτό βασίζεται στη σχέση μας, όχι στο να χρησιμοποιείς το όνομά Μου σαν ένα μυστικιστικό μάντρα. Το όνομά Μου από μόνο του δεν έχει τη δύναμη να σώσει, αλλά όταν επικαλεστείς Εμένα, θα σε σώσω. Μην επικαλείσαι απλά το όνομά Μου, έλα σε Εμένα». Ο *Abba* μας προσκαλεί να Τον γνωρίσουμε και να Τον εμπιστευθούμε. Όταν το κάνουμε, απολαμβάνουμε τα οφέλη της απέραντης καλοσύνης Του, της υπομονής και της τρυφερής αγάπης Του.

Τα λόγια της τέταρτης εντολής είναι:

Να θυμάσαι την ημέρα του Σαββάτου, για να την αγιάζεις. Έξι ημέρες να εργάζεσαι, και να κάνεις όλα τα έργα σου. Η ημέρα, όμως, η έβδομη είναι Σάββατο του Κυρίου του Θεού σου. Να μη κάνεις σ' αυτή κανένα έργο, ούτε εσύ ούτε ο γιος σου ούτε η θυγατέρα σου ούτε ο δούλος σου ούτε η δούλη σου ούτε το κτήνος σου ούτε ο ξένος σου που βρίσκεται μέσα στις πύλες σου. Επειδή σε έξι ημέρες δημιούργησε ο Κύριος τον ουρανό και τη γη, τη θάλασσα και όλα όσα βρίσκονται μέσα σ' αυτά και κατά την έβδομη ημέρα αναπαύθηκε. Γι' αυτό ο Κύριος ευλόγησε την ημέρα του Σαββάτου και την αγίασε.

Έξοδος 20:8-11

Για άλλη μια φορά, μπορούμε να το δούμε ως προειδοποίηση, «Μην εργάζεστε το Σάββατο, ειδάλλως...». Ίσως, όμως, ο Πατέρας απλά μας δείχνει έναν διαφορετικό τρόπο ζωής. Λέει, «Αν Με γνωρίσετε και έχετε υγιή σχέση μαζί Μου, δεν θα εργάζεστε μέχρι τελικής πτώσης — θα ξέρετε ότι εγώ είμαι ο Προμηθευτής σας. Θα σας δώσω ένα δώρο, μια μέρα ανάπαυσης για να απολαμβάνετε τη σχέση σας μαζί Μου και με τους δικούς σας. Αυτή η μέρα ξεκούρασης θα είναι σαν ένα σημάδι που θα σας θυμίζει ότι σας κάνω άγιους (Ιεζεκιήλ 20:12)». Ο *Abba* μας προσκαλεί να Τον γνωρίσουμε και να Τον εμπιστευθούμε. Όταν το κάνουμε αυτό, θα μπορούμε να αναπαυόμαστε.

Τα τέσσερα από τα δέκα «λόγια» των Δέκα Εντολών είναι κατακόρυφα· δηλαδή, περιγράφουν τη ζωή της αγιότητας από την πλευρά της σχέσης μας με τον Θεό. Δεν τηρούμε τις εντολές για να έχουμε μια καλή σχέση μαζί Του· αντίστροφα, όταν έχουμε καλή σχέση με τον Θεό, μπορούμε και τηρούμε τις οδηγίες Του για τις σχέσεις. Πρώτα έρχεται η σχέση· κι έπειτα έρχεται η συμπεριφορά, ως φυσικό αποτέλεσμα μιας υγιούς σχέσης.

Τα υπόλοιπα έξι «λόγια» έχουν οριζόντια κατεύθυνση, δηλαδή περιγράφουν πώς είναι οι υγιείς σχέσεις μεταξύ των ανθρώπων. Όπως θα δούμε στο επόμενο κεφάλαιο, και αυτές οι εντολές εκπληρώνονται όταν έχουμε σωστή σχέση με τον Θεό. Προς το παρόν, ήθελα απλά να δείτε ότι ο *Abba* ζωγραφίζει μπροστά μας την εικόνα μιας άγιας ζωής — μιας πλήρους ζωής— η οποία έχει να κάνει εξ' ολοκλήρου με τις σχέσεις μας. Ας δούμε συνοπτικά τις τελευταίες έξι εντολές (ή «λόγια»).

Να τιμάς τον πατέρα σου και τη μητέρα σου, για να γίνεις
μακροχρόνιος επάνω στη γη, που σου δίνει ο Κύριος ο Θεός.

Έξοδος 20:12

Δεν μπορείς να έχεις μια πλήρη ζωή εάν δεν τιμάς τους πιο κοντινούς σου ανθρώπους, αυτούς που σε έφεραν στον κόσμο. Τίμα τον πατέρα σου και τη μητέρα σου και θα δεις τη ζωή σου να προχωράει σε καλό δρόμο.

Να μη φονεύσεις, να μη μοιχεύσεις, να μη κλέψεις,
να μη ψευδομαρτυρήσεις ενάντια στον πλησίον σου με ψεύτικη
μαρτυρία. Να μην επιθυμήσεις το σπίτι του πλησίον σου, να μην
επιθυμήσεις τη γυναίκα του πλησίον σου, ούτε τον δούλο του,
ούτε τη δούλη του, ούτε το βόδι του, ούτε το γαϊδούρι, ούτε κάθε
τι που είναι του πλησίον σου.

Έξοδος 20:13-17

Γιατί μας προειδοποιεί ο Θεός για τον φόνο, τη μοιχεία, την κλοπή, την ψευδομαρτυρία και την επιθυμία μας για όσα ανήκουν σε άλλους; Ο Θεός δεν εναντιώνεται απλά στις συγκεκριμένες πράξεις. Μας προειδοποιεί για οτιδήποτε μπορεί να βλάψει τις μεταξύ μας σχέσεις. Όταν σκοτώνουμε κάποιον, η σχέση τελειώνει. Όταν υπάρχει μοιχεία, χάνεται η εμπιστοσύνη και τραυματίζεται η σχέση. Είναι αδύνατο να έχουμε καλή σχέση με κάποιον από τον οποίο κλέβουμε ή λέμε ψέματα εις βάρος του. Όταν επιθυμούμε κάτι που ανήκει σε κάποιον άλλο, βάζουμε ένα χώρισμα μεταξύ μας. Όλες αυτές οι στάσεις και συμπεριφορές βλάπτουν τις σχέσεις μας, και ο Θεός μας λέει, «Δεν θα μπορέσετε να ζήσετε πραγματικά, όσο αποκόβετε τον εαυτό σας από άλλους ανθρώπους».

Όταν ο Θεός μας δίνει οδηγίες για τις σχέσεις μας —είτε μαζί Του, είτε μεταξύ μας- το κάνει για να μας οδηγήσει σε μια άγια και υγιή ζωή, ώστε να μπορούμε να απολαύσουμε πλήρως τις ευλογίες Του. (Στα βιβλία «The Abba Factor» [Ο Ρόλος του *Abba*] και «The *Abba* Formation» [Η Διαμόρφωση από τον *Abba*], περιγράφουμε με περισσότερες λεπτομέρειες το έργο του Αγίου Πνεύματος. Ο ίδιος ο Θεός εργάζεται μέσα μας για να μας βοηθήσει να πετυχαίνουμε στις σχέσεις μας). Προτού προχωρήσουμε σε άλλες οδηγίες του

Οι υγιείς σχέσεις δεν είναι προαιρετικές· είναι απολύτως αναγκαίες για να γευθούμε την αιώνια ζωή.

Κανένας μας δεν είναι πλήρης αν είναι απομονωμένος από τους άλλους.

Θεού για τις σχέσεις μας, πρέπει να αναφερθώ ξανά σε μια πρόκληση που αντιμετωπίζουμε στην κουλτούρα μας: το θέμα του ατομικισμού. Θα ήθελα να δούμε με ποιόν τρόπο το πρίσμα του ατομικισμού διαστρεβλώνει την οπτική μας και μας στερεί την πληρότητα ζωής στην οποία μας προσκαλεί ο *Abba* μας.

Το Πρόβλημα του Ατομικισμού

Γιατί είναι τόσο αδιάλλακτος ο Θεός ως προς την ανάγκη μας για υγιείς σχέσεις; Επειδή αυτές απεικονίζουν τον χαρακτήρα Του. Όπως είδαμε στο 2ο κεφάλαιο, είμαστε δημιουργημένοι σύμφωνα με την εικόνα του Θεού. Ένας τρόπος με τον οποίο αντικατοπτρίζουμε την εικόνα Του είναι το ότι αποτελούμαστε από τρία μέρη: πνεύμα, ψυχή και σώμα. Το πιο σημαντικό, όμως, είναι ότι είμαστε δημιουργημένοι —σύμφωνα με την εικόνα του Θεού— ως υπάρξεις που βασίζονται στις σχέσεις. Μπορούμε να αναλύσουμε σε βάθος την ύπαρξή μας, να μελετήσουμε το πνεύμα, την ψυχή και το σώμα μας,[69] αλλά εάν δεν έχουμε υγιείς σχέσεις, δεν θα μπορέσουμε να γίνουμε άνθρωποι, με την ολοκληρωτική σημασία της λέξης (σύμφωνα με την εικόνα του Θεού, το *Imago Dei*).

Εφόσον η ίδια η φύση του Θεού στηρίζεται σε μια σχέση, είναι λογικό ότι είμαστε κι εμείς δημιουργημένοι για σχέσεις, και συνεπώς είναι αδύνατο να θεωρήσουμε τους ανθρώπους απομονωμένες και μεμονωμένες οντότητες. Με τα λόγια του Ρόουαν Γουίλιαμς, «Είσαι 'άνθρωπος' με όλη τη σημασία της λέξης, όταν έχεις δημιουργηθεί εκ νέου σύμφωνα με την ανθρώπινη εικόνα του Χριστού. Η ανθρώπινη εικόνα Του είναι ο τελειότερος τρόπος για να 'μεταφραστεί' με ανθρώπινο τρόπο η σχέση του αιώνιου Γιου με τον αιώνιο Πατέρα, μια σχέση αγάπης, λατρείας, προσφοράς του εαυτού Τους, με ολοκληρωτικό δόσιμο της ζωής του Ενός στον Άλλον».[70] Αυτό σημαίνει ότι είμαστε ολοκληρωμένοι σαν άτομα, μόνο μέσα σε ολοκληρωμένες και υγιείς σχέσεις —με τον Θεό και μεταξύ μας.[71]

Είδαμε, λοιπόν, ότι η επιθυμία του Πατέρα για μας είναι να ζούμε μια πλήρη ζωή —τη ζωή που έχουν ο Πατέρας, ο Γιος και το Άγιο Πνεύμα. Πρόκειται για μια ζωή *περιχωρητική*, δηλαδή μια ζωή που υπάρχει μέσα σε σχέσεις. Οι υγιείς σχέσεις δεν είναι προαιρετικές· είναι απολύτως αναγκαίες για να γευθούμε την αιώνια ζωή. Δυστυχώς, ζούμε σε μια κουλτούρα που δίνει μεγάλη αξία στον ατομικισμό (εξηγήσαμε την προέλευσή του στο 3ο κεφάλαιο), και αυτή η βαθιά ριζωμένη αξία που του δίνουμε έχει επηρεάσει τον τρόπο που βλέπουμε τη χριστιανική πίστη· και όλα αυτά, εις βάρος των σχέσεών μας. Ακόμα και η γλώσσα που χρησιμοποιούμε, όσο καλές κι αν είναι οι προθέσεις μας, δεν μας βοηθά να αντιληφθούμε τη βαρύτητα των σχέσεών μας.

Είναι αδύνατο να ζήσουμε μια πλήρη ζωή χωρίς να έχουμε ο ένας τον άλλον, και είναι αδύνατο να ωριμάσουμε πνευματικά από μόνοι μας.

Όταν μιλάμε για τη σωτηρία, πιστεύουμε ότι είναι κάτι που αφορά μεμονωμένα τον κάθε άνθρωπο. Συχνά χρησιμοποιούμε τη φράση, «Ακόμα κι αν ήσουν ο μόνος άνθρωπος στη γη, ο Ιησούς θα πέθαινε για σένα». Παρότι ισχύει αυτό, όταν καταλάβουμε την ολοκληρωμένη έννοια της σωτηρίας, θα δούμε ότι δεν μπορούμε να είμαστε πλήρως σωσμένοι αν είμαστε απομονωμένοι ο ένας από τον άλλον. Γινόμαστε πλήρεις καθώς έχουμε σχέση με τον Θεό, και εφόσον έχει αποκατασταθεί η σχέση μας με τους συνανθρώπους μας. Μόνο τότε μπορούμε να γευθούμε πραγματικά την αιώνια ζωή.

Όσον αφορά στη συγχώρεση, δίνουμε μεγάλη έμφαση στην ανάγκη των ανθρώπων να μετανοήσουν και να δεχθούν τη συγχώρεση του Θεού, αλλά δεν δίνουμε εξίσου την ίδια προσοχή στην ανάγκη να μετανοήσουμε και να ζητήσουμε συγγνώμη από αυτούς που έχουμε προσβάλει ή να συγχωρέσουμε και να ευλογήσουμε αυτούς που μας έχουν πληγώσει, ώστε η σχέση μας να μπορεί να αποκατασταθεί. Νομίζουμε ότι από τη στιγμή που είμαστε εντάξει με τον Θεό, όλα είναι καλά. Πιστεύουμε ότι οι άνθρωποι είναι επουσιώδεις, κι έτσι δεν μπαίνουμε στον κόπο να αντιμετωπίσουμε τα προβλήματα στις σχέσεις μας. Προτιμούμε την εύκολη λύση, να διώχνουμε ο ένας τον άλλον και να προχωράμε χωριστά. Αυτό δείχνει άγνοια από την πλευρά μας, διότι δεν μπορούμε να είμαστε άνθρωποι με την πλήρη σημασία της λέξης, χωρίς να έχουμε υγιείς σχέσεις —με τον Θεό, αλλά και μεταξύ μας.

Ερμηνεύουμε τα εδάφια της Αγίας Γραφής μέσα από το πρίσμα του ατομικισμού και θεωρούμε ότι η μαθητεία είναι μια ατομική επιδίωξη της πνευματικής ωριμότητας. Διαβάζουμε εδάφια όπως αυτό:

Και μέσα σ' αυτόν είστε πλήρεις,
αυτός που είναι η κεφαλή κάθε αρχής και εξουσίας.

Κολοσσαείς 2:20

...και ερμηνεύουμε ότι εννοεί: «Είμαι πλήρης. Εγώ και ο Ιησούς είμαστε μια χαρά, και δεν χρειάζομαι κανέναν και τίποτα». Όμως, το εννοούμενο υποκείμενο στο εδάφιο είναι το «εσείς», δηλαδή το δεύτερο πρόσωπο του πληθυντικού. Στο Τέξας, θα λέγαμε, «Μέσα σ' Αυτόν είστε όλοι πλήρεις, ρε παιδιά». Στο υπόλοιπο κείμενο της επιστολής του, ο Παύλος μιλάει στη συγκεκριμένη ομάδα ανθρώπων για το βάρος που είχε μέσα του, να τους δει γεμάτους θάρρος και ενωμένους με αγάπη. Τους βλέπει πάντα ως ένα σώμα πιστών, και έτσι απευθύνεται σ' αυτούς, όχι σε μεμονωμένα άτομα. Το συμπέρασμά του είναι ότι είμαστε πλήρεις μέσα σε Αυτόν, ως σώμα του Χριστού. Κανένας μας δεν είναι πλήρης αν είναι απομονωμένος από τους άλλους· είμαστε πλήρεις μόνο όταν έχουμε σχέση ο ένας με τον άλλον.

Νωρίτερα στην ίδια επιστολή ο Παύλος αναφέρει:

Όπως παραλάβατε τον Ιησού Χριστό, τον Κύριο, να περπατάτε
ενωμένοι μ' αυτόν, ριζωμένοι και εποικοδομούμενοι σ' αυτόν, και
στερεωμένοι στην πίστη, όπως διδαχθήκατε, περισσεύοντας
σ' αυτή με ευχαριστία.

Κολοσσαείς 2:6-7

Και πάλι το υποκείμενο είναι ξεκάθαρα το «εσείς», όπως και στην επιστολή προς Εφεσίους, όπου ο Παύλος μας εξηγεί ακριβώς με ποιον τρόπο θα γίνουμε «εποικοδομούμενοι σε Αυτόν και στερεωμένοι στην πίστη»:

Και αυτός έδωσε άλλους μεν αποστόλους, άλλους δε προφήτες,
άλλους δε ευαγγελιστές, άλλους δε ποιμένες και δασκάλους, για
την τελειοποίηση των αγίων, για το έργο της διακονίας, για την
οικοδομή του σώματος του Χριστού. Μέχρις ότου, ανεξαίρετα
όλοι, να φτάσουμε στην ενότητα της πίστης, και της επίγνωσης
του Υιού του Θεού, σε τέλειον άνδρα, σε μέτρο ηλικίας του
πληρώματος του Χριστού. Για να μην είμαστε πλέον νήπιοι...
Αλλά ζώντας την αλήθεια με αγάπη, να αυξηθούμε σ' αυτόν
σε όλα, αυτός που είναι η κεφαλή, ο Χριστός. Από τον οποίο
ολόκληρο το σώμα καθώς συναρμολογείται και καθώς συνδέεται
με κάθε συνάφεια των μελών που συνεργούν, σύμφωνα με την
ανάλογη ενέργεια καθενός μέρους ξεχωριστά, κάνει την αύξηση
του σώματος, για τη δική του οικοδομή, με αγάπη.

Εφεσίους 4:11-16

Πρόσεξε τις φράσεις που χρησιμοποιεί ο Παύλος: «το σώμα του Χριστού» και «ανεξαίρετα όλοι». Μιλάει για όλο το σώμα συνολικά, όχι για ξεχωριστά μέρη του. Αν το ερμηνεύσουμε σωστά, θα δούμε ότι δεν μπορούμε να γευθούμε την πληρότητα της σωτηρίας ως μεμονωμένα άτομα. Είναι αδύνατο να ζήσουμε μια πλήρη ζωή χωρίς να έχουμε ο ένας τον άλλον, και είναι αδύνατο να ωριμάσουμε πνευματικά από μόνοι μας. Χρειαζόμαστε ο ένας τον άλλον. Οι υγιείς σχέσεις δεν είναι προαιρετικές· είναι απολύτως αναγκαίες για να βιώσουμε την αιώνια ζωή.

Ο Μπεν Κάμπελ Τζόνσον μεταφράζει τα πολύ γνωστά λόγια του Ιησού ως εξής:

Η πρώτη προτεραιότητά σας θα πρέπει να είναι η διάσταση του Πνεύματος και η αποκατάσταση των σχέσεών σας. Με αυτόν τον τρόπο, η οπτική σας θα είναι ορθή, και τότε όλα τα άλλα θα βρουν τον δρόμο τους.
Σύμφωνα με το Κατά Ματθαίο 6:33

Η προτεραιότητα στη Βασιλεία του Θεού είναι οι σχέσεις. Συνεπώς, όλος ο Νόμος και οι Προφήτες υπογραμμίζουν την απόλυτη ανάγκη μας να έχουμε ολοκληρωμένες και υγιείς σχέσεις. Ο Ιησούς το έθεσε έτσι:

Λοιπόν, όλα όσα θέλετε να κάνουν σε σας οι άνθρωποι, έτσι και εσείς να κάνετε σ' αυτούς. Επειδή αυτός είναι ο νόμος και οι προφήτες.
Κατά Ματθαίο 7:12

Ο *Abba* θέλει να έχουμε μια πλήρη ζωή, και σε αντίθεση με τον ατομικισμό που εξυψώνει η κουλτούρα μας, ο Πατέρας μας διδάσκει ότι αυτή τη ζωή μπορούμε να τη ζήσουμε μόνο έχοντας ολοκληρωμένες και υγιείς σχέσεις —μαζί Του και μεταξύ μας. Μας δείχνει πώς να ζούμε, και στέλνει το Άγιο Πνεύμα για να μας δώσει τη δύναμη να ζήσουμε αυτήν την πλήρη ζωή που εξασφάλισε για μας ο Ιησούς.

Προχωρώντας, ας εξετάσουμε και άλλες οδηγίες του Θεού για τις σχέσεις, μέσα από τη ζωή του Ιησού και από τη διδασκαλία των συγγραφέων της Καινής Διαθήκης. Στο επόμενο κεφάλαιο, θα δούμε με ποιους τρόπους το Άγιο Πνεύμα μας ενδυναμώνει για να τις ακολουθήσουμε.

Chiqui Wood

Ο Οδηγός του Θεού για τις Σχέσεις: Η Εκδοχή της Καινής Διαθήκης

Όταν ρώτησαν τον Ιησού ποια είναι η πιο μεγάλη εντολή μέσα στον Νόμο, απάντησε:

Και ο Ιησούς του είπε: «Θα αγαπάς τον Κύριο τον Θεό σου από όλη την καρδιά σου και από όλη την ψυχή σου, και από όλη τη διάνοιά σου». Αυτή είναι πρώτη και μεγάλη εντολή. Δεύτερη, όμως, όμοια μ' αυτή είναι: «Θα αγαπάς τον πλησίον σου σαν τον εαυτό σου». Σ' αυτές τις δύο εντολές κρέμονται ολόκληρος ο νόμος και οι προφήτες.

Κατά Ματθαίο 22:37-40

Με άλλα λόγια, ο Ιησούς λέει, «Εάν θέλετε να εκπληρώσετε τις Δέκα Εντολές, να αγαπάτε τον Θεό και να αγαπάτε ο ένας τον άλλον». Τι ακριβώς σημαίνει αυτό; Ας αρχίσουμε ξεκαθαρίζοντας τι σημαίνει «αγαπώ».

Όπως είδαμε στο 1ο κεφάλαιο, ο σύγχρονος πολιτισμός μας έχει επηρεαστεί από τη ρωμαϊκή και την ελληνική θεώρηση του κόσμου. Υπό το πρίσμα της ρωμαϊκής κοσμοθεωρίας, βλέπουμε την αγάπη ως μια επιλογή —κάτι που είναι υποχρέωσή μας να κάνουμε. Αν, όμως, επιλέγουμε την «αγάπη» από υποχρέωση, είναι πραγματική αγάπη; Η ελληνική οπτική, από την άλλη, παρουσιάζει την αγάπη ως ένα συναίσθημα. Οι ταινίες του Χόλιγουντ δίνουν μεγάλη έμφαση σ' αυτήν την έννοια της αγάπης, που στηρίζεται στον «ενθουσιασμό» και στη «χημεία». Όμως, χάρη στην εβραϊκή κοσμοθεωρία, καταλαβαίνουμε ότι η αγάπη δεν είναι ούτε επιλογή, ούτε συναίσθημα, αλλά είναι το να μοιράζεσαι τη ζωή σου, να συνυπάρχεις με άλλους. Ο ίδιος ο Θεός είναι η πιο αγνή έκφραση της αληθινής αγάπης. Η αγάπη είναι ο τρόπος που συνυπάρχουν ο Πατέρας, ο Γιος και το Άγιο Πνεύμα, ο τρόπος που επικοινωνούν και αλληλεπιδρούν μεταξύ Τους· κατ' επέκταση, με τον ίδιο τρόπο επικοινωνούν και απευθύνονται σε όλα όσα δημιούργησαν. Ο Παύλος μας περιγράφει πώς είναι η αγάπη στην πιο αγνή εκδοχή της:

Δεν κάνει διακρίσεις και δεν καταδικάζει κανέναν, αλλά αναζητά τρόπους σύνδεσης με τους ανθρώπους.

Η αγάπη μακροθυμεί, αγαθοποιεί, η αγάπη δεν φθονεί, η αγάπη δεν αυθαδιάζει, δεν υπερηφανεύεται, δεν φέρεται με απρέπεια, δεν ζητάει τα δικά της, δεν εξάπτεται, δεν συλλογίζεται το κακό, δεν χαίρεται στην αδικία, συγχαίρει όμως στην αλήθεια. Όλα τα ανέχεται, όλα τα πιστεύει, όλα τα ελπίζει, όλα τα υπομένει.

Α' Κορινθίους 13:4-7

Ανεξάρτητα από το παρελθόν σου ή την καταγωγή σου, ο Θεός σε θεωρεί πολύτιμο επειδή είσαι δικός Του.

Αυτή είναι η αγάπη του Πατέρα για μας. Είναι υπομονετικός και ευγενικός μαζί μας. Πάντα αναζητάει τρόπους για να δώσει, και όχι να πάρει. Δεν εξυψώνει τον Εαυτό Του, αλλά παίρνει τη θέση του πιο ταπεινού υπηρέτη για χάρη της ανθρωπότητας. Ο Θεός δεν επιμένει να γίνει το δικό Του· μας έδωσε ελεύθερη βούληση, ακόμα κι αν αυτό Του κόστισε τελικά τη μεγαλύτερη θυσία όλων των εποχών. Ο Πατέρας δεν κρατά κανένα αρχείο με τα λάθη μας. Όσο απέχει η Ανατολή από τη Δύση, τόσο μακριά από μας έχει στείλει τις αμαρτίες μας (Ψαλμός 103:12). Ο *Abba* πιστεύει το καλύτερο για μας, είναι πάντα με το μέρος μας, και ελπίζει ότι θα έρθουμε κοντά Του και θα δεχθούμε την αγάπη Του. Μας αναζητά αδιάκοπα μέχρι να το κάνουμε.

Σύμφωνα με αυτό το απόσπασμα, η πραγματική φύση της αγάπης είναι να στρέφεται στους άλλους. Ο Θεός εκφράζει την αγάπη Του για μας με πολλούς τρόπους. Αντίστοιχα, υπάρχουν πολλοί πρακτικοί τρόποι με τους οποίους μπορούμε να εκφράσουμε και εμείς την αγάπη μας ο ένας στον άλλον, όπως αναφέρουν σε πολλά σημεία οι Επιστολές:

- Να περιμένετε ο ένας τον άλλον (Α' Κορινθίους 1:33). Δώσε δίκιο στους άλλους. Εξυπηρέτησε πρώτα τους άλλους, και μετά τον εαυτό σου. Δείξε τη φροντίδα σου στους γύρω σου.
- Να θυμάστε ότι είστε όλοι μέλη του ίδιου σώματος. Να πονάς με αυτούς που πονάνε. Να χαίρεσαι με αυτούς που χαίρονται (Α' Κορινθίους 12:25).
- Να είστε σπλαχνικοί ο ένας με τον άλλον (Α' Πέτρου 3:8).
- Να γίνεστε φιλόξενοι ο ένας στον άλλον. Χρησιμοποίησε τα χαρίσματα που έχεις για να υπηρετείς τους γύρω σου (Α' Πέτρου 4:9-10).
- Να ενθαρρύνετε ο ένας τον άλλον (Α' Θεσσαλονικείς 4:18).
- Να υποφέρετε ο ένας τον άλλον. Να συγχωρείτε ο ένας τον άλλον (Κολοσσαείς 3:13, Εφεσίους 4:32).
- Να υποτάσσεστε ο ένας στον άλλον (Εφεσίους 5:21, Α' Πέτρου 5:5)
- Να βαστάζετε ο ένας τα βάρη του άλλου (Γαλάτες 6:2).

Δεν πρέπει να κρίνουμε ο ένας τον άλλον, γιατί η κατάκριση είναι ο εχθρός των υγιών σχέσεων.

- Να παρακινείτε ο ένας τον άλλον σε αγάπη και καλά έργα (Εβραίους 10:24).
- Να εξομολογείστε τις αμαρτίες σας ο ένας στον άλλον και να προσεύχεστε ο ένας για τον άλλον (Ιάκωβος 5:16).
- Να αγαπάτε ο ένας τον άλλον. Να προλαβαίνετε να τιμάτε ο ένας τον άλλον (Ρωμαίους 12:10).
- Να ζείτε με αρμονία μεταξύ σας (Ρωμαίους 12:16).
- Να μη κρίνετε ο ένας τον άλλον (Ρωμαίους 14:13).
- Να οικοδομείτε ο ένας τον άλλον (Α' Θεσσαλονικείς 5:11).
- Να νουθετείτε ο ένας τον άλλον (Ρωμαίους 15:14).
- Να προσδέχεστε ο ένας τον άλλον (Ρωμαίους 15:7).[72]

Προφανώς αυτή η λίστα δεν εξαντλεί όλους τους τρόπους, απλά μας δίνει μια εικόνα της πραγματικής αγάπης στην πράξη. Σωστά έχει ειπωθεί ότι η αγάπη είναι ρήμα. Ο Θεός μας καλεί να αγαπάμε ο ένας τον άλλον αποφασιστικά —ακόμη και με τρόπους που μας κοστίζουν— και ο Ιησούς μας δείχνει με τη ζωή Του πώς γίνεται αυτό. Ας εξετάσουμε κάποια στοιχεία της αγάπης του Θεού στην πράξη.

Τα Χαρακτηριστικά της Αγάπης

Στο Κατά Ιωάννη 4:1-26 ο Ιησούς συναντά μια γυναίκα Σαμαρείτισσα, πράγμα που μας δείχνει ότι ο Ιησούς δεν είναι προσωπολήπτης. Δεν κάνει διακρίσεις και δεν καταδικάζει κανέναν, αλλά αναζητά τρόπους σύνδεσης με τους ανθρώπους και είναι έτοιμος να δώσει ό,τι έχει για να τους κάνει πλήρεις.

Έρχεται κάποια γυναίκα από τη Σαμάρεια για να αντλήσει νερό. Ο Ιησούς λέει σ' αυτήν: δώσε μου να πιώ. Επειδή οι μαθητές του είχαν πάει στην πόλη για να αγοράσουν τροφές. Του λέει, λοιπόν, η γυναίκα η Σαμαρείτισσα: Πώς εσύ, ενώ είσαι Ιουδαίος, ζητάς να πιείς από μένα, που είμαι γυναίκα Σαμαρείτισσα;
Κατά Ιωάννη 4:7-9

Ο Θεός κοιτάει αν χειρίζεσαι τις σχέσεις σου σωστά, και όχι αν έχεις δίκιο.

Και μόνο που μιλούσε με αυτή τη γυναίκα, ο Ιησούς κατέρριπτε όλες τις κοινωνικές νόρμες της εποχής Του. Θεωρούνταν ανάρμοστο για έναν άνδρα να μιλάει με μια γυναίκα δημόσια, και μάλιστα, για έναν Εβραίο να μιλάει με μια

Η τέλεια αγάπη του Θεού γίνεται φανερή μέσα από τη συγχώρεση.

Σαμαρείτισσα. Αλλά ο Ιησούς δεν έκανε διακρίσεις στους ανθρώπους.[73] Όταν το κατεστημένο της εποχής έβαζε χωρίσματα ανάμεσα στους ανθρώπους, ο Ιησούς τα γκρέμιζε. Η αγάπη Του δεν περιορίστηκε από το φύλο, τη φυλή ή την κουλτούρα κανενός. Ποτέ δεν ασχολήθηκε με τα πράγματα που δημιουργούσαν διαχωρισμούς, αλλά πάντα έψαχνε έναν τρόπο για να συνδεθεί με τους ανθρώπους.

Ο Ιησούς λέει σ' αυτήν: πήγαινε, κάλεσε τον άνδρα σου και έλα εδώ. Η γυναίκα απάντησε και είπε: δεν έχω άνδρα. Ο Ιησούς λέει σ' αυτήν: Σωστά είπες, ότι: δεν έχω άνδρα. Επειδή, πέντε άνδρες πήρες και εκείνον που τώρα έχεις, δεν είναι ο άνδρας σου. Αυτό που είπες είναι αλήθεια.

Κατά Ιωάννη 4:16-18

Παρά το γεγονός ότι ήταν μια γυναίκα με πολλούς συζύγους, ο Ιησούς δεν την απέφυγε. Πρώτα τη συγχάρηκε για την ειλικρίνειά της, κι έπειτα ασχολήθηκε με την αδυναμία της. Δεν αγνόησε τη συντριβή της, αλλά ούτε την καταδίκασε. Αντί να εστιάσει στα λάθη της, ο Κύριος είδε την αξία της και της προσέφερε το δώρο που είχε γι' αυτήν. Την αγάπησε χωρίς προϋποθέσεις, όπως την αγαπούσε ο Πατέρας. Είναι η ίδια αγάπη που περιγράφεται στην παραβολή του χαμένου προβάτου:

Προσέχετε να μη καταφρονήσετε ένα από τούτα τα μικρά. Επειδή σας λέω ότι οι άγγελοί τους στους ουρανούς βλέπουν ακατάπαυστα το πρόσωπο του Πατέρα μου, που είναι στους ουρανούς. Επειδή ο Υιός του ανθρώπου ήρθε για να σώσει το χαμένο. Τι νομίζετε; Αν κάποιος άνθρωπος έχει 100 πρόβατα και ένα απ' αυτά πλανηθεί, δεν αφήνει τα 99 και πηγαίνοντας επάνω στα βουνά αναζητάει αυτό που πλανιέται; Και αν συμβεί να το βρει, σας διαβεβαιώνω ότι χαίρεται γι' αυτό περισσότερο παρά για τα 99 που δεν είχαν πλανηθεί. Έτσι δεν είναι θέλημα μπροστά στον Πατέρα σας, που είναι στους ουρανούς, να χαθεί ένας απ' αυτούς τους μικρούς.

Κατά Ματθαίο 18:10-14

Κανένας άνθρωπος δεν είναι ασήμαντος. Ο Θεός δεν μοιράζει την αγάπη Του σε μας ανάλογα με τα επιτεύγματά μας· μας αγαπάει όλους το ίδιο: άνδρες και γυναίκες, Εβραίους και Εθνικούς, σκλάβους και ελεύθερους, πλούσιους και φτωχούς, αμαθείς και μορφωμένους, διάσημους και αφανείς. Ανεξάρτητα από το παρελθόν σου ή την καταγωγή σου, ο Θεός σε θεωρεί πολύτιμο επειδή είσαι δικός Του, και θέλει να σου δώσει απλόχερα την αγάπη Του. Όλες οι υγιείς σχέσεις βασίζονται στην εγγενή αξία των ανθρώπων, και όχι στα εξωτερικά τους χαρακτηριστικά.

Ένα άλλο σημαντικό χαρακτηριστικό της αγάπης του Ιησού για τους ανθρώπους, είναι η σπλαχνικότητά Του, όπως απεικονίζεται στα Ευαγγέλια. Πολύ συχνά, σε περιστατικά που βλέπουμε τον Ιησού να κάνει θαυματουργά έργα, οι συγγραφείς αναφέρουν ότι ο Ιησούς «σπλαχνίστηκε» κάποιον. Το ελληνικό ρήμα «σπλαχνίζομαι» δηλώνει ένα βαθύ αίσθημα που ταράζει τα σπλάχνα του ανθρώπου.[74] Είναι πολύ πιο έντονο από τη λύπηση και τον οίκτο· πρόκειται για ένα δυνατό συναίσθημα που παρακινεί κάποιον σε μια πράξη. Ο Ιησούς δεν κοίταζε τον κόσμο και σκεφτόταν, «Αχ τους καημένους, τους λυπάμαι...». Όχι! Αυτό που ένιωθε βαθιά μέσα Του, Τον ωθούσε να κάνει κάτι γι᾽ αυτούς!

Στο Κατά Ιωάννη 11:32-35 βλέπουμε τον Ιησού να κλαίει μαζί με τη Μαρία στον τάφο του Λαζάρου. Στο Κατά Ιωάννη 19:25-27 αναθέτει τη φροντίδα της μητέρας Του στον Ιωάννη. Και στα δύο περιστατικά βλέπουμε τον Ιησού να ταυτίζεται με τη θλίψη κάποιου άλλου και να κάνει κάτι γι᾽ αυτό. Ήταν παρών, ήταν μαζί τους μέσα στον πόνο τους. Με τον ίδιο τρόπο, ο Πατέρας είναι πάντα μαζί μας στον πόνο μας. Η αγάπη του Θεού πάντα εκφράζεται στην πράξη.

Πώς να Αγαπάμε ο Ένας τον Άλλον

Θα αναφέρω δύο ακόμα πτυχές της αγάπης, που είναι ζωτικής σημασίας για μας, εφόσον θέλουμε να έχουμε υγιείς σχέσεις. Πρώτον, η αγάπη δεν έχει κατάκριση. Κλείσαμε το προηγούμενο κεφάλαιο βλέποντας τον τρόπο που ο Ιησούς αντιμετώπισε τη γυναίκα που μοίχευσε (Κατά Ιωάννη 8:3-11), και σημειώσαμε ότι ο Ιησούς δεν την κατέκρινε. Ο μόνος που είχε κάθε δικαίωμα να την κατακρίνει, ήταν ο Ιησούς· κι όμως, ήταν Αυτός που έψαξε να βρει τον τρόπο για να την αποκαταστήσει. Το ίδιο είδαμε και στο προηγούμενο παράδειγμα, όταν συνάντησε τη Σαμαρείτισσα (Κατά Ιωάννη 4:1-26). Και στα δύο περιστατικά, ο Ιησούς μας έδειξε έμπρακτα αυτό που δίδαξε στην επί του Όρους ομιλία:

Μη κρίνετε για να μη κριθείτε. Επειδή με όποια κρίση κρίνετε, θα κριθείτε. Και με όποιο μέτρο μετράτε, θα αντιμετρηθεί σε σας. Και γιατί βλέπεις το ξυλαράκι που είναι στο μάτι του αδελφού σου, ενώ το δοκάρι που είναι μέσα στο δικό σου μάτι δεν το παρατηρείς; Ή πώς θα πεις στον αδελφό σου: άφησε να βγάλω το ξυλαράκι από το μάτι σου, ενώ το δοκάρι είναι μέσα στο μάτι σου; Υποκριτή, βγάλε πρώτα το δοκάρι από το μάτι σου, και τότε θα δεις καθαρά για να βγάλεις το ξυλαράκι από το μάτι του αδελφού σου.

Κατά Ματθαίο 7:1-5

Ο Ιησούς ξεκαθαρίζει ότι δεν πρέπει να κρίνουμε ο ένας τον άλλον, γιατί η κατάκριση είναι ο εχθρός των υγιών σχέσεων. Όταν εστιάζουμε την προσοχή μας στα λάθη των άλλων, αυτόματα δημιουργούμε χάσματα που μας αποξενώνουν. Κάποιες φορές κρίνουμε τους άλλους, επειδή νομίζουμε ότι το κλειδί για να είμαστε πλήρεις, είναι να αποδειχθεί ότι είμαστε «σωστοί». Αυτό, όμως, είναι ένα ξεκάθαρο σημάδι ότι δεν έχουμε καταλάβει πώς λειτουργεί η αγάπη του Θεού, χωρίς όρους. Πέσαμε στην παγίδα της ρωμαϊκής λογικής. Θα εξηγήσω τι εννοώ.

Ας υποθέσουμε ότι βλέπεις κάποιον να ενεργεί με τρόπο που δεν είναι «σωστός». Εάν έχεις μια σχέση αγάπης και εμπιστοσύνης μ' αυτόν, θα βρεις τον κατάλληλο τρόπο για να τον πλησιάσεις, να του μιλήσεις γι' αυτό και να ενισχύσεις την υγεία της σχέσης σας. Πολύ συχνά, τυχαίνει να μην έχουμε μια τέτοια σχέση με αυτό το άτομο· κι όμως, ξεπερνάμε τα όρια και αναλαμβάνουμε να του υποδείξουμε το μεγάλο «λάθος» που κάνει. Μιλάω για την επικριτική στάση μας, την ευκολία με την οποία κατηγορούμε και κατακρίνουμε τις ενέργειες των άλλων. Αυτή η στάση δεν μας βοηθάει να χτίσουμε σχέσεις. Αντιθέτως, τις περισσότερες φορές μας οδηγεί σε διχασμό. Πράγμα που σημαίνει ότι κάναμε «λάθος» στον χειρισμό αυτής της σχέσης. Ο Ιησούς δεν μας είπε ότι πρέπει να συμφωνούμε με όλους ή να επικροτούμε κάθε τους πράξη (είναι προφανές ότι γίνονται πράγματα που δεν ενισχύουν την υγεία και την πληρότητα). Μας κάλεσε, όμως, να αγαπάμε ο ένας τον άλλον, ακόμα και με τις διαφορές μας. Μπορούμε να αγαπάμε ο ένας τον άλλον και να εμπιστευτούμε το Άγιο Πνεύμα, ότι θα διορθώσει και θα αλλάξει αυτά που πρέπει; Με άλλα λόγια: «Ο Θεός κοιτάει αν χειρίζεσαι τις σχέσεις σου σωστά, και όχι αν έχεις δίκιο».[75]

Όταν ο Ιησούς μας λέει να μην κρίνουμε, υποθέτω ότι έχει στο μυαλό Του μία από τις βασικές αδυναμίες του ανθρώπου: την ανάγκη μας να διευθετούμε τις διαφορές μας βασιζόμενοι στο τι συνέβη και καθορίζοντας ποιος είναι σωστός και ποιος λάθος. Η τραυματισμένη, πεσμένη ανθρώπινη φύση μας, μας κάνει να ψάχνουμε τρόπους για να δικαιωθούμε· σκεφτόμαστε ότι αν καταφέρουμε να αποδείξουμε ότι εμείς έχουμε «δίκιο», θα σταματήσει η αντιπαράθεση. Όμως, κανείς ποτέ δεν χάραξε τον δρόμο της συμφιλίωσης με γεγονότα. Ίσως το ξέρεις από εμπειρία, ότι αυτή η μέθοδος —το να μάχεσαι μέχρι να αποδειχτεί ότι ο ένας είναι «ο σωστός» και ο άλλος είναι «ο λάθος»— το μόνο που καταφέρνει είναι να επιδεινώνει το πρόβλημα. Έρχεται, λοιπόν, ο Ιησούς και μας δείχνει έναν πολύ καλύτερο τρόπο· αυτή είναι η τελευταία και πολύ κρίσιμη πτυχή της αγάπης: η συγχώρεση και η ευλογία· αυτό είναι το μονοπάτι της συμφιλίωσης.

Η σπουδαιότερη έκφραση της αγάπης του Θεού για μας είναι ότι, ενώ ήμασταν ακόμα αμαρτωλοί, ο Χριστός πέθανε για μας (Ρωμαίους 5:8). Ο Θεός μας συγχώρησε πρώτος, πριν να έχουμε τη δυνατότητα να δεχθούμε τη συγχώρεσή Του. Αν και Τον απορρίψαμε, ο Ιησούς δεν ήρθε για να μας αποδείξει ότι κάναμε «λάθος»· αντίθετα, πήρε την πρωτοβουλία να μας συγχωρέσει και, με αυτήν την κίνηση, διόρθωσε τη σχέση μας που είχε χαλάσει εξαιτίας της αμαρτίας. Ο Ιησούς μας έδειξε τι σημαίνει συγχώρεση σε διαπροσωπικό επίπεδο:

Και όταν ήρθαν στον τόπο, που ονομάζεται Κρανίο, εκεί τον σταύρωσαν και τους κακούργους, τον έναν μεν από τα δεξιά, τον άλλον δε από τα αριστερά. Και ο Ιησούς έλεγε: Πατέρα, συγχώρεσέ τους, επειδή δεν ξέρουν τι κάνουν.

Κατά Λουκά 23:33-34

Ο Ιησούς δεν έψαξε να βρει τρόπους για να τιμωρήσει τους εχθρούς Του. Ο στόχος Του ήταν πάντα να συγχωρεί και να αποκαθιστά. Είχε την ικανότητα να βλέπει πέρα από τις πράξεις ενός ανθρώπου και να τον αγαπάει για αυτό που είναι. Η τέλεια αγάπη του Θεού γίνεται φανερή μέσα από τη συγχώρεση, και αυτό είναι το συστατικό που κάνει τις σχέσεις μας υγιείς. Όταν ο Ιησούς μας καλεί να είμαστε «τέλειοι», όπως ο ουράνιος Πατέρας μας είναι τέλειος, το συνδέει με το να αγαπάμε τους εχθρούς μας, να συγχωρούμε αυτούς που μας πληγώνουν, να ευλογούμε αυτούς που μας καταρώνται (Κατά Ματθαίο 5:43-48). Μια άλλη μετάφραση αυτού του πολύ σημαντικού εδαφίου, το αποδίδει ως εξής:

Γι' αυτό, όπως ακριβώς ο Πατέρας σας είναι πλήρης δίνοντας αγάπη σε όλους, έτσι και εσείς πρέπει να είστε πλήρεις.
Κατά Ματθαίο 5:48 (CEB)

Αυτός είναι ο δρόμος της αγιότητας: οι υγιείς, πλήρεις σχέσεις. Ο Ιησούς το εξηγεί με μεγάλη λεπτομέρεια:

Αλλά σε σας που ακούτε, λέω: να αγαπάτε τους εχθρούς σας. Να αγαθοποιείτε εκείνους που σας μισούν, να ευλογείτε εκείνους που σας καταρώνται και να προσεύχεστε για εκείνους που σας βλάπτουν. Σ' εκείνον που σε χτυπάει επάνω στο ένα σαγόνι, πρόσφερέ του και το άλλο, και από εκείνον που αφαιρεί το ιμάτιό σου, μη εμποδίσεις και τον χιτώνα. Σε καθέναν που ζητάει από σένα, δίνε και από εκείνον που αφαιρεί τα δικά σου, μην απαιτείς. Και καθώς θέλετε οι άνθρωποι να κάνουν σε σας, και εσείς να κάνετε τα ίδια σ' αυτούς. Και αν αγαπάτε εκείνους που σας αγαπούν, ποια χάρη οφείλεται σε σας; Επειδή και οι αμαρτωλοί κάνουν το ίδιο. Και αν δανείζετε σ' εκείνους, από τους οποίους ελπίζετε να πάρετε ξανά, ποια χάρη οφείλετε σε σας; Επειδή και οι αμαρτωλοί κάνουν το ίδιο. Και αν δανείζετε σ' εκείνους από τους οποίους ελπίζετε να πάρετε ξανά, ποια χάρη οφείλεται σε σας; Επειδή και οι αμαρτωλοί δανείζουν σε αμαρτωλούς, για να πάρουν πάλι τα ίσα. Εσείς όμως να αγαπάτε τους εχθρούς σας και να αγαθοποιείτε, και να δανείζετε, χωρίς να ελπίζετε σε καμία απολαβή. Και ο μισθός σας θα είναι μεγάλος και θα είστε γιοι του υψίστου, επειδή αυτός είναι αγαθός προς τους αχάριστους και πονηρούς. Να γίνεστε λοιπόν σπλαχνικοί, όπως και ο Πατέρας σας είναι σπλαχνικός. Και να μη κρίνετε και δεν θα κριθείτε. Και να μη καταδικάζετε και δεν θα καταδικαστείτε. Να συγχωρείτε και θα συγχωρεθείτε. Να δίνετε και θα σας δοθεί, καλό μέτρο πιεσμένο και συγκαθισμένο και υπερξεχειλιζόμενο θα δώσουν στον κόρφο σας. Επειδή με το ίδιο μέτρο με το οποίο μετράτε θα αντιμετρηθεί σε σας.
Κατά Λουκά 6:27-38

Chiqui Wood

Η Δική Μου Ιστορία Συμφιλίωσης

Ήξερα ότι αυτή είναι η πραγματική έννοια της αγιότητας, η υγεία στις σχέσεις μου. Και έτσι ήρθα αντιμέτωπη με τη μεγαλύτερη πρόκληση της ζωής μου στο θέμα των σχέσεων. Ξεκίνησα αυτό το κεφάλαιο με την ιστορία της διάλυσης μιας σχέσης μου, όταν έχασα τον πρώτο μου σύζυγο. Η Αντελίνα ήταν η (τότε) πεθερά μου, και με κατηγορούσε άδικα για τον χαμό του συζύγου μου. Αρκετά μέλη της οικογένειας ακολούθησαν το παράδειγμά της, επιβαρύνοντας ακόμα περισσότερο τη θλίψη μου. Ήθελα με όλη μου την καρδιά να προσευχηθώ να έρθει επάνω της η κρίση του Θεού, αλλά ο Ιησούς μου θύμισε τη δική Του επιθυμία, να φέρει αποκατάσταση στις σχέσεις μου. Μου ζήτησε να πάρω την πρωτοβουλία να τη συγχωρέσω και να την ευλογήσω. Ειλικρινά, αυτό ήταν το τελευταίο πράγμα που ήθελα να κάνω. Οι πρώτες μέρες ήταν πολύ δύσκολες. Προσευχόμουν γι' αυτήν με πολύ κόπο και δάκρυα, με λόγια συγχώρεσης και ευλογίας, ζητούσα από τον Θεό να θεραπεύσει την καρδιά της, να διακονήσει στις ανάγκες της, και να την περιβάλλει με την αγάπη Του. Όμως, όσο περνούσε ο καιρός, η προσευχή μου γινόταν πιο εύκολη. Οι σκέψεις μου για αυτήν δεν είχαν την πικρία που είχαν πριν και ήξερα ότι η καρδιά μου απέναντί της σιγά σιγά άλλαζε.

Λίγους μήνες αργότερα, ήξερα πλέον ότι κάτι είχε αλλάξει. Η Αντελίνα επέστρεψε στην Αργεντινή και εξακολουθούσε να μη μου μιλάει, αλλά εγώ ένιωθα μια νέα αίσθηση αγάπης απέναντί της. Όσο προσευχόμουν για αυτήν, τόσο μαλάκωνε η καρδιά μου. Ήξερα ότι το Άγιο Πνεύμα εργαζόταν μέσα μου. Δεν είχα καμία αίσθηση κατάκρισης ή κριτικής, παρά μόνο συμπόνοια. Τα γενέθλιά της ήταν τον Σεπτέμβριο — 4 μήνες από τον θάνατο του Αννίβα. Δεν είχαμε επικοινωνήσει καθόλου, απλά της έστειλα μια κάρτα γενεθλίων εκφράζοντας την αγάπη και την εκτίμησή μου. Έφτασαν τα Χριστούγεννα και δεν φάνηκε καμία αλλαγή, απλά έμαθα ότι παρέλαβε τη Χριστουγεννιάτικη κάρτα μου και ήταν ευγνώμων για αυτό. Συνέχισα να προσεύχομαι για αυτήν —να τη συγχωρώ και να την ευλογώ.

Τον επόμενο Μάρτιο έκανα ένα ιεραποστολικό ταξίδι στην Αργεντινή. Προς έκπληξή μου, όταν προσγειώθηκα στη Μεντόζα, η Αντελίνα με περίμενε στο αεροδρόμιο για να με καλωσορίσει. Αγκαλιαστήκαμε, κλάψαμε, έσφιξε τα χέρια μου, με φίλησε και μου ζήτησε να τη συγχωρέσω για τη συμπεριφορά της. Μου εξήγησε ότι για αρκετό καιρό πάλευε με τη θλίψη της και προσπαθούσε να τη διαχειριστεί. Της είπα ότι τη συγχώρησα και της ζήτησα να με συγχωρήσει για τον πόνο που της προκάλεσα. Ξοδέψαμε αρκετό χρόνο μαζί σε αυτό το ταξίδι, θυμηθήκαμε τις παλιές, καλές μας στιγμές και δημιουργήσαμε νέες. Βρεθήκαμε ξανά όταν ήρθε στο Τέξας και περάσαμε υπέροχα μαζί. Είμαι ευγνώμων που η σχέση μας αποκαταστάθηκε, και ανυπομονώ για τη στιγμή που θα συναντηθούμε και πάλι στην παρουσία του Κυρίου.

Έχω γευθεί από πρώτο χέρι πόσο πλήρης μπορεί να είναι η ζωή μας, όταν εφαρμόζουμε τις οδηγίες του Θεού στις σχέσεις μας, και το ίδιο εύχομαι και για σένα.

Συμπέρασμα

Σε αυτό το κεφάλαιο είδαμε ότι οι σχέσεις είναι πολύ σημαντικές για τον Θεό —τόσο σημαντικές, που μας δίνει έναν οδηγό για τις σχέσεις μας, έναν τρόπο για να «διαλέξουμε τη ζωή». Οι Δέκα Εντολές (ή τα Δέκα Λόγια) αφορούν τις σχέσεις μας και εκπληρώνονται μέσα στις σχέσεις μας. Μας διδάσκουν πώς θα είναι η ζωή μας όταν οι σχέσεις μας είναι υγιείς. Ο *Abba* μας προσκαλεί να Τον γνωρίσουμε και να Τον εμπιστευθούμε. Όταν το κάνουμε αυτό, δεν θα έχουμε άλλους θεούς, δεν θα φτιάχνουμε είδωλα, ούτε θα προσκυνούμε άλλους θεούς. Θα απολαμβάνουμε τα οφέλη της απέραντης καλοσύνης Του, της υπομονής και της τρυφερής αγάπης Του και θα μπορούμε να αναπαυόμαστε. Επίσης, ο *Abba* μας δείχνει τι σημαίνει να έχουμε υγιείς σχέσεις μεταξύ μας, και αυτό περιλαμβάνει το να τιμάμε τον πατέρα και τη μητέρα μας και να αποφεύγουμε όλα αυτά που βλάπτουν τις σχέσεις μας.

Ζούμε σε μια κουλτούρα που δίνει μεγάλη αξία στον ατομικισμό, γι' αυτό είναι σημαντικό να προσέξουμε ποια είναι η επιθυμία του Θεού για τις σχέσεις μας. Όταν ο Θεός μας δίνει οδηγίες για τις σχέσεις μας — μαζί Του και μεταξύ μας— το κάνει για να μας δώσει μια άγια ζωή, όπου θα μπορούμε να απολαμβάνουμε την ευλογία Του χωρίς εμπόδια. Ο Θεός είναι ανένδοτος ως προς την ανάγκη μας να έχουμε υγιείς σχέσεις, επειδή αυτές απεικονίζουν τη δική Του φύση, που είναι μια σχέση. Εφόσον είμαστε πλασμένοι σύμφωνα με την εικόνα του Θεού, είμαστε ολοκληρωμένοι σαν άνθρωποι μόνο μέσα σε ολοκληρωμένες και υγιείς σχέσεις —τόσο με τον Θεό, όσο και μεταξύ μας.

Οι οδηγίες του Θεού για τις σχέσεις συνοψίζονται στο να αγαπάμε ο ένας τον άλλον. Η αγάπη είναι ο τρόπος που συνυπάρχουν ο Πατέρας, ο

Γιος και το Άγιο Πνεύμα, ο τρόπος που επικοινωνούν και αλληλεπιδρούν μεταξύ Τους· κατ' επέκταση, με τον ίδιο τρόπο επικοινωνούν και απευθύνονται σε όλα όσα δημιούργησαν. Μέσα από τη ζωή του Ιησού βλέπουμε ότι η αγάπη εκφράζεται με διάφορους τρόπους: ο Ιησούς δεν είναι καθόλου προσωπολήπτης, δεν κάνει διακρίσεις, ούτε κατακρίνει, αλλά ξεπερνά κάθε εμπόδιο και βρίσκει τρόπους για να ευλογήσει τους άλλους —να δώσει ό,τι έχει για να τους κάνει πλήρεις. Ο Ιησούς βλέπει την αξία των ανθρώπων και την εξυψώνει, αγαπάει χωρίς όρους, και ενεργεί με σπλαχνικότητα. Νιώθει τον πόνο των άλλων. Ο Ιησούς δεν κατακρίνει, αλλά είναι γρήγορος να συγχωρεί και να ευλογεί για να φέρνει συμφιλίωση. Αυτός είναι ο δρόμος της αγιότητας: να δείχνεις αγάπη σε όλους.

Ο Θεός μας καλεί να είμαστε σωστοί στις σχέσεις μας, και μας δείχνει τι σημαίνει αυτό. Τώρα, προκύπτει το ερώτημα, πώς θα το κάνουμε αυτό; Μπορεί να γίνει με τη δύναμη της θέλησής μας; Μπορεί να μας δώσει ο Θεός μια λίστα με τα «πρέπει» και τα «δεν πρέπει»; Τα καλά νέα είναι ότι ο *Abba* δεν μας διδάσκει απλά πώς να ζούμε, και μετά μας αφήνει να το κάνουμε με τη δική μας δύναμη. Όχι, μας δίνει το Άγιο Πνεύμα, και είναι ο δικός Του καρπός που μας οδηγεί σε υγιείς σχέσεις. Αυτό θα το εξετάσουμε στο επόμενο κεφάλαιο.

ΠΕΡΙΣΥΛΛΟΓΗ

Μπορείς να εντοπίσεις κάποιους τομείς στη ζωή σου που δυσκολεύεσαι να ακολουθήσεις τις οδηγίες του Θεού για τις σχέσεις; Τι σου λέει ο Θεός μέσα από αυτό το κεφάλαιο για τη σημασία της «σωστής» διαχείρισης μιας σχέσης;

Υπάρχουν σχέσεις στη ζωή σου που χρειάζονται αποκατάσταση; Σε έχουν αδικήσει ποτέ; Εάν ναι, μπορείς να πιστέψεις τον Λόγο του Θεού, να Τον εμπιστευθείς και να εφαρμόσεις αυτό που δίδαξε ο Ιησούς; Είναι η ώρα να συγχωρέσεις και να ευλογήσεις. Σου προτείνω να ανατρέξεις στην Άσκηση για τη Συγχώρεση στο τέλος του 1ου Κεφαλαίου, και να ξεκινήσεις από εκεί.

ΠΡΟΣΕΥΧΗ

Πατέρα, Σε ευχαριστούμε που μας προσκαλείς να διαλέξουμε τη ζωή, και μας δίνεις έναν οδηγό για τις σχέσεις μας, ώστε να μπορέσουμε να ζήσουμε αληθινά. Σου ζητούμε να μας δώσεις μεγαλύτερη αποκάλυψη της αγάπης Σου και να βαθύνεις τη σχέση μας μαζί Σου, ώστε να Σε γνωρίσουμε καλύτερα. Σου ζητούμε να εργαστείς στις καρδιές μας και να μας διδάξεις πώς να έχουμε πλήρεις και υγιείς σχέσεις μαζί Σου και μεταξύ μας. Εκεί που οι σχέσεις μας είναι τραυματισμένες, Σου ζητούμε να μας δείξεις τί μπορούμε να κάνουμε για να έρθει αποκατάσταση. Δώσε μας τη δύναμη να συγχωρέσουμε και να ευλογήσουμε αυτούς που μας έχουν πληγώσει. Και εκεί που εμείς πληγώσαμε άλλους, δώσε μας το κουράγιο να ζητήσουμε συγγνώμη. Αφιερώνουμε κάθε σχέση μας σε Εσένα. Γέμισέ μας με το Άγιο Πνεύμα Σου, για να μάθουμε πώς να ζούμε αντάξια του καλέσματός μας. Αναγνωρίζουμε τις αδυναμίες μας και ζητούμε τη δύναμή Σου. Στο όνομα του Ιησού. Αμήν.

ΓΙΑ ΟΜΑΔΙΚΗ ΣΥΖΗΤΗΣΗ

1. Διαλέξτε μια από τις ιστορίες αυτού του κεφαλαίου και συζητήστε τι μαθαίνουμε για τις σχέσεις από το παράδειγμα του Ιησού.

2. Μιλήστε για τις Δέκα Εντολές σε συνάρτηση με τις σχέσεις μας. Τι σου κάνει μεγαλύτερη εντύπωση; Πώς αντιλαμβάνεσαι την επιθυμία του Θεού για τις σχέσεις μας;

3. Σκεφτείτε με ποιους τρόπους επηρεάζει τις σχέσεις μας ο ατομικισμός. Ενώ ζεις σε μια κουλτούρα που δίνει μεγάλη αξία στον ατομικισμό, τι μπορείς να κάνεις για να βοηθήσεις τους γύρω σου να δίνουν αξία στις σχέσεις τους;

Οκτώ

Ο Πατέρας και η Ελευθερία

Όποιον ο Γιος ελευθερώσει, είναι πραγματικά ελεύθερος.

—Ιησούς

Στο 16ο κεφάλαιο των Πράξεων βρίσκουμε μια αξιοσημείωτη ιστορία απελευθέρωσης. Ενώ ο Παύλος και ο Σίλας κηρύττουν στην πόλη των Φιλίππων, ξαφνικά, αρχίζει να τους ακολουθεί μια δούλη που έχει πνεύμα μαντείας. Ο Παύλος προστάζει το πνεύμα να βγει από αυτήν. Τα αφεντικά της κοπέλας, αντί να δουν αυτήν την κίνηση θετικά, εξοργίζονται μαζί τους! Το αποτέλεσμα, τελικά, είναι ότι ο όχλος και οι στρατηγοί ξυλοκοπούν τον Παύλο και τον Σίλα με ραβδισμούς και τους ρίχνουν στη φυλακή.

Μέχρι εδώ, δεν μοιάζει και πολύ με ιστορία απελευθέρωσης! Έχουμε δύο υπηρέτες του Θεού που, ενώ κάνουν κάτι καλό, καταλήγουν στη φυλακή. Δεν περιμέναμε κάτι τέτοιο. Όταν μιλάμε για τον Πατέρα και την ελευθερία που μας δίνει, θεωρούμε ότι ο *Abba* θα μας ελευθερώσει από κάθε πρόβλημα ή εμπόδιο. Εδώ, όμως, βλέπουμε να γίνεται το αντίθετο. Ο Παύλος και ο Σίλας βρίσκονται αλυσοδεμένοι σε μια φυλακή. Αλλά, η ιστορία μας δεν τελειώνει εδώ.

Ο Λουκάς μας αφηγείται τη συνέχεια· γύρω στα μεσάνυχτα, ο Παύλος και ο Σίλας προσεύχονται και υμνούν τον Θεό, και οι φυλακισμένοι τους ακούν. Ξαφνικά, γίνεται ένας μεγάλος σεισμός, τα θεμέλια της φυλακής σείονται, οι πόρτες ανοίγουν, και πέφτουν οι αλυσίδες ολονών. Μιλάμε για μεγάλη απελευθέρωση! Θα έλεγε κάποιος, *Αυτό μάλιστα! Μια ιστορία που έρχεται ο Θεός και ελευθερώνει τους φυλακισμένους.* Αλλά, και πάλι, αυτή η ιστορία δεν τελειώνει εδώ.

Ο δεσμοφύλακας ξυπνάει, και μόλις καταλαβαίνει τι έχει συμβεί, φοβάται ότι οι φυλακισμένοι δραπέτευσαν και αποφασίζει να αυτοκτονήσει. Και τότε γίνεται κάτι εξαιρετικό: Ο Παύλος φωνάζει με δυνατή φωνή και του λέει, «Μην κάνεις κακό στον εαυτό σου, επειδή όλοι είμαστε εδώ!». Ο δεσμοφύλακας είναι σοκαρισμένος με όσα συμβαίνουν και τον ρωτάει τι πρέπει να κάνει για να σωθεί. Η ιστορία

145

Η πραγματική ελευθερία είναι η ελευθερία από την ανάγκη μας να αυτοσυντηρούμαστε· ελευθερία από την τάση μας να κυνηγάμε το συμφέρον μας.

ολοκληρώνεται με τον δεσμοφύλακα και την οικογένειά του να πιστεύουν στον Θεό, με τον Παύλο και τον Σίλα να παραμένουν στη φυλακή, και τους στρατηγούς της πόλης να έρχονται και να τους παρακαλούν να φύγουν.

Ο Παύλος και ο Σίλας αποτελούν παράδειγμα για το τι σημαίνει αληθινή ελευθερία. Δεν τους απασχολούσε αν θα ήταν μέσα στη φυλακή ή έξω, αν θα ήταν δεμένοι ή ελεύθεροι από τα δεσμά. Όταν κήρυτταν, ήταν ελεύθεροι. Όταν τους ξυλοκοπούσαν, ήταν ελεύθεροι. Ακόμα και όταν ήταν στη φυλακή, προσεύχονταν και υμνούσαν —επειδή ήταν ελεύθεροι. Όταν άνοιξαν οι πόρτες της φυλακής, δεν ένιωσαν την ανάγκη να δραπετεύσουν. Ήταν ήδη ελεύθεροι. Ήταν πραγματικά ελεύθεροι, γιατί ήταν ελεύθεροι μέσα τους.

Στα πλαίσια της δικής μας κουλτούρας, νομίζουμε ότι ελευθερία είναι η απουσία προβλημάτων, η απουσία εμποδίων, η απουσία κάθε περιορισμού. Πανηγυρίζουμε, γιατί θεωρούμε ότι ελευθερία είναι η δυνατότητα να κάνουμε ό,τι θέλουμε. Η πραγματική ελευθερία, όμως, είναι να είμαστε ελεύθεροι από την ανάγκη μας να αυτοσυντηρούμαστε· ελεύθεροι από την τάση μας να κυνηγάμε το συμφέρον μας. Είναι η ικανότητα να ζούμε με αλήθεια, με ειλικρίνεια, και με αγάπη προς τον Θεό και προς τους άλλους. Είναι η ελευθερία να στρέφουμε τα μάτια μας στους γύρω μας, η ελευθερία να δεχόμαστε τον Θεό χωρίς φόβο ή δισταγμό. Είναι η ελευθερία να διαλέγουμε τη ζωή και να ζούμε με αγιότητα.

Όπως είδαμε στο τελευταίο κεφάλαιο, ο Θεός θέλει να γευθούμε μια πλήρη ζωή, μια ζωή που υπάρχει μόνο μέσα σε πλήρεις και υγιείς σχέσεις. Αυτή η πραγματικά ελεύθερη ζωή είναι μια ζωή γεμάτη αγάπη, που θεωρεί τους άλλους πιο σημαντικούς από τον εαυτό της. Σύμφωνα με τον Μακμάρεϊ:

Οι άνθρωποι που έχουν αποφασίσει να αγαπούν, έχουν μέσα τους ζωή, την άφθονη ζωή. Με κάθε ευκαιρία επιλέγουν τη ζωή και πολεμούν για χάρη της ενάντια στις δυνάμεις του θανάτου. Είναι άνθρωποι πραγματικά ζωντανοί, για τους οποίους μπορούμε να πούμε ότι έχουν την αιώνια ζωή μέσα τους σαν μια πηγή που αναβλύζει συνεχώς. Αυτοί οι άνθρωποι είναι συναισθηματικά ελεύθεροι.[77]

Όταν μας ελευθερώνει ο Θεός, είμαστε πραγματικά ελεύθεροι, και αυτή η ελευθερία κάνει τη ζωή μας πλήρη. Η ελευθερία είναι ένα πολύπλοκο θέμα και έχουν γραφτεί τόμοι ολόκληροι που την αναλύουν λεπτομερώς.[78] Για τις ανάγκες αυτού του βιβλίου, θα εστιάσουμε την προσοχή μας σε έναν συγκεκριμένο τομέα της ελευθερίας, που έχει ίσως τον μεγαλύτερο αντίκτυπο στις σχέσεις μας: την ελευθερία από τον φόβο. Για να κατανοήσουμε τη σημασία της, πρέπει πρώτα να αναγνωρίσουμε το πρόβλημα. Έπειτα θα δούμε πώς μας ελευθερώνει ο Θεός και τέλος, πώς αυτό επηρεάζει τις σχέσεις μας.

Το Πρόβλημα του Φόβου

Στην ερώτηση, ποια είναι η μεγαλύτερη εντολή, η πιο πιθανή —και σωστή— απάντηση των χριστιανών είναι:

> «Θα αγαπάς τον Κύριο τον Θεό σου από όλη την καρδιά σου
> και από όλη την ψυχή σου, και από όλη τη διάνοιά σου.
> Δεύτερη εντολή όμοια με αυτή είναι:
> Θα αγαπάς τον πλησίον σου σαν τον εαυτό σου».
> Κατά Ματθαίο 22:37

Ξέρεις, όμως, ποια είναι η πιο συχνή εντολή στην Αγία Γραφή; «Μη φοβάσαι!». Σε διάφορες καταστάσεις και με πολλούς τρόπους, ο Θεός λέει ξανά και ξανά: «Μη φοβάσαι», «Μη δειλιάζεις».[79] Μπορείς να σκεφτείς για ποιο λόγο επαναλαμβάνει αυτήν την εντολή; Επειδή, ως επί το πλείστο, η ζωή του ανθρώπου κινείται μέσα στο πλαίσιο του φόβου.

Για να είμαστε ακριβείς: υπάρχουν πολλά είδη φόβων. Υπάρχει ο φυσιολογικός φόβος που νιώθουμε όταν αντιμετωπίζουμε έναν υπαρκτό, επικείμενο κίνδυνο. Όπως όταν βλέπουμε έναν κροταλία δίπλα μας, όταν ένα μέρος πάρει φωτιά ή όταν η ζωή μας απειλείται με οποιοδήποτε τρόπο. Αυτός ο φόβος είναι θεμιτός και λογικός. Ο Θεός μας έδωσε την αίσθηση του φόβου για την ασφάλειά μας, και είναι καλό να δίνουμε προσοχή σε αυτή.

Υπάρχει, επίσης, ένα είδος φόβου που προέρχεται από την ανάμνηση επώδυνων καταστάσεων. Το 1998 ήμουν σε ένα τρομερό αυτοκινητιστικό δυστύχημα. Εξαιτίας αυτού, μέχρι σήμερα με πιάνει ρίγος στον δρόμο

Η μόνη ήττα για μας, είναι αν αφήσουμε τις καταστάσεις να μας χωρίσουν από την αγάπη Του.

όταν η κυκλοφορία επιβραδύνεται ξαφνικά και νιώθω ότι το όχημα πίσω μου δεν θα προλάβει να σταματήσει εγκαίρως (ειδικά αν είναι πενταξονική νταλίκα). Η ανάμνηση του τροχαίου θέτει τον οργανισμό μου σε κατάσταση εγρήγορσης. Αυτό το είδος φόβου δεν είναι απαραίτητα κακό, εκτός αν μας εμποδίζει να ζούμε ελεύθεροι. Για παράδειγμα, αν φοβόμουν να οδηγήσω ξανά λόγω του ατυχήματος, θα ήμουν δέσμια αυτού του φόβου. Ο Θεός θέλει να είμαστε ελεύθεροι από τέτοιους παράλογους φόβους.

Υπάρχει μια ακόμη κατηγορία φόβων. Μπορεί να φοβόμαστε να μείνουμε μόνοι, να φοβόμαστε μήπως δεν μας αγαπάει κάποιος, να φοβόμαστε ότι δεν είμαστε αρκετά καλοί. Ίσως φοβόμαστε την αποτυχία ή την απόρριψη.[80] Υπάρχει επίσης ο φόβος του πόνου, των δυσκολιών, της φτώχειας και του θανάτου. Αυτή η κατηγορία φόβων είναι και η πιο σοβαρή, γιατί έχει να κάνει με την ταυτότητα και την αξία μας, όπως και με τη συνολική ψυχοσωματική μας κατάσταση. Πολύ συχνά, αυτό το είδος φόβου περνά απαρατήρητο, αλλά επηρεάζει βαθύτατα τον τρόπο ζωής μας. Αυτός ο φόβος δεν ήταν ποτέ στα σχέδια του Θεού για την ανθρωπότητα· είναι αναπόσπαστο κομμάτι της διαλυμένης κατάστασης του κόσμου μας.

Ο φόβος είναι το πιο ισχυρό εμπόδιο ενάντια στον άνθρωπο που θέλει να νοιάζεται για τον διπλανό του, γιατί μας κάνει να ζούμε σε άμυνα και να ασχολούμαστε μόνο με τον εαυτό μας. Δημιουργηθήκαμε για να είμαστε αυθόρμητοι και να προσφέρουμε τον εαυτό μας στους ανθρώπους γύρω μας. Όμως, κάθε καρδιά που είναι δεμένη με φόβο, απαιτεί ασφάλεια και προστασία. Όταν μας συμβαίνει αυτό, δημιουργούμε μηχανισμούς αυτοάμυνας που μας εμποδίζουν να ζούμε αυθόρμητα με τους συνανθρώπους μας. Όπως λέει ο Μακμάρεϊ, «Όσο περισσότερο φόβο έχουμε μέσα μας, τόσο λιγότερο ζούμε. Ο φόβος καταφέρνει να καταστρέψει τη ζωή μας, γιατί μας στρέφει γύρω από τον εαυτό μας, και έτσι μας απομονώνει από τον υπόλοιπο κόσμο».[81] Ο φόβος είναι πλέον κομμάτι της ζωής του ανθρώπου, αλλά ο Πατέρας θέλει να μας ελευθερώσει από αυτόν· γι' αυτό έρχεται κοντά μας και μας λέει, «μη φοβάσαι», «μη φοβάσαι», «μη φοβάσαι».

Θέλω να θυμάσαι, όμως, ότι ο Θεός δεν υποσχέθηκε ότι εξαιρούμαστε από τις δυσκολίες, την απώλεια, τη θλίψη ή τον θάνατο σε αυτή τη ζωή. Στην πραγματικότητα, ο Ιησούς ήταν ξεκάθαρος:

*Αυτά τα μίλησα σε σας, ώστε ενωμένοι μαζί μου, να έχετε
ειρήνη. Μέσα στον κόσμο θα έχετε θλίψη, αλλά να έχετε
θάρρος, εγώ νίκησα τον κόσμο.*

Κατά Ιωάννη 16:33

Δεν μας είπε ότι αυτά που φοβόμαστε δεν θα μας συμβούν ποτέ.
Ζούμε σε έναν συντριμμένο κόσμο και υποκείμεθα στις συνέπειες
της αμαρτίας (που συμπεριλαμβάνουν την ελεύθερη βούληση των
ανθρώπων, αλλά και τις δαιμονικές επιθέσεις). Θα έρθει η μέρα, που
ο Ιησούς θα βασιλεύσει ολοκληρωτικά στη γη, το τέλειο θέλημα του
Θεού θα επικρατήσει και όλα αυτά θα εξαφανιστούν. Μέχρι τότε,
όμως, θα έχουμε θλίψεις. Θα νιώσουμε πόνο, θα περάσουμε δυσκολίες
και θα γευθούμε τον θάνατο, αλλά ο Ιησούς μας διαβεβαιώνει πως δεν
χρειάζεται να φοβόμαστε, επειδή Αυτός νίκησε τον κόσμο. Το οποίο
δεν σημαίνει ότι δεν θα μας συμβούν αυτά που φοβόμαστε· σημαίνει
ότι δεν χρειάζεται να μας κυβερνούν. Ακόμη και στις πιο αντίξοες
συνθήκες, μπορούμε να έχουμε τη βεβαιότητα ότι ο Θεός είναι μαζί
μας και θα μας βοηθήσει να τα αντιμετωπίσουμε. Η μόνη ήττα για μας,
είναι αν αφήσουμε αυτές τις καταστάσεις να μας χωρίσουν από την
αγάπη Του.[82] Όταν είμαστε σίγουροι για την αγάπη του *Abba* για εμάς,
απολαμβάνουμε πραγματική ελευθερία —γιατί δεν έχουμε την ανάγκη
να ασχολούμαστε με το δικό μας συμφέρον, και έτσι μπορούμε να
ζούμε την πιο πλήρη ζωή, αυτήν που έχει στο επίκεντρο τους άλλους.

Η Ζωή του Ιησού Χωρίς Φόβο

Ο Ιησούς είναι η πιο ξεκάθαρη εικόνα της άφθονης ζωής. Καθώς
ήταν ένας ολοκληρωμένος άνθρωπος στη σχέση Του με τον Πατέρα,
μας δείχνει πώς είναι να ζούμε πραγματικά ελεύθεροι. Ίσως το πιο
γνωστό παράδειγμα που μας δείχνει ότι πάντα ήταν στραμμένος στους
γύρω Του, είναι από το τελευταίο δείπνο με τους
μαθητές Του στο ανώγειο:

*Σηκώνεται από το δείπνο, και βγάζει τα ιμάτιά
του, παίρνοντας δε μία πετσέτα ζώστηκε
ολόγυρα στη μέση. Έπειτα, βάζει νερό στη
λεκάνη και άρχισε να πλένει τα πόδια των*

**Πιστεύουμε
ότι αν απλά
προσπαθήσουμε
πιο σκληρά, ίσως
κάποια μέρα
μάθουμε να ζούμε
άγιες ζωές.**

μαθητών, και να τα σκουπίζει με
την πετσέτα, που είχε ζωσμένη στη μέση.

Κατά Ιωάννη 13:4-5

Τι υπέροχο παράδειγμα για μας! Ο Ιησούς πήρε την πιο απαξιωτική θέση, ενός υπηρέτη, και μας έδειξε τι ακριβώς σημαίνει να ζει κάποιος με επίκεντρο τους άλλους —να μην κυνηγά το συμφέρον του, αλλά το συμφέρον του διπλανού του (Φιλιππησίους 2:4).

Το πρόβλημα με μας είναι ότι βλέπουμε τι έκανε ο Ιησούς και θεωρούμε ότι πρέπει να προσπαθήσουμε να Του μοιάσουμε με τη δική μας δύναμη. Θέλουμε να προετοιμάζουμε τους εαυτούς μας ψυχολογικά ώστε να κάνουμε τις σωστές επιλογές, και να έχουμε την πειθαρχία να ενεργούμε ορθά. Πιστεύουμε ότι αν απλά προσπαθήσουμε λίγο πιο σκληρά, ίσως κάποια μέρα μάθουμε να ζούμε άγιες ζωές, όπως ο Ιησούς. Θα ήθελα, όμως, να σου επιστήσω την προσοχή στο προηγούμενο εδάφιο, που μας δείχνει το κίνητρο του Ιησού, και μας αποκαλύπτει πώς κατάφερε να υπηρετεί τον κόσμο με τόση ανιδιοτέλεια:

Ο Ιησούς, ξέροντας ότι ο Πατέρας έδωσε σ' αυτόν τα πάντα στα
χέρια του, και ότι από τον Θεό βγήκε και προς τον Θεό πηγαίνει,
σηκώνεται από το δείπνο.

Κατά Ιωάννη 13:3-4

Ο Ιησούς ήταν στερεωμένος στην αγάπη του Πατέρα. Ήξερε από πού προήλθε και πού πήγαινε. Απόλυτα ασφαλής μέσα στην αγάπη του *Abba*, δεν είχε την ανάγκη να αποδείξει κάτι, δεν είχε τίποτα να χάσει, δεν είχε τίποτα να φοβηθεί. (Αυτά τα χαρακτηριστικά της καρδιάς ενός πραγματικού γιού, αναφέρονται αναλυτικά στο βιβλίο «*The Abba Factor*» [Ο Ρόλος του *Abba*]). Ο Ιησούς δεν χρειαζόταν τον θαυμασμό των ανθρώπων για να νιώσει καλά για τον εαυτό Του. Η αγάπη του Πατέρα Του ήταν το μόνο που είχε ανάγκη. Βλέπουμε έμπρακτα αυτήν την αλήθεια στη συνάντηση του Ιησού με τον διάβολο στην έρημο: Είχε τη δύναμη να αντισταθεί στον πειρασμό, επειδή ήταν στερεωμένος στη σχέση που είχε με τον Πατέρα.

Ο Ιησούς ήταν πραγματικά ελεύθερος, και γι' αυτό μπορούσε να δίνει τον εαυτό Του ελεύθερα.[83] Μέσα στη σχέση αγάπης του Τριαδικού Θεού, ο Ιησούς ήταν ελεύθερος από κάθε φόβο —ελεύθερος από την ανάγκη να φροντίζει για το συμφέρον Του, και επομένως, ελεύθερος να αγαπάει και να νοιάζεται για άλλους. Αυτή η σχέση έδωσε τη δύναμη στον Ιησού να υπομείνει όλα τα βάσανα και να παραδώσει τη ζωή Του για τους ανθρώπους, υπηρετώντας και υπακούοντας τον Πατέρα Του.[84]

Ο Καρλ Μπαρθ λέει ότι η ύψιστη έκφραση της ελευθερίας του Θεού στο πρόσωπο του Ιησού Χριστού, είναι η ελευθερία Του να μας αγαπά. Η ελευθερία του Θεού φανερώνεται από το γεγονός ότι μπορεί να είναι Θεός, και ταυτόχρονα να είναι μαζί μας και υπέρ μας. Είναι Βασιλιάς με εξουσία, αλλά θυσιάζει τον Εαυτό Του για μας. Είναι υψωμένος με δόξα, αλλά απόλυτα ταπεινός. Είναι ο Παντοδύναμος Θεός που είναι γεμάτος έλεος. Είναι Κύριος, αλλά και υπηρέτης. Είναι ο Κριτής, αλλά τιμωρείται ως κατηγορούμενος για την αμαρτία μας. Είναι ο αιώνιος Βασιλιάς μας, και ταυτόχρονα, ο αδελφός μας, όταν Τον χρειαζόμαστε.[85]

Πράγματι, καλούμαστε να μοιάσουμε στον Ιησού και να ενεργούμε όπως Αυτός, αλλά αυτό είναι εφικτό μόνο όταν είμαστε πραγματικά ελεύθεροι —ελεύθεροι από τους φόβους μας και άρα, ελεύθεροι από την ανάγκη μας να προστατεύουμε τους εαυτούς μας· τότε θα μπορούμε να δίνουμε τους εαυτούς μας, να μην κρατάμε τίποτα για μας, να αγαπάμε τον διπλανό μας όπως τον εαυτό μας.

Η Λύση: «Μαζί μας» και «Υπέρ μας»

Πώς θα μπορέσουμε, λοιπόν, να ελευθερωθούμε από τον φόβο; Ο Ιωάννης μας λέει:

*Αλλά, η τέλεια αγάπη βγάζει έξω τον φόβο. Επειδή ο φόβος
έχει κόλαση και εκείνος που φοβάται δεν έχει φτάσει
σε τέλειο βαθμό μέσα στην αγάπη.*

Α΄ Ιωάννη 4:18

Το κλειδί για να ζήσεις ελεύθερος από τον φόβο είναι να γνωρίζεις την τέλεια αγάπη του Θεού. Δηλαδή να ζεις ξέροντας βαθιά μέσα σου ότι ο Θεός είναι *μαζί* μας, αλλά και *υπέρ* μας. Και τα δύο είναι σημαντικά.

Εάν πιστεύουμε ότι ο Θεός είναι *μαζί* μας, αλλά δεν είμαστε σίγουροι ότι είναι *υπέρ* μας, δεν θα Τον θέλουμε πολύ κοντά μας.

Εάν πιστεύουμε ότι ο Θεός είναι *υπέρ* μας, αλλά δεν είμαστε σίγουροι ότι είναι *μαζί* μας, θα φοβόμαστε ότι δεν θα είναι κοντά μας για να μας βοηθήσει όταν Τον χρειαστούμε.

Όπως είδαμε στα προηγούμενα κεφάλαια, πολλοί έχουμε παρεξηγήσει τον Θεό και τον χαρακτήρα Του, πράγμα που δημιουργεί ένα χάσμα ανάμεσα σε εμάς και Αυτόν. Οι λανθασμένες αντιλήψεις μας για τον Θεό μας κάνουν να αμφιβάλλουμε ότι είναι πράγματι *μαζί* μας και *υπέρ* μας. Αν, όμως, γνωρίζουμε τον *Abba* του Ιησού, θα γνωρίζουμε πόσο τέλεια είναι η αγάπη του καλού Πατέρα μας, που θέλει το καλύτερο για τα παιδιά Του. Ας διερευνήσουμε τι λέει η Βίβλος για αυτά τα δύο.

Ο Θεός Είναι Μαζί Μας

Τις περισσότερες φορές μέσα στην Αγία Γραφή, όποτε βλέπουμε τον Θεό να λέει στον λαό Του να μη φοβάται, αυτή η εντολή συνοδεύεται από μια καθησυχαστική υπόσχεση ότι Αυτός είναι παρών. Ας δούμε μερικές περιπτώσεις:

Να μη φοβάσαι, επειδή εγώ είμαι μαζί σου.
Να μη τρομάζεις επειδή εγώ είμαι ο Θεός σου.
Σε ενίσχυσα, μάλιστα σε βοήθησα, μάλιστα σε
υπερασπίστηκα με το δεξί χέρι της δικαιοσύνης μου.
Ησαΐας 41:10

Και ο Κύριος, αυτός είναι που προπορεύεται μπροστά από
σένα. Αυτός θα είναι μαζί σου, δεν θα σε αφήσει ούτε θα σε
εγκαταλείψει, να μη φοβάσαι ούτε να δειλιάζεις.
Δευτερονόμιο 31:8

Γι' αυτό, δεν θα φοβηθούμε και αν η γη σαλευτεί,
και τα βουνά μετατοπιστούν στο μέσον των θαλασσών.
Ο Κύριος των δυνάμεων είναι μαζί μας,
προπύργιό μας είναι ο Θεός του Ιακώβ.
Ψαλμός 46:1-2, 7

Ο Πατέρας δεν μας καλεί να ζούμε μια στωική ζωή, δηλαδή να αγνοούμε τις καταστάσεις που μας κάνουν να φοβόμαστε. Αντιθέτως, αναγνωρίζει ότι από μόνοι μας δεν έχουμε τη δύναμη να ελευθερωθούμε από τον φόβο, γι' αυτό φροντίζει πάντα να μας θυμίζει τη δέσμευσή Του ότι θα είναι *μαζί* μας. Υπάρχουν πολλά εδάφια που επιβεβαιώνουν τη δέσμευση του Θεού να είναι *μαζί* μας —όχι περιστασιακά, αλλά σε μόνιμη βάση:

Και η σκηνή μου θα είναι ανάμεσά τους και θα είμαι Θεός τους
και αυτοί θα είναι λαός μου.

Ιεζεκιήλ 37:27

Και άκουσα μία δυνατή φωνή από τον ουρανό, που έλεγε:
Δέστε, η σκηνή του Θεού μαζί με τους ανθρώπους,
και θα σκηνώσει μαζί τους, και αυτοί θα είναι λαοί του,
και αυτός ο Θεός θα είναι μαζί τους ο Θεός τους.

Αποκάλυψη 21:3

Και θα είναι λαός μου, και εγώ θα είμαι Θεός τους.

Ιερεμίας 32:38

Και προσέξτε, εγώ είμαι μαζί σας όλες τις ημέρες,
μέχρι τη συντέλεια του αιώνα. Αμήν.

Κατά Ματθαίο 28:20

Δεν θα σας αφήσω ορφανούς, έρχομαι προς εσάς. Λίγο ακόμα,
και ο κόσμος δεν με βλέπει πλέον, εσείς όμως με βλέπετε, επειδή
εγώ ζω και εσείς θα ζείτε.

Κατά Ιωάννη 14:18

Μέσα στην παντοδυναμία Του, ο Θεός διάλεξε να φέρει τη μόνιμη κατοικία Του ανάμεσα στους ανθρώπους. Θέλει να είναι *μαζί* μας. Στο 3ο κεφάλαιο, εξηγήσαμε ότι ο Θεός δημιουργεί μέσα από το υπερχείλισμα της αγάπης που μοιράζονται ο Πατέρας, ο Γιος και το Άγιο Πνεύμα. Ο Θεός δημιούργησε μέσα από την καρδιά Του ένα σύμπαν, για να μπορεί να το γεμίσει με τον Εαυτό Του και να το πλημμυρίσει με την αγάπη Του. Ο Θεός δεν μας δημιούργησε για να δει εάν θα συμμορφωθούμε και θα Τον λατρεύσουμε. Αντιθέτως, μας δημιούργησε για να μπορεί να μοιραστεί τον Εαυτό Του με μας. Αυτό που ποθεί είναι να ζήσουμε *μαζί* Του.

Ό,τι θέλει να δώσει ο Θεός στον άνθρωπο, το δίνει διαμέσου του Ιησού.

Ο Θεός Είναι Υπέρ Μας

Ο Θεός δεν υπόσχεται μόνο ότι θα είναι *μαζί* μας, αλλά αποκαλύπτει τον Εαυτό Του ως τον Θεό που είναι *υπέρ* της ανθρωπότητας. Στην Παλαιά Διαθήκη, πάνω από 70 φορές ο Θεός φανερώνεται ως βοηθός μας.[86] Τον βλέπουμε ξανά και ξανά να έρχεται για να λυτρώσει τον λαό Του, να κάνει για χάρη τους αυτό που ποτέ δεν θα μπορούσαν να κάνουν μόνοι τους. Ακόμα κι όταν αντιμετώπιζαν άλυτες καταστάσεις, είχαν τη βεβαιότητα της παρουσίας και της βοήθειας του Θεού. Ο λαός Ισραήλ ήξερε ότι ο Θεός ήταν ο υπερασπιστής τους, ο ελευθερωτής, ο προμηθευτής, ο βοηθός, ο θεραπευτής και ο υποστηρικτής τους.

Επειδή, εγώ ο Κύριος ο Θεός σου είμαι που κρατάω το δεξί σου
χέρι, λέγοντάς σου: Μη φοβάσαι, εγώ θα σε βοηθήσω.
Ησαΐας 41:13

Δέστε, ο Θεός με βοηθάει. Ο Κύριος είναι μαζί με εκείνους
που υποστηρίζουν την ψυχή μου.
Ψαλμός 54:4

Με τον ίδιο τρόπο, επειδή είμαστε παιδιά Του διαμέσου του Ιησού Χριστού, ο Πατέρας έρχεται ξανά και ξανά για να μας βοηθήσει —όχι επειδή το αξίζουμε, αλλά επειδή Αυτός είναι στοργικός και γεμάτος αγάπη. Η Αγία Γραφή μας δείχνει ξεκάθαρα ότι δεν κάναμε κάτι για να κερδίσουμε την αγάπη Του. Η δέσμευσή Του προς την ανθρωπότητα τέθηκε σε ισχύ προτού οι καρδιές μας επιστρέψουν σε Αυτόν. Σύμφωνα με τον Παύλο:

Ο Θεός, όμως, δείχνει τη δική του αγάπη σε μας,
επειδή ενώ εμείς ήμασταν ακόμα αμαρτωλοί,
ο Χριστός πέθανε για χάρη μας.
Ρωμαίους 5:8

Δεν είναι απλά μαζί μας και υπέρ μας· είναι και μέσα μας.

Το έργο της σωτηρίας ήταν σπουδαίο —ο Ιησούς πέθανε στον σταυρό για τις αμαρτίες μας. Αλλά, η ενσάρκωση του Θεού είναι η μεγαλύτερη απόδειξη ότι ο Θεός είναι *υπέρ* της ανθρωπότητας από κάθε άποψη. Όταν ο Θεός έγινε άνθρωπος, ως Ιησού

Χριστός, δέσμευσε τον Εαυτό Του για πάντα απέναντι στον άνθρωπο. Ο Καρλ Μπαρθ λέει ότι:

Στο πρόσωπο του Ιησού Χριστού δεν υπάρχει καμία απομόνωση του ανθρώπου από τον Θεό ή του Θεού από τον άνθρωπο. Αντίθετα, [στον Ιησού Χριστό] συγκεντρώνεται όλη η ιστορία και όλο το ιστορικό, εκεί ο Θεός και ο άνθρωπος συναντιούνται και βρίσκονται μαζί· αυτή είναι η πραγματικότητα της διαθήκης που σύναψαν μεταξύ τους, που τήρησαν και εκπλήρωσαν μαζί.[87]

Ο Ιησούς και ο Πατέρας έκαναν μια διαθήκη μεταξύ τους για χάρη της ανθρωπότητας, και ο Θεός τηρεί αυτή τη διαθήκη μέσα από τον Ιησού. Ό,τι θέλει να δώσει ο Θεός στον άνθρωπο, το δίνει διαμέσου του Ιησού. Και ό,τι θέλει να λάβει ο Θεός από τον άνθρωπο, το εκπληρώνει ο ίδιος ο Ιησούς εκ μέρους μας.[88]

Ο Θεός δεν περιμένει να συμμορφωθούμε για να μας ευλογήσει. Όχι! Η επιθυμία Του είναι να είναι *μαζί* μας, να κατοικεί *μέσα* μας διαμέσου του Πνεύματός Του, να ησυχάζει τους φόβους μας και να μας βεβαιώνει για την αγάπη Του για μας. Θέλει να ξέρουμε ότι μας αγαπάει· θέλει να είμαστε απόλυτα σίγουροι ότι είναι *με το μέρος* μας, ώστε να είμαστε ελεύθεροι από κάθε φόβο και να ζούμε με πληρότητα.

Η θέληση του Θεού να είναι *μαζί* με τον άνθρωπο και *υπέρ* του είναι τόσο έντονη, που στην Καινή Διαθήκη, όταν ο Ιησούς υπόσχεται τον ερχομό του Αγίου Πνεύματος, Τον αποκαλεί *«έναν άλλο Παράκλητο»* —που κυριολεκτικά σημαίνει *«άλλον έναν που καλείται να έρθει κοντά μας για να μας βοηθήσει»* (Κατά Ιωάννη 14:16).[89] Ο Τριαδικός Θεός έρχεται διαμέσου του Αγίου Πνεύματος σε αυτούς που Τον δέχονται —έρχεται για να είναι μαζί μας, να μας θεραπεύει, να μας αλλάζει, να μας διδάσκει, και να μας ενδυναμώνει να ζούμε πλήρεις. Ο Παύλος λέει στον Τιμόθεο:

Επειδή ο Θεός δεν μας έδωσε πνεύμα δειλίας, αλλά δύναμης και αγάπης και σωφρονισμού.

Β' Τιμόθεο 1:7

Ο Θεός δεν μας ελευθερώνει από τον φόβο κάνοντας κάτι έξω από μας· μας ελευθερώνει καθώς κατοικεί μέσα μας διαμέσου του Αγίου Πνεύματος. Δεν μας έδωσε πνεύμα φόβου· μας έδωσε το ίδιο το

Πνεύμα Του, που μας μεταμορφώνει από μέσα προς τα έξω. Έχοντας το Άγιο Πνεύμα να κατοικεί μέσα μας, δεν είμαστε πλέον υποκείμενοι στις αδυναμίες της ανθρώπινης φύσης μας, αλλά έχουμε τη δύναμη να ζήσουμε την αιώνια ζωή —τη ζωή του Θεού.

Το Άγιο Πνεύμα που Κατοικεί Μέσα Μας

Από τη στιγμή που το Άγιο Πνεύμα είναι ο βοηθός που μας έστειλε ο Πατέρας (όπως μας υποσχέθηκε ο Ιησούς), είναι καλό να αφιερώσουμε λίγο χρόνο για να ανακαλύψουμε κάποια από τα πολλά πράγματα που κάνει στη ζωή μας. Το σίγουρο είναι, βέβαια, ότι κάθε μας προσπάθεια να απαριθμήσουμε το πολύπλευρο έργο του Αγίου Πνεύματος θα είναι ελλιπής. Μεταξύ άλλων, νουθετεί, αναζωογονεί, αγιάζει, παρηγορεί, μιλάει, ομολογεί, προστάζει, αποκαλύπτει, δημιουργεί, διδάσκει, ελέγχει, αναζητά, ενισχύει, εμπνέει και οδηγεί.[90] Πιο συγκεκριμένα, όμως, ως προς την έννοια της ελευθερίας και σχετικά με το πώς θα αυξηθούμε και θα ωριμάσουμε ως πλήρεις και ολοκληρωμένοι άνθρωποι, υπάρχουν πολλές πτυχές του έργου Του που αξίζουν μια πιο προσεκτική μελέτη.

Το Άγιο Πνεύμα Διοχετεύει την Αγάπη & την Παρουσία του Θεού

Χάρη στο Άγιο Πνεύμα, μπορούμε να νιώθουμε την παρουσία του Θεού που κατοικεί μέσα μας —όχι ως μια αποστασιοποιημένη μίμηση του Θεού, αλλά ως την παρουσία Κάποιου που μας αγκαλιάζει από παντού. Μπορούμε να γευθούμε την αγάπη του Θεού με μια οικειότητα που υπερβαίνει κάθε ανθρώπινο ορισμό της σχέσης. Δες την προσευχή του Παύλου για τους Εφεσίους:

Γι' αυτό, λυγίζω τα γόνατά μου προς τον Πατέρα του Κυρίου μας Ιησού Χριστού, από τον οποίο κάθε πατριά στους ουρανούς και επάνω στη γη ονομάζεται. Για να σας δώσει σύμφωνα με τον πλούτο της δόξας του να κραταιωθείτε με δύναμη διαμέσου του Πνεύματός του στον εσωτερικό άνθρωπο. Ώστε ο Χριστός, διαμέσου της πίστης να κατοικήσει μέσα στις καρδιές σας. Για να μπορέσετε, ριζωμένοι και θεμελιωμένοι με αγάπη, να καταλάβετε μαζί με όλους τους αγίους, ποιο είναι το πλάτος και το μήκος και το βάθος και το ύψος. Και να γνωρίσετε την αγάπη του Χριστού, που υπερβαίνει κάθε γνώση, για να γίνετε πλήρεις με ολόκληρο το πλήρωμα του Θεού.

Εφεσίους 3:14-19

Δεν μπορούμε να δουλέψουμε σκληρά για να παράγουμε αυτόν τον καρπό μόνο με ανθρώπινη προσπάθεια.

Η αγάπη του Θεού είναι πολύ μεγαλύτερη από όσο μπορεί να συλλάβει το μυαλό μας. Το Άγιο Πνεύμα, όμως, μας δίνει αποκάλυψη —πνευματική διορατικότητα— για να μπορούμε να βιώνουμε την αγάπη του Θεού. Χάρη στο Άγιο Πνεύμα δεν χρειάζεται ποτέ πια να αναρωτιόμαστε εάν ο Θεός είναι κοντά. Δεν είναι απλά *μαζί* μας και *υπέρ* μας· είναι και *μέσα* μας. Πώς μπορούμε να αμφιβάλλουμε για την παρουσία Του ή τη δέσμευσή Του να είναι ο βοηθός μας;

Το Άγιο Πνεύμα μας Δίνει Ελπίδα

Το Άγιο Πνεύμα δίνει ελπίδα και νόημα στη ζωή μας, καθώς υπογραμμίζει μέσα μας την αιωνιότητα και βάζει την προσωρινή ανθρώπινη ζωή μας κάτω από το αιώνιο πρίσμα της. Αυτή η *εσχατολογική* ελπίδα είναι μια πηγή δύναμης για να υπομείνουμε τις δυσκολίες της ζωής *μαζί* με τον Χριστό.[91] Το Άγιο Πνεύμα μας υποστηρίζει και μας βοηθάει μέσα στις θλίψεις και τις αδυναμίες μας.[92] Όπως είπαμε, αυτό δεν σημαίνει ότι δεν θα χρειαστεί να αντιμετωπίσουμε δυσκολίες.[93] Σημαίνει, όμως, ότι το Άγιο Πνεύμα μας δίνει θάρρος απέναντι στα προβλήματα, την ικανότητα να αγαπάμε και να συγχωρούμε, και την ελευθερία να «αρνηθούμε τιμές από ανθρώπους, να υπομείνουμε προσβολές με καλή διάθεση, να απαρνηθούμε τον εαυτό μας και να μην αντισταθούμε στην υποτίμηση· να αντέξουμε κάθε αντιξοότητα και απώλεια, και να μην επιθυμήσουμε καμία ευημερία αυτού του κόσμου».[94] Το Άγιο Πνεύμα μας δίνει ελπίδα και, μαζί με την ελπίδα, μας δίνει τη δύναμη να ζήσουμε ελεύθεροι· ελεύθεροι να ανταποκριθούμε στο έργο του Θεού, ακόμα και μέσα σε δυσκολίες.

Το Άγιο Πνεύμα μας Διαμορφώνει

Η ζωή μας μαζί με τον Χριστό, ως παιδιά του Θεού, είναι μια διαδικασία μεταμόρφωσης. Όταν δεχτούμε το έργο του Ιησού για χάρη μας, το Άγιο Πνεύμα έρχεται και κατοικεί μέσα μας. Γεννιόμαστε ξανά.[95] Όταν γεννιόμαστε από το Άγιο Πνεύμα, Αυτός αρχίζει να εργάζεται μέσα μας για να μας διαμορφώσει σύμφωνα με την εικόνα του Χριστού. Ο Τζακ Χέιφορντ εξηγεί αυτή τη διαδικασία της «μορφοποίησης από το Άγιο Πνεύμα» χρησιμοποιώντας ως παράδειγμα τα μπαλόνια με ήλιο. Αυτή η αναλογία απεικονίζει εξαιρετικά τη διαφορά ανάμεσα στο «είμαι γεμάτος με το Άγιο Πνεύμα» και «διαμορφώνομαι από το Άγιο Πνεύμα». Λέει ότι μπορούμε να γεμίσουμε ένα οποιοδήποτε μπαλόνι με ήλιο και να το αφήσουμε να πετάξει (όπως όλα τα μπαλόνια)· υπάρχουν, όμως, ειδικά μπαλόνια (όπως αυτά που χρησιμοποιούνται στην φαντασμαγορική παρέλαση της αλυσίδας καταστημάτων «Macy's» για την Ημέρα των Ευχαριστιών), που όταν τα γεμίζεις με ήλιο, παίρνουν μια συγκεκριμένη μορφή γνωστών αγαπημένων χαρακτήρων, που όλο το πλήθος ξέρει και αναγνωρίζει. Ως αναγεννημένοι πιστοί, καλούμαστε να είμαστε και τα δύο· να γεμίζουμε με το Πνεύμα *και* να διαμορφωνόμαστε σύμφωνα με την εικόνα του Ιησού διαμέσου του Πνεύματος, ώστε οι άνθρωποι να μπορούν να δουν τον Ιησού σε μας και να ελκυστούν κοντά Του. Όταν γεμίζουμε με το Άγιο Πνεύμα, η έμφαση είναι εσωτερική: Ο Θεός ζει μέσα μας· όταν, όμως, διαμορφωνόμαστε από το Άγιο Πνεύμα, η έμφαση δίνεται σε μια εξωτερική διάσταση: ο Θεός ζει μέσα από μας.[96]

Μέσα από αυτή τη διαδικασία μορφοποίησης, το Άγιο Πνεύμα ακυρώνει τη δύναμη της αμαρτίας στη ζωή μας, μας απομακρύνει από κάθε λανθασμένο πιστεύω, και μας οδηγεί στην ορθή πίστη. Μας οδηγεί, μας ενθαρρύνει και μας δυναμώνει για να υπομείνουμε κάθε δυσκολία· μας ελευθερώνει ώστε να γίνουμε άνθρωποι γεμάτοι ευγνωμοσύνη και ελπίδα· άνθρωποι που ζουν με τη ζωή του Πατέρα —όπως και ο Χριστός— μια ζωή αγάπης, συμπόνοιας, συγχώρεσης, ανιδιοτέλειας, προσφοράς, ζεστασιάς προς τους ανθρώπους και θεραπείας.[97] Διαμέσου του Πνεύματος, γνωρίζουμε τον Θεό και ζούμε μέσα στην παρουσία Του «με τέτοιο τρόπο, ώστε να ανανεωνόμαστε συνεχώς στην εικόνα του Θεού».[98]

Το Άγιο Πνεύμα Μας Ικανώνει να Υπακούμε

Όταν η ζωή μας διαμορφώνεται από το Άγιο Πνεύμα, το αποτέλεσμα είναι μια ζωή υπακοής που ανταποκρίνεται στην πρωτοβουλία του Θεού. Είναι σημαντικό να ξέρουμε ότι δεν γινόμαστε υπάκουοι με τη δική μας προσπάθεια, αλλά με το έργο του Αγίου Πνεύματος που μας μεταμορφώνει. Όπως λέει ο Παύλος:

*Ώστε, αγαπητοί μου... με φόβο και τρόμο να κατεργάζεστε τη
δική σας σωτηρία. Επειδή ο Θεός είναι που ενεργεί μέσα σας και το
να θέλετε και το να ενεργείτε, σύμφωνα με την ευδοκία του.*
Φιλιππησίους 2:12-13

Σημείωσε ότι «κατεργαζόμαστε τη δική μας σωτηρία» εξαιτίας του έργου του Αγίου Πνεύματος. Πρόκειται για συνεργασία. Όσο Του το επιτρέπουμε, το Άγιο Πνεύμα γράφει τον Νόμο του Θεού μέσα στις καρδιές μας.[99] Αλλάζει τις επιθυμίες μας και έπειτα μας δίνει τη δύναμη να ζούμε ανάλογα. Άρα, το κλειδί για να ζούμε ελεύθεροι είναι να υπακούμε, και το κλειδί για να υπακούμε συνοψίζεται στην εντολή του Παύλου:

*Λέω λοιπόν: να περπατάτε σύμφωνα με το Πνεύμα, και δεν θα
εκπληρώνετε την επιθυμία της σάρκας.*
Γαλάτες 5:16

Το Άγιο Πνεύμα είναι το πρόσωπο-κλειδί που φέρνει εις πέρας αυτή τη μεταμόρφωση. Όσο μορφωνόμαστε από το Άγιο Πνεύμα και στερεώνουμε τη ζωή μας στην αγάπη του Πατέρα για μας, θα είμαστε ελεύθεροι από τον εγωκεντρισμό, την ενοχή, τον φόβο του θανάτου και τις εξωτερικές πιέσεις. «Η ελευθερία που έχουμε μέσα στον Χριστό, μας οδηγεί σε μια υγιή ανεξαρτησία από την πίεση των ανθρώπων γύρω μας, από την ανάγκη μας να αρέσουμε σε όλους, και από τα δεσμά του σεβασμού των ανθρώπων».[100] Έχοντας μια τέτοια ελευθερία, μπορούμε πλέον να ασχοληθούμε με τον χαρακτήρα και τις επιθυμίες του Θεού. Τώρα που ξέρουμε ότι είμαστε αποδεκτοί, μπορούμε να αποδεχτούμε τους άλλους. Τώρα που είμαστε ελεύθεροι από τον εαυτό μας, μπορούμε να ελευθερώσουμε άλλους και να μοιραστούμε τα βάσανά τους.[101] Αυτά είναι κάποια εξωστρεφή χαρακτηριστικά της ελευθερίας, και συνοψίζονται στην περιγραφή του «καρπού του Πνεύματος».

Ο Καρπός του Πνεύματος

Σύμφωνα με τον Παύλο, ο καρπός του Πνεύματος είναι αγάπη, χαρά, ειρήνη, μακροθυμία, καλοσύνη, αγαθοσύνη, πίστη, πραότητα, εγκράτεια (Γαλάτες 5:22-23). Ο Πέτρος μας ονομάζει κοινωνούς της φύσης του Θεού και έπειτα αναφέρει την πίστη, την αρετή, τη γνώση, την εγκράτεια, την υπομονή, την ευσέβεια, τη φιλαδελφία και την αγάπη (Β' Πέτρου 1:3-11). Ο Ιάκωβος τα ονομάζει «σοφία από ψηλά» και αναφέρει ενδεικτικά την καθαρότητα, την ειρήνη, την ευγένεια, την ευπείθεια, το έλεος, την αμεροληψία και την ειλικρίνεια (Ιάκωβος 3:17-18). Όλα αυτά είναι τρόποι έκφρασης του έργου του Αγίου Πνεύματος στη ζωή μας. Δεν είναι μια λίστα συμπεριφορών, αλλά μάλλον ένα δείγμα για το πώς εκδηλώνεται η ζωή του Θεού μέσα στα παιδιά Του και μέσα από τα παιδιά Του.[102]

Εφόσον ο Θεός είναι από τη φύση Του μια σχέση αγάπης, και η επιθυμία Του είναι ο άνθρωπος να γίνει μια αντανάκλαση του Εαυτού Του, δεν μας εκπλήσσει το γεγονός ότι η «αγάπη» είναι πρώτη πρώτη στην περιγραφή του Παύλου για τον καρπό του Πνεύματος. Η χαρά, η ελπίδα και η ειρήνη πηγάζουν από τη φύση του Θεού.[103] Η μακροθυμία, η καλοσύνη, η αγαθοσύνη, η πίστη, η πραότητα και η εγκράτεια είναι συμπεριφορές που ενισχύουν την υγιή κοινωνική ζωή —το είδος της ζωής που αντανακλά τη φύση του Θεού.[104] Ο καρπός του Πνεύματος —η εξωτερίκευση του έργου Του στη ζωή μας— είναι το κλειδί για να έχουμε υγιείς σχέσεις.

Προτού συνεχίσουμε, θα ήθελα να επαναλάβω ότι ο καρπός του Πνεύματος δεν μπορεί να κατασκευαστεί. Δεν μπορούμε να δουλέψουμε σκληρά για να παράγουμε αυτόν τον καρπό μόνο με ανθρώπινη προσπάθεια. Ειδάλλως δεν θα ήταν ο καρπός του Πνεύματος, αλλά ο καρπός της ανθρώπινης δύναμης και θέλησης. Αυτό, όμως, που μπορούμε να κάνουμε, είναι να αφήσουμε τον καρπό να ωριμάσει, με το να παραδιδόμαστε στο Άγιο Πνεύμα, να δεχόμαστε την αγάπη και την παρουσία του Θεού διαμέσου Αυτού, να Τον αφήνουμε να μας διαμορφώνει, να αλλάζει τις επιθυμίες μας, και να μας δυναμώνει για να ζήσουμε σύμφωνα με το θέλημα του Θεού.

Η Ελευθερία και οι Υγιείς Σχέσεις

Στο προηγούμενο κεφάλαιο, αναφέραμε ότι από τις Δέκα Εντολές, οι οδηγίες που αφορούν τις οριζόντιες σχέσεις μας (μεταξύ μας), εκπληρώνονται μόνο όταν έχουμε σωστή σχέση με τον Θεό. Σ' αυτό το κεφάλαιο είδαμε ότι η τέλεια αγάπη του Θεού —που διοχετεύεται διαμέσου του Αγίου Πνεύματος— μας ελευθερώνει από τον φόβο, τον εγωκεντρισμό και την αυτοπροστασία, δίνοντάς μας την ικανότητα να ζούμε στραμμένοι προς τους γύρω μας και να αντανακλούμε τη φύση Του. Με άλλα λόγια, όταν γνωρίζουμε την αγάπη του Πατέρα, είμαστε στερεωμένοι στην αγάπη Του, και έτσι είμαστε πλήρεις. Όταν είμαστε πλήρεις, ξέρουμε πως δεν έχουμε κάτι να φοβηθούμε, ούτε να αποδείξουμε, ούτε να κρύψουμε, και ούτε να χάσουμε. Αυτό μας απελευθερώνει ώστε να νοιαζόμαστε για άλλους, όπως κάνει ο Πατέρας, ο Γιος και το Άγιο Πνεύμα. Αυτός ο τρόπος ζωής εκπληρώνει τις τελευταίες έξι εντολές (ή «λόγια»):

Να τιμάς τον πατέρα σου και τη μητέρα σου,
για να γίνεις μακροχρόνιος επάνω στη γη
που σου δίνει ο Κύριος ο Θεός σου.

Έξοδος 20:12

Όταν γνωρίζεις ότι ο Πατέρας σου σε αγαπάει απεριόριστα, σε αποδέχεται ολοκληρωτικά και σε προστατεύει απόλυτα, δεν θα πηγαίνεις στους γονείς σου μόνο για να πάρεις από αυτούς. Η αγάπη σου για αυτούς δεν θα εξαρτάται από το πόσο τέλειοι ή ατελείς είναι, αλλά θα βρίσκεις τρόπους για να δίνεις την απεριόριστη αγάπη του Θεού σ' αυτούς και να τους τιμάς.

Να μη φονεύσεις.

Έξοδος 20:13

Όταν γνωρίζεις ότι ο Πατέρας σου σε αγαπάει απεριόριστα, σε αποδέχεται ολοκληρωτικά και σε προστατεύει απόλυτα, δεν θα ανέχεσαι να έχεις την επιθυμία να σταματήσει η ζωή κάποιου άλλου για το δικό σου συμφέρον. Ο Ιησούς είπε ότι το μίσος ισοδυναμεί με φόνο. Μιλάει για τη στάση μας που λέει, «Εύχομαι να ήσουν νεκρός!». Μπορεί να νομίζουμε ότι η ζωή μας θα ήταν καλύτερη εάν μπορούσαμε να ξεφορτωθούμε κάποιους ανθρώπους, αλλά αν αφήσουμε την απεριόριστη αγάπη του Θεού να πλημμυρίσει την καρδιά μας, θα μπορούμε να δούμε τους ανθρώπους όπως τους βλέπει ο Θεός. Έχουμε τη δύναμη να συγχωρούμε και να ευλογούμε, ακόμα και τους χειρότερους εχθρούς μας. Συνεπώς, όταν είμαστε πλήρεις μέσα σε Αυτόν, δεν θα σκοτώνουμε.

Να μη μοιχεύσεις.

Έξοδος 20:14

Όταν γνωρίζεις ότι ο Πατέρας σου σε αγαπάει απεριόριστα, σε αποδέχεται ολοκληρωτικά και σε προστατεύει απόλυτα, δεν θα έχεις την ανάγκη να ικανοποιήσεις τις σεξουαλικές επιθυμίες σου με μη υγιείς τρόπους. Όταν υπάρχουν πληγές και αισθανόμαστε ότι κάτι λείπει από τη ζωή μας, ίσως προσπαθήσουμε να γεμίσουμε το κενό με σαρκικά πάθη, τα οποία απλά μας κάνουν να θέλουμε κι άλλο. Αντίθετα, όταν είμαστε γεμάτοι με την αγάπη του Πατέρα, δεν θα νιώθουμε την ανάγκη να γεμίσουμε κάποιο κενό. Η πληρότητά μας βρίσκεται μέσα σε Αυτόν. Επομένως, όταν είμαστε πλήρεις μέσα σε Αυτόν, δεν θα μοιχεύουμε.

Να μην κλέψεις.

Έξοδος 20:15

Όταν γνωρίζεις ότι ο Πατέρας σου σε αγαπάει απεριόριστα, σε αποδέχεται ολοκληρωτικά και σε προστατεύει απόλυτα, δεν θα προσπαθείς να πάρεις αυτό που χρειάζεσαι κλέβοντάς το από τους άλλους. Θα ξέρεις ότι ο Θεός είναι ένας καλός Πατέρας που θα καλύψει κάθε ανάγκη σου. Όταν το ξέρεις αυτό, γιατί να κλέψεις;

Να μη ψευδομαρτυρήσεις ενάντια στον
πλησίον σου με ψεύτικη μαρτυρία.

Έξοδος 20:16

Όταν γνωρίζεις ότι ο Πατέρας σου σε αγαπάει απεριόριστα, σε αποδέχεται ολοκληρωτικά και σε προστατεύει απόλυτα, δεν θα αναζητάς τρόπους για να υψώσεις τον εαυτό σου και να υποβαθμίσεις τους άλλους. Όταν είμαστε ανασφαλείς, ψάχνουμε τρόπους για να νιώσουμε καλύτερα για τον εαυτό μας. Αυτοί οι τρόποι συμπεριλαμβάνουν το κουτσομπολιό, τις ψευδείς κατηγορίες ή την κριτική. Αν, όμως, είμαστε πλήρεις με τον Θεό, θα μπορούμε να χαιρόμαστε για τις επιτυχίες ο ένας του άλλου, ξέροντας ότι η αξία μας δεν μπορεί να μειωθεί καθόλου, διότι την καθορίζει ο Πατέρας μας —και μόνο ο Πατέρας μας.

> *Να μην επιθυμήσεις το σπίτι του πλησίον σου,*
> *να μην επιθυμήσεις τη γυναίκα του πλησίον σου, ούτε τον δούλο*
> *του, ούτε τη δούλη του, ούτε το βόδι του, ούτε το γαϊδούρι του,*
> *ούτε κάθε τι που είναι του πλησίον σου.*
>
> Έξοδος 20:17

Όταν γνωρίζεις ότι ο Πατέρας σου σε αγαπάει απεριόριστα, σε αποδέχεται ολοκληρωτικά και σε προστατεύει απόλυτα, δεν θα επιθυμείς αυτά που ανήκουν σε άλλον. Εάν πιστεύουμε ότι η αξία μας καθορίζεται από τα επιτεύγματα ή τα υλικά αγαθά μας, θα προσπαθούμε διαρκώς να ξεπεράσουμε τους άλλους, ακόμα κι αν αυτό σημαίνει ότι θα πατήσουμε πάνω τους για να σκαρφαλώσουμε στη «σκάλα της επιτυχίας». Όταν πιστεύουμε ότι πρέπει να προστατεύσουμε τον εαυτό μας, ίσως πούμε ψέματα και εξαπατήσουμε για να πάρουμε αυτό που πιστεύουμε ότι χρειαζόμαστε. Αλλά όταν γνωρίζουμε την αγάπη του Θεού, μαθαίνουμε να είμαστε ικανοποιημένοι με όσα έχουμε. Μπορούμε να χαλαρώσουμε, ασφαλείς μέσα στην αγάπη Του.

Συμπέρασμα

Σε αυτό το κεφάλαιο, είδαμε ότι η αληθινή ελευθερία δεν είναι η απουσία προβλημάτων, η απουσία εμποδίων, η απουσία κάθε περιορισμού. Δεν είναι η δυνατότητα να κάνουμε ό,τι θέλουμε, αλλά να είμαστε ελεύθεροι από την ανάγκη μας να αυτοσυντηρούμαστε· ελεύθεροι από την τάση μας να κυνηγάμε το συμφέρον μας. Είναι η ελευθερία να στρέφουμε τα μάτια μας στους γύρω μας, η ελευθερία να δεχόμαστε τον Θεό χωρίς φόβο ή δισταγμό. Είναι η ελευθερία να διαλέγουμε τη ζωή και να ζούμε με αγιότητα. Το πιο ισχυρό εμπόδιο γι' αυτήν την ελεύθερη ζωή είναι ο φόβος, γιατί μας κάνει να ζούμε σε άμυνα και να ασχολούμαστε μόνο με τον εαυτό μας. Ο Θεός, όμως, μας υπενθυμίζει ότι είναι *μαζί* μας και *υπέρ* μας, έτσι δεν υπάρχει κανένας λόγος να φοβόμαστε.

Για να μπορέσουμε να ζήσουμε ελεύθεροι, ο Θεός μας έδωσε το Άγιο Πνεύμα Του, που διοχετεύει σε μας την αγάπη και την παρουσία του Θεού, μας δίνει ελπίδα, μας διαμορφώνει σύμφωνα με την εικόνα του Ιησού, αλλάζει τις επιθυμίες μας, και μας ενδυναμώνει για να ζήσουμε σύμφωνα με το τέλειο θέλημα του Πατέρα. Όλα αυτά γίνονται με τη δύναμη του Πνεύματος. Ο καρπός του Πνεύματος είναι το κλειδί για να έχουμε υγιείς σχέσεις, και κατά συνέπεια, το κλειδί για να έχουμε μια πλήρη ζωή.

- Επειδή ο Πατέρας μας αγαπάει απεριόριστα, μας αποδέχεται ολοκληρωτικά και μας προστατεύει απόλυτα —είμαστε ελεύθεροι να υπηρετούμε.
- Επειδή ο Πατέρας μας αγαπάει απεριόριστα, μας αποδέχεται ολοκληρωτικά και μας προστατεύει απόλυτα —είμαστε ελεύθεροι να αγαπάμε τους άλλους.
- Επειδή ο Πατέρας μας αγαπάει απεριόριστα, μας αποδέχεται ολοκληρωτικά και μας προστατεύει απόλυτα —είμαστε ελεύθεροι να δίνουμε τον εαυτό μας στους άλλους.
- Επειδή ο Πατέρας μας αγαπάει απεριόριστα, μας αποδέχεται ολοκληρωτικά και μας προστατεύει απόλυτα —είμαστε ελεύθεροι να είμαστε άγιοι, όπως Αυτός είναι άγιος.

ΠΕΡΙΣΣΥΛΟΓΗ

Σκέψου (ή ζήτησε από το Άγιο Πνεύμα να σου θυμίσει) μια δύσκολη ή επώδυνη κατάσταση της ζωής σου, όπου αναρωτιόσουν αν ο Θεός είναι μαζί σου. Κάνε Του τις ακόλουθες ερωτήσεις. Μετά από κάθε ερώτηση, μείνε ήσυχος και άφησέ Τον να σου μιλήσει. Μπορεί να σου απαντήσει με μια λέξη, μια εικόνα, μια όραση ή μια αίσθηση μέσα στο πνεύμα σου. Συμφώνησε μαζί Του, ό,τι κι αν σου δείξει:

- *Abba, πού ήσουν όταν συνέβη αυτό;*
- *Abba, πώς ένιωσες όταν συνέβη αυτό;*
- *Abba, τί θέλεις να μου πεις για αυτήν την κατάσταση;*
- *Abba, μήπως πιστεύω κάποιο ψέμα για Εσένα εξαιτίας αυτής της κατάστασης;*
- *Abba, αν Σου δώσω αυτόν τον πόνο, τί θέλεις να μου δώσεις σε αντάλλαγμα;*

ΠΡΟΣΕΥΧΗ

Πατέρα, Σε ευχαριστώ που είσαι πάντα μαζί μου και πάντα υπέρ μου. Ακόμα και στις στιγμές που δεν ένιωθα την παρουσία Σου, αναγνωρίζω ότι ήσουν στο πλευρό μου. Σε ευχαριστώ που έστειλες τον Ιησού να πάρει όλο τον πόνο μου, την αδυναμία μου και τον φόβο μου, για να με κάνει πλήρη. Δέχομαι την τέλεια αγάπη Σου, που διώχνει κάθε φόβο. Ενδυνάμωσέ με με δύναμη διαμέσου του Αγίου Πνεύματος στον εσωτερικό μου άνθρωπο, ώστε ο Χριστός να κατοικήσει μέσα στην καρδιά μου διαμέσου της πίστης. Να είμαι ριζωμένος και θεμελιωμένος στην αγάπη, και να μπορέσω να καταλάβω μαζί με όλους τους αγίους, ποιο είναι το πλάτος και το μήκος, το βάθος και το ύψος —για να γνωρίσω την αγάπη του Χριστού που υπερβαίνει κάθε γνώση, ώστε να γίνω πλήρης με όλο το πλήρωμά Σου. Στο όνομα του Ιησού. Αμήν.

(δες Εφεσίους 3:16-19)

ΣΥΖΗΤΗΣΗ ΟΜΑΔΑΣ

1.   Μιλήστε για τις διαφορές ανάμεσα στη σημασία του *«είμαι ελεύθερος από κάτι»* και του *«είμαι ελεύθερος για να...»*. Σε τι διαφέρει η έννοια της ελευθερίας μαζί με τον Χριστό από τις αντιλήψεις για την ελευθερία που έχουν όσοι δεν γνωρίζουν τον Χριστό;

2.   Συζητήστε για ποιους λόγους ο φόβος είναι το μεγαλύτερο εμπόδιο ενάντια στον άνθρωπο που θέλει να νοιάζεται για τον διπλανό του. Μπορείς να σκεφτείς κάποια παραδείγματα;

3.   Η πεποίθηση ότι ο Θεός είναι *μαζί* μας και *υπέρ* μας, με ποιους τρόπους μας βοηθάει να ζούμε μια ζωή αγιότητας;

4. Από όλο το έργο του Αγίου Πνεύματος στη ζωή μας, ποια πτυχή του σε αγγίζει περισσότερο; Γιατί;

Εννέα

Τα Δώρα του Πατέρα

Αν λοιπόν, εσείς, που είστε πονηροί, ξέρετε να δίνετε καλές δόσεις
στα παιδιά σας, πόσο μάλλον ο Πατέρας σας που είναι στους
ουρανούς, θα δώσει αγαθά σ' αυτούς που ζητούν απ' αυτόν;

—Ιησούς

Ο Θεός ποτέ δεν θα μας ζητήσει κάτι χωρίς πρώτα να μας το έχει δώσει Αυτός. Είναι ένας Θεός που δίνει. Αυτό διαφαίνεται σε όλη την Αγία Γραφή, αλλά ακόμα καλύτερα, σε μία από τις πρώτες φανερώσεις του εαυτού Του.

Στη Γένεση 22 συναντούμε μια εκπληκτική συνομιλία μεταξύ του Θεού και του Αβραάμ. Ο Αβραάμ και η Σάρρα περίμεναν υπομονετικά την εκπλήρωση των υποσχέσεων του Θεού, ώσπου γέννησαν τον Ισαάκ. Και τώρα, λίγα χρόνια αργότερα, ο Θεός ζητάει από τον Αβραάμ να θυσιάσει τον Ισαάκ ως ολοκαύτωμα. Για μισό λεπτό! Τι; Πολλά χωρία της Παλαιάς Διαθήκης δείχνουν ξεκάθαρα ότι ο Θεός απεχθάνεται αυτήν την πρακτική.[105] Κι όμως ο Θεός ζητάει από τον Αβραάμ να κάνει κάτι που ο Ίδιος αποστρέφεται. Γιατί το κάνει αυτό;

Έχω ακούσει να λένε ότι ο Θεός ήθελε να δοκιμάσει τον Αβραάμ —να δοκιμάσει την πίστη του— λες και δεν ήξερε τι θα έκανε τελικά ο Αβραάμ. Μια άλλη εξήγηση είναι ότι ο Θεός ήθελε να δείξει στον Αβραάμ πού βρισκόταν η πίστη του. Θα ήθελα να προτείνω μια διαφορετική ερμηνεία.

Σκέψου το εξής: ο Αβραάμ βγήκε από την Ουρ των Χαλδαίων. Ήταν ειδωλολάτρης, και στην κουλτούρα του ήταν κοινή πρακτική να προσφέρουν τους γιους τους στον Μολόχ —τον θεό τους— ως ένδειξη αφοσίωσης σε αυτόν. Η λογική τους ήταν ότι με αυτή τη μορφή λατρείας, θα κέρδιζαν την εύνοια των θεών, οι θεοί θα ήταν ευχαριστημένοι μαζί τους και θα τους έδειχναν χάρη.

Σ' αυτόν τον διάλογο του Θεού με τον Αβραάμ, ο Θεός προσεγγίζει τον Αβραάμ σύμφωνα με τις καταβολές του, με όρους που μπορεί να καταλάβει. Σαν να του λέει ο Θεός, «Κάνε αυτό που ξέρεις· έτσι έχεις μάθει να λειτουργείς. Πιστεύεις ότι έτσι δουλεύουν τα πράγματα. Κάνε το βήμα, λοιπόν. Πρόσφερε τον γιο σου σε Μένα».

Chiqui Wood

Ο Πατέρας μας είναι ένας Θεός που δίνει. Ο Αβραάμ έκανε κάτι τελείως φυσιολογικό για τα δεδομένα του. Για μας είναι παράλογο, επειδή ζούμε σε έναν διαφορετικό κόσμο με διαφορετικά έθιμα, αλλά γι' αυτόν ήταν απόλυτα φυσιολογικό ένας θεός να ζητάει μια τέτοια θυσία. Κι έτσι ο Αβραάμ ακολουθεί το σχέδιο. Δεν έχει κανένα πρόβλημα με αυτό. Και στην πραγματικότητα, μπορούμε να δούμε τη σχέση που είχε ο Αβραάμ με τον Θεό. Ξέρει ότι αυτός ο Θεός έχει κάτι διαφορετικό, γιατί λέει στον Ισαάκ, «Γιε μου, ο Θεός θα προμηθεύσει για τον εαυτό Του το πρόβατο για την ολοκαύτωση».

Όπως το περίμενε ο Αβραάμ, μόλις σήκωσε το χέρι του για να σκοτώσει τον γιο του, ο άγγελος του Κυρίου τον σταμάτησε και του έδειξε ένα κριάρι πιασμένο σε έναν θάμνο. Ο Αβραάμ πήρε το κριάρι και το προσέφερε ως ολοκαύτωμα αντί του γιου του.

*Και ο Αβραάμ αποκάλεσε το όνομα εκείνου του τόπου Ιεοβά-ιρέ,
«ο Κύριος θα προμηθεύσει».*

Γένεση 22:14[106]

Η ουσία της ιστορίας είναι η εξής: Ο Θεός αποκαλύπτει τον εαυτό Του με έναν μοναδικό τρόπο: «Δεν είμαι σαν τους άλλους θεούς. Δεν είμαι σαν τους θεούς που υπηρετούσες μέχρι τώρα, εσύ και ο λαός σου. Δεν σου ζητώ να θυσιάσεις εσύ για χάρη *Μου*. Εγώ, ο Κύριος, θα προμηθεύσω τη δική μου προσφορά». Ο Θεός αποκαλύπτει ένα στοιχείο του χαρακτήρα Του. Αποκαλύπτει τον εαυτό Του ως έναν Θεό που δίνει —ο Θεός, ο προμηθευτής. Αυτή είναι η φύση Του. Ο Πατέρας μας είναι ένας Θεός που προσφέρει. Δεν παρακρατεί από μας τα καλά πράγματα. Δεν ψάχνει τι μπορούμε να του δώσουμε εμείς, αλλά αντίθετα, απολαμβάνει να μας δίνει καλά πράγματα. Ο Ιησούς είπε:

*Αν λοιπόν, εσείς, που είστε πονηροί ξέρετε να δίνετε καλές δόσεις
στα παιδιά σας, πόσο μάλλον ο Πατέρας σας που είναι στους
ουρανούς, θα δώσει αγαθά σ' αυτούς που ζητούν απ' αυτόν;*

Κατά Ματθαίο 7:11

Ο *Abba* είναι ένας Πατέρας που δίνει. Τι ακριβώς δίνει; Αυτό θα το δούμε παρακάτω.

Ο Θεός Δίνει Τον Εαυτό Του

Κατ' αρχάς, ο Θεός δίνει τον εαυτό Του. Πρέπει να καταλάβουμε πως κάθε προσφορά του Θεού, είναι πρωτίστως μια προσφορά του Εαυτού Του. Σε προηγούμενα κεφάλαια διαπιστώσαμε ότι η φύση του Θεού είναι μια άπειρη αγάπη, που πάντα στρέφεται προς τα έξω και πλημμυρίζει τα πάντα, και πάντα είναι έτοιμη να προσφέρει τον εαυτό της. Ο Θεός είναι αγάπη, γι' αυτό πάντα δίνει τον Εαυτό Του. Το βλέπουμε στο έργο της δημιουργίας, στο έργο της λύτρωσης και στη διαδικασία της αποκατάστασής μας.

Ο Θεός Δίνει τον Εαυτό Του στη Δημιουργία

Μέσα από το έργο της δημιουργίας του κόσμου, βλέπουμε τον Θεό να δίνει τον Εαυτό Του. Θυμηθείτε την περιγραφή της δημιουργίας του ανθρώπου:

Και είπε ο Θεός: Ας κάνουμε άνθρωπο σύμφωνα με τη δική μας εικόνα, σύμφωνα με τη δική μας ομοίωση. Και ας εξουσιάζει επάνω στα ψάρια της θάλασσας, και επάνω στα πουλιά του ουρανού, και επάνω στα κτήνη, και επάνω σε ολόκληρη τη γη, και επάνω σε κάθε ερπετό, που σέρνεται επάνω στη γη. Και ο Θεός δημιούργησε τον άνθρωπο σύμφωνα με τη δική του εικόνα. Σύμφωνα με την εικόνα του Θεού τον δημιούργησε, αρσενικό και θηλυκό τους δημιούργησε.

Γένεση 1:26-27

Ο Θεός είχε ήδη δημιουργήσει τους πλανήτες, το νερό, τη γη και τον ουρανό, και όλους τα είδη ζώων. Τη στιγμή που δημιουργεί τον άνθρωπο, όμως, κάνει κάτι μοναδικό. Από την αφήγηση του 1ου κεφαλαίου της Γένεσης το μόνο που μαθαίνουμε είναι ότι ο Θεός μας δημιούργησε. Αλλά από το 2ο κεφάλαιο της Γένεσης, παίρνουμε μια πιο καθαρή εικόνα που δείχνει με ποιον τρόπο ο Θεός μας δίνει τον Εαυτό Του για να μας δώσει ζωή:

> **Με κάθε αναπνοή μας, ας θυμόμαστε ότι έχουμε ζωή μόνο και μόνο επειδή ο Abba είναι ένας Πατέρας που δίνει, και μάλιστα, δίνει τον Εαυτό Του.**

Και ο Κύριος ο Θεός έπλασε τον άνθρωπο από χώμα της γης
και εμφύσησε στα ρουθούνια του πνοή ζωής,
και έγινε ο άνθρωπος σε ψυχή που ζει.

Γένεση 2:7

Ο Θεός δεν έπλασε απλά τον καθένα μας, αλλά μας έδωσε το Πνεύμα της ζωής. Ο Ιωάννης λέει ότι ο Θεός είναι πνεύμα (Κατά Ιωάννη 4:24) και ότι μέσα στον Ιησού ήταν η ζωή (Κατά Ιωάννη 1:4, 11:25). Όλοι οι άνθρωποι, έχουμε ζωή, επειδή ο Θεός μας έκανε μια κατάθεση του Εαυτού Του μέσα μας. Με κάθε αναπνοή μας, ας θυμόμαστε ότι έχουμε ζωή μόνο και μόνο επειδή ο *Abba* είναι ένας Πατέρας που δίνει, και μάλιστα, δίνει τον Εαυτό Του.

Ο Θεός δεν μας δίνει μόνο την πνοή τη ζωής, αλλά μας δίνει και άλλα δώρα —μοναδική προσωπικότητα στον καθένα, ιδιαίτερα χαρακτηριστικά, χαρίσματα και ικανότητες— ως σφραγίδα της ιδιοκτησίας Του.[107] Ο Θεός δημιούργησε τον άνθρωπο ως συνεργάτη Του για τη διακυβέρνηση της κτίσης. Ο τριαδικός Θεός —Πατέρας, Γιος και Άγιο Πνεύμα— με μια Του λέξη μπορεί να κάνει ό,τι θέλει. Διάλεξε, όμως, να συμπεριλάβει εσένα και εμένα σ' αυτό —με όλους τους περιορισμούς μας— ώστε να εκπληρώσουμε μαζί Του το σχέδιό Του για όλο το σύμπαν που δημιούργησε. Γι' αυτόν τον λόγο, ο Θεός κατέθεσε τον Εαυτό Του μέσα στον καθένα μας, και μας καλεί να χρησιμοποιήσουμε αυτά τα δώρα για να υπηρετήσουμε άλλους, σαν αντανάκλαση της ζωής Του μέσα μας και σαν ομολογία της καλοσύνης Του.

Ο Θεός Δίνει τον Εαυτό Του για τη Λύτρωσή Μας

Όπως είδαμε νωρίτερα, η αρχική πρόθεση του Θεού ήταν να απολαμβάνουμε μια πλήρη ζωή, μέσα στη σχέση και συνεργασία μας μαζί Του (τον Πατέρα, Γιο και Άγιο Πνεύμα). Αλλά όταν ο Αδάμ και η Εύα έφαγαν από το Δέντρο της Γνώσης του Καλού και του Κακού, επέλεξαν ουσιαστικά να ζήσουν ανεξάρτητοι από τον Δημιουργό τους. Αυτός ο αποχωρισμός από τον Θεό, μας οδηγεί στην αυτάρκεια και τον εγωκεντρισμό, και τελικά στον πνευματικό θάνατο. Η επιθυμία του Θεού για μας δεν άλλαξε, αλλά δεν είχαμε μόνοι μας τη δύναμη να αποκαταστήσουμε αυτή τη σχέση και να λάβουμε νέα ζωή. Χρειαζόμασταν σωτηρία, και έτσι ο Θεός πήρε την πρωτοβουλία να μας λυτρώσει και να μας δώσει ξανά ζωή.

170

Στο έργο της λύτρωσής μας, βλέπουμε τον Θεό να δίνει τον Εαυτό Του:

Επειδή με τέτοιο τρόπο αγάπησε ο Θεός τον κόσμο, ώστε έδωσε τον Υιό του τον μονογενή, για να μη χαθεί καθένας που πιστεύει σ' αυτόν, αλλά να έχει αιώνια ζωή.

Κατά Ιωάννη 3:16

Ο δάσκαλός μου, Γουές Πίνκχαμ, λέει συχνά ότι: «Όταν ο Θεός δίνει ένα δώρο, το τυλίγει με ένα Πρόσωπο. Δεν μας στέλνει απλά ένα μήνυμα. Στέλνει ένα Πρόσωπο». Ο Θεός αγάπησε τον κόσμο τόσο πολύ, ώστε έδωσε τον Γιο Του. Ο Ίδιος ο Θεός ήρθε σε μας με τη μορφή του Ιησού —απόλυτα Θεός και απόλυτα άνθρωπος. Ο Θεός έγινε ένα με εμάς και μας έσωσε. Εάν ο Θεός αναζητούσε δικαστική ικανοποίηση, μια απλή διαταγή θα ήταν αρκετή. Αλλά αναζητάει μια σχέση, γι' αυτό ό,τι κάνει, το κάνει με γνώμονα τη σχέση. Δεν μας δίνει τη σωτηρία ως δώρο· έρχεται και γίνεται ο Ίδιος το δώρο. Μόνο στο Πρόσωπο του Ιησού Χριστού, σωζόμαστε πραγματικά.

Ο Θεός Δίνει τον Εαυτό Του για την Αποκατάστασή Μας

Το έργο της σωτηρίας μας που έφερε εις πέρας ο Ιησούς, ξεκινά μια διαδικασία αποκατάστασης, για τον καθένα μας, αλλά και για όλα τα δημιουργήματα. Σε αυτή τη διαδικασία αποκατάστασης βλέπουμε τον Θεό να δίνει τον Εαυτό Του ξανά. Την τελευταία νύχτα που πέρασε ο Ιησούς με τους μαθητές Του προτού πάει στο σταυρό, υπόσχεται την έλευση του Αγίου Πνεύματος:

Και εγώ θα παρακαλέσω τον Πατέρα και θα σας δώσει έναν άλλον Παράκλητο, για να μένει μαζί σας στον αιώνα, το Πνεύμα της αλήθειας, το οποίο ο κόσμος δεν μπορεί να λάβει, επειδή δεν το βλέπει ούτε το γνωρίζει. Εσείς όμως το γνωρίζετε, επειδή μένει μαζί σας και μέσα σας θα είναι. Δεν θα σας αφήσω ορφανούς, έρχομαι προς εσάς.

Κατά Ιωάννη 14:16-18

Το Άγιο Πνεύμα δραστηριοποιείται στον κόσμο σήμερα για να εκπληρώσει την αποστολή του Πατέρα.

Πιστός στην υπόσχεσή Του, αφότου σταυρώθηκε και προτού αναληφθεί στα δεξιά του Πατέρα, ο Ιησούς συνάντησε τους μαθητές Του στην Καπερναούμ:

Και μόλις το είπε αυτό, φύσηξε προς αυτούς, και τους λέει: Λάβετε Πνεύμα Άγιο.

Κατά Ιωάννη 20:22

Εκείνη τη στιγμή, οι μαθητές Του γεννήθηκαν ξανά —γεννήθηκαν από το Πνεύμα σε μια νέα ζωή. Όποτε δεχόμαστε τον Ιησού ως Κύριο και Σωτήρα μας, φυσάει προς εμάς και λαμβάνουμε το Άγιο Πνεύμα. Ο ίδιος ο Θεός έρχεται να κατοικήσει μέσα μας, να μας οδηγεί και να μας κατευθύνει σε όλη την αλήθεια, να μας διδάσκει, να μας δίνει όλα όσα χρειαζόμαστε για να εκπληρώσουμε το τέλειο θέλημα του Πατέρα στη ζωή μας.

Αφού ο Ιησούς φύσηξε προς τους μαθητές Του, τους είπε να πάνε στην Ιερουσαλήμ και να περιμένουν. Ο Πατέρας επρόκειτο να τους δώσει ακόμα περισσότερα. Ο Θεός δεν μας κάλεσε να περπατήσουμε αυτό το είδος ζωής με τη δική μας προσπάθεια. Έρχεται ο Ίδιος και μας δίνει τη δύναμη που χρειαζόμαστε για να συμμετέχουμε στην αποστολή Του και έτσι, να ζήσουμε μια πλήρη ζωή. Ο Ιησούς είπε στους μαθητές Του:

Και προσέξτε, εγώ στέλνω την υπόσχεση του Πατέρα μου επάνω σας, και εσείς καθήστε στην πόλη, την Ιερουσαλήμ, μέχρις ότου ντυθείτε δύναμη από ψηλά.

Κατά Λουκά 24:49

Η υπόσχεση εκπληρώθηκε στο 2ο κεφάλαιο των Πράξεων. Όταν ήρθε η μέρα της Πεντηκοστής, ήταν όλοι με ομοψυχία στον ίδιο τόπο, σε ένα ανώγειο στην Ιερουσαλήμ.

Και ξαφνικά έγινε ήχος από τον ουρανό, σαν άνεμος που ερχόταν με βία, και γέμισε ολόκληρο το σπίτι όπου ήταν καθισμένοι. Και φάνηκαν σ' αυτούς γλώσσες σαν από φωτιά να διαμοιράζονται και κάθισε σε κάθε έναν απ' αυτούς ξεχωριστά. Και έγιναν όλοι πλήρεις από το Άγιο Πνεύμα, και άρχισαν να μιλούν σε ξένες γλώσσες, όπως το Πνεύμα έδινε σ' αυτούς να μιλούν.

Πράξεις 2:2-4

Ο Ιησούς είπε ότι θα ντυθούν με δύναμη από ψηλά. Ποια είναι αυτή η δύναμη που υποσχέθηκε ο Πατέρας και διακήρυξε ο Ιησούς; Δεν είναι άλλη από τον ίδιο τον Θεό —τον Θεό Άγιο Πνεύμα. Ακριβώς η ίδια υπόσχεση είναι διαθέσιμη και για μας σήμερα. Μπορούμε να λάβουμε τη δύναμη του Αγίου Πνεύματος σε βαθμό που υπερχειλίζει, και διαμέσου του Αγίου Πνεύματος, να λάβουμε όλα όσα έχει για μας ο Πατέρας.[108] Το Άγιο Πνεύμα δραστηριοποιείται στον κόσμο σήμερα για να εκπληρώσει την αποστολή του Πατέρα, δηλαδή να αποκαταστήσει όλη την κτίση στο αρχικό Του σχέδιο.

Στην Α' Κορινθίους 12 περιγράφονται κάποιοι από τους τρόπους με τους οποίους εργάζεται, ως «φανερώσεις του Πνεύματος που δίνονται προς συμφέρον όλων». Όπου υπάρχει ανάγκη για διάκριση, το Άγιο Πνεύμα φανερώνει την αγάπη του Θεού, την ευσπλαχνία και τη δύναμή Του μέσα από έναν λόγο σοφίας, έναν λόγο γνώσης ή τη διάκριση πνευμάτων. Όπου υπάρχει ανάγκη για οικοδομή, προτροπή ή οδηγία, το Άγιο Πνεύμα φανερώνει την αγάπη του Θεού, την ευσπλαχνία και τη δύναμή Του μέσα από μία προφητεία, ή ένα μήνυμα σε άγνωστη γλώσσα, μαζί και με τη διερμηνεία του. Όπου υπάρχει ανάγκη να γίνουν συγκεκριμένα πράγματα, το Άγιο Πνεύμα φανερώνει την αγάπη του Θεού, την ευσπλαχνία και τη δύναμή Του μέσα από το χάρισμα της πίστης, τα χαρίσματα θεραπειών ή τις ενέργειες θαυμάτων. Όλες αυτές οι φανερώσεις είναι από τη φύση τους υπερφυσικές. Υπερβαίνουν την ανθρώπινη ικανότητα, πολύ συχνά, όμως, δίνονται από το Άγιο Πνεύμα σε ανθρώπινα σκεύη που είναι διαθέσιμα να συνεργαστούν μαζί Του στην αποστολή αποκατάστασης.[109]

Είδαμε, λοιπόν, ότι ο Θεός δίνει τον Εαυτό Του για το έργο της δημιουργίας. Δίνει τον Εαυτό Του στο έργο της λύτρωσής μας. Δίνει τον Εαυτό Του για τη διαδικασία της αποκατάστασής μας. Ο *Abba* είναι ένας Πατέρας που δίνει, που δίνει τον Εαυτό Του. Με τη χάρη Του, μας δίνει όλα όσα χρειαζόμαστε· την ειρήνη, τη χαρά, τη θεραπεία, τη σοφία και την προμήθεια.

Χάρη

Εφόσον ό,τι μας δίνει ο Θεός είναι μια πράξη χάρης, προτού δούμε με συντομία τα δώρα του Πατέρα, θα πρέπει να εξηγήσουμε τι εννοούμε όταν λέμε «η χάρη του Θεού». Ένας απλός ορισμός της χάρης είναι «η εύνοια του Θεού που δεν την αξίζουμε». Αυτό σημαίνει πως ό,τι μας δίνει ο Θεός, το κάνει απ' την καρδιά Του. Δεν χρειάζεται να το κερδίσουμε με την αξία μας. Και στην πραγματικότητα, δεν μπορούμε. Η καλοσύνη του Πατέρα προς εμάς πηγάζει από τη φύση Του —που είναι η αγάπη— και όχι από κάτι που κάναμε (ή θα μπορούσαμε ποτέ να κάνουμε) για να την αξίζουμε. Κάποιοι επιπλέον ορισμοί θα μας βοηθήσουν να κατανοήσουμε καλύτερα τη χάρη του Θεού.

Στη Β' Κορινθίους 12, ο Ίδιος ο Ιησούς μας δίνει έναν πρακτικό ορισμό της χάρης. Ο Παύλος μιλούσε στον Θεό για «τον σκόλοπα στη σάρκα του»[110] —κάτι που του προκαλούσε διαρκώς προβλήματα όπου κι αν πήγαινε. Ο Παύλος το αποκαλεί «άγγελο του σατανά για να τον ραπίζει». Ήταν ξεκάθαρα μια ενόχληση γι' αυτόν, κάτι που ο Παύλος το θεωρούσε εμπόδιο στη ζωή και στην αποστολή του. Ο Ιησούς απαντά στην παράκληση του Παύλου λέγοντας:

Αρκεί σε σένα η χάρη μου. Επειδή μέσα σε αδυναμία,
η δύναμή μου φανερώνεται τέλεια.

Β' Κορινθίους 12:9

Σ' αυτό το σημείο, ο Ιησούς ορίζει πολύ πρακτικά τη χάρη ως «τη δύναμη του Θεού μέσα στην αδυναμία και την ανάγκη μας». Αν το εφαρμόσουμε στο θέμα της σωτηρίας μας, πράγματι, ο Θεός ήρθε ο Ίδιος για να μας λυτρώσει, και έκανε για μας κάτι που ποτέ δεν θα μπορούσαμε να κάνουμε για τον εαυτό μας. Αυτό ακριβώς είναι χάρη. Και βέβαια, η εφαρμογή της είναι πολύ ευρύτερη από τη σωτηρία μας μόνο. Ο Θεός κάνει τον Εαυτό Του διαθέσιμο σε εμάς, ώστε όποια κι αν είναι η αδυναμία μας, η δύναμή Του είναι διαθέσιμη να μας βοηθήσει.

Σύμφωνα με το «Ερμηνευτικό Λεξικό της Καινής Διαθήκης», η ελληνική λέξη «χάρις», χρησιμοποιούνταν σε μη χριστιανικά κείμενα με την έννοια της ελεύθερης, αβίαστης, και πρόθυμης ειλικρίνειας και ανοιχτοκαρδίας του ενός προς τον άλλο.[111] Αυτό ήταν το ερμηνευτικό πλαίσιο σε εκείνο το περιβάλλον, και με αυτήν την έννοια διάλεξαν οι συγγραφείς της Καινής Διαθήκης να περιγράψουν τον τρόπο του Θεού απέναντί μας. Έχουμε ήδη συζητήσει ότι ο Θεός δίνει τον Εαυτό Του σε μας ελεύθερα, όχι επειδή το αξίζουμε, αλλά επειδή αυτός είναι ο χαρακτήρας Του. Η αγάπη του Πατέρα, του Γιου και του Αγίου Πνεύματος είναι τέτοια, που απλά δίνει τον Εαυτό του ελεύθερα, αβίαστα και πρόθυμα. Ο Θεός μας είναι ένας σπλαχνικός Θεός, που μας προσκαλεί να πλησιάζουμε κοντά Του και να ζητάμε αυτό που χρειαζόμαστε:

Joy is a byproduct of abiding in the Father's love.

Επειδή, δεν έχουμε αρχιερέα που δεν μπορεί να συμπαθήσει στις ασθένειές μας, αλλά ο οποίος πειράστηκε σε όλα κατά τη δική μας ομοιότητα, χωρίς αμαρτία. Ας πλησιάζουμε, λοιπόν, με παρρησία στον θρόνο της χάρης, για να πάρουμε έλεος και να βρούμε χάρη προς βοήθεια σε καιρό ανάγκης.

Εβραίους 4:15-16

Τι ακριβώς χρειαζόμαστε; Και πώς μας τα δίνει ο Θεός; Δεν διαθέτουμε τον χώρο για να εξαντλήσουμε κάθε πιθανή απάντηση· θα διερευνήσουμε, όμως, κάποια από τα βασικότερα, και θα είναι αρκετά για να μας πείσουν για την προθυμία του Θεού να προσφέρει τον Εαυτό Του για να καλύψει κάθε ανάγκη μας.

Ειρήνη

Η ειρήνη είναι ένας καρπός του Αγίου Πνεύματος —είναι κάτι που Αυτός παράγει μέσα μας με την παρουσία Του. Και μάλιστα, ο Ιησούς μιλάει στους μαθητές Του και τους υπόσχεται το δώρο της ειρήνης:

Αυτά τα μίλησα σε σας, ενώ βρίσκομαι μαζί σας. Και ο Παράκλητος, το Πνεύμα το Άγιο, που ο Πατέρας θα στείλει στο όνομά μου, εκείνος θα σας τα διδάξει όλα, και θα σας υπενθυμίσει όλα όσα είπα προς εσάς. Ειρήνη αφήνω σε σας, ειρήνη τη δική μου δίνω σε σας. Όχι όπως δίνει ο κόσμος, σας δίνω εγώ. Ας μη ταράζεται η καρδιά σας μήτε να δειλιάζει.

Κατά Ιωάννη 14:25-27

Πρόσεξε κάτι: ο Ιησούς διακηρύττει ότι η δική Του ειρήνη είναι διαφορετική από τον τρόπο που την εννοεί ο κόσμος. Για τον κόσμο, ειρήνη είναι η απουσία προβλημάτων. Ο Ιησούς ξέρει ότι σε αυτόν τον συντριμμένο κόσμο θα έχουμε δυσκολίες, αλλά μας υπόσχεται ένα διαφορετικό είδος ειρήνης. Είναι η ειρήνη μέσα στην καταιγίδα. Είναι η ειρήνη που διοχετεύεται σε μας με την παρουσία του Αγίου Πνεύματος. Αυτός ο Ίδιος είναι η ειρήνη μας. Όταν είμαστε στην παρουσία Του,

Η σοφία δεν είναι ένα πράγμα, ούτε ένα χαρακτηριστικό του Θεού. Η σοφία είναι ένα Πρόσωπο. Ο Ιησούς είναι η σοφία του Θεού.

ακόμα και τα προβλήματα μπαίνουν στη θέση τους. Γι' αυτό λέει ο Παύλος:

Να μη μεριμνάτε για τίποτε. Αλλά σε κάθε τι, τα ζητήματά σας ας γνωρίζονται στον Θεό με ευχαριστία διαμέσου της προσευχής και της δέησης. Και η ειρήνη του Θεού που υπερέχει κάθε νου, θα διαφυλάξει τις καρδιές σας και τα διανοήματά σας διαμέσου του Ιησού Χριστού.

Φιλιππησίους 4:6-7

Η ειρήνη του Θεού ξεπερνά κάθε ανθρώπινη αντίληψη, διότι δεν εξαρτάται από τις περιστάσεις. Όταν ζούμε στην παρουσία Του, μπορούμε να έχουμε ειρήνη.

Χαρά

Η χαρά είναι το φυσικό επακόλουθο όταν μένουμε στην αγάπη του Πατέρα. Είναι ένας ακόμα καρπός του Πνεύματος που δεν εξαρτάται από τις καταστάσεις. Ο Δαυίδ λέει:

Φανέρωσες σε μένα τον δρόμο της ζωής. Χορτασμός ευφροσύνης είναι το πρόσωπό σου. τερπνότητες βρίσκονται στα δεξιά σου, παντοτινά.

Ψαλμός 16:11

Και ο Ιησούς διακηρύττει:

Όπως ο Πατέρας αγάπησε εμένα, και εγώ αγάπησα εσάς, να μείνετε στην αγάπη μου. Όπως εγώ φύλαξα τις εντολές του Πατέρα μου και μένω στην αγάπη του. Αυτά μίλησα σε σας, για να μείνει μέσα σας η χαρά μου, και η χαρά σας να είναι πλήρης.

Κατά Ιωάννη 15:9-11

Η χαρά είναι το φυσικό επακόλουθο όταν μένουμε στην αγάπη του Πατέρα.

Όπως ισχύει και με την ειρήνη, μπορούμε να έχουμε χαρά, ακόμα και όταν βρισκόμαστε εν μέσω προβλημάτων. Μπορεί να περνάμε μεγάλη λύπη — ακόμα και θλίψη— και όμως να έχουμε χαρά. Η χαρά είναι ένα επίπεδο συνείδησης, όπου ξέρουμε ότι μαζί με τον Θεό και μέσα σ' Αυτόν, όλα είναι καλά. Δεν σημαίνει ότι αγνοούμε την κατάστασή μας. Δεν είναι θέμα στωικισμού· είναι ένα δώρο της παρουσίας του Θεού. Ο κόσμος γύρω μας μπορεί να καταρρέει, αλλά γνωρίζουμε ότι είμαστε ασφαλείς στην αγκαλιά του Πατέρα. Ό,τι κι αν περνάμε, όταν μένουμε στην αγάπη του Πατέρα, μπορούμε να έχουμε το δώρο της χαράς Του.

Σοφία

Γενικά θεωρούμε ότι η σοφία είναι εφαρμοσμένη γνώση, την οποία αποκτούμε εμπειρικά (και συνήθως μέσα από άσχημες εμπειρίες). Αν ζούμε προσεκτικά, θεωρούμαστε σε γενικές γραμμές «σοφοί». Όμως, η θεϊκή σοφία είναι πολλά περισσότερα. Ο Ιάκωβος μας λέει:

Αν, όμως, κάποιος από σας είναι ελλιπής σε σοφία, ας ζητάει από τον Θεό, που δίνει σε όλους πλούσια, και χωρίς να ονειδίζει και θα του δοθεί.

Ιάκωβος 1:5

Σύμφωνα με τον ορισμό που δίνει η κουλτούρα μας στη σοφία, ερμηνεύουμε αυτό το εδάφιο ως εξής: ο Θεός θα μας βοηθήσει να μάθουμε αυτά που πρέπει να ξέρουμε για να έχουμε μια πετυχημένη ζωή, και ίσως, να κατανοήσουμε κατά κάποιον τρόπο το μυστήριο της ζωής μέσα σε έναν συντριμμένο κόσμο. Ο Θεός, όμως, μας καλεί να Του ζητήσουμε ένα άλλο είδος σοφίας.

Η εβραϊκή ερμηνεία της έννοιας της σοφίας δεν αφορά μόνο τη γνώση· είναι η ικανότητα να κάνουμε το θέλημα του Θεού. Η σοφία είναι πρακτική. Είναι μεν η γνώση του κόσμου του Θεού και του Λόγου Του, αλλά ταυτόχρονα, είναι και η ικανότητα να κάνουμε το θέλημα του Θεού στην προσωπική, καθημερινή, αλλά και κοινωνική ζωή μας. Άρα, στην προς Ιακώβου επιστολή, ο Θεός μας λέει ότι με τη σοφία Του, έχουμε και τη γνώση για το τι πρέπει να κάνουμε, και επίσης, ότι Αυτός μας δίνει την ικανότητα, τη δύναμη να το κάνουμε. Πώς; Καθώς μας δίνει τον Εαυτό Του.

Ο Παύλος λέει ότι ο Χριστός είναι η δύναμη και η σοφία του Θεού (Α' Κορινθίους 1:24). Λίγα εδάφια παρακάτω λέει ότι ο Ιησούς «έγινε σε εμάς σοφία από τον Θεό». Επομένως, βλέπουμε ότι η σοφία δεν είναι ένα πράγμα, ούτε ένα χαρακτηριστικό του Θεού. Η σοφία είναι ένα Πρόσωπο. Ο Ιησούς είναι η σοφία του Θεού. Όταν ζητάμε από τον Θεό σοφία, δεν ζητάμε να μας δώσει κάτι· ζητάμε περισσότερο από τον Εαυτό Του.

Ο Θεός, δίνοντας τον Εαυτό Του σε μας, μας δίνει απλόχερα τη σοφία που χρειαζόμαστε για να μπορούμε να ζούμε όλα αυτά που προετοίμασε για μας. Ο Παύλος διακηρύττει:

> *Επειδή δικό του δημιούργημα είμαστε, καθώς κτιστήκαμε στον Ιησού Χριστό για καλά έργα που ο Θεός προετοίμασε για να περπατήσουμε μέσα σ' αυτά.*
>
> Εφεσίους 2:10

Δεν καλεστήκαμε να σχεδιάζουμε μόνοι μας τα καλά μας έργα, αλλά να αναζητάμε, να ανακαλύπτουμε και να περπατούμε στα καλά έργα που ο Θεός σχεδίασε για μας. Χρειαζόμαστε την οδηγία του Αγίου Πνεύματος, επειδή Αυτός μας αποκαλύπτει το σχέδιο του Θεού για τη ζωή μας και μας οδηγεί σ' αυτό.

Στην Α' Κορινθίους 2:9-16 ο Παύλος δηλώνει ότι η ανθρώπινη λογική μας δεν μπορεί να συλλάβει αυτά που έχει ετοιμάσει ο Θεός για μας που Τον αγαπάμε. Ο Θεός, όμως, τα αποκάλυψε σε εμάς διαμέσου του Πνεύματός Του. (Αυτό περιγράφεται αναλυτικά στο βιβλίο, The Abba Formation - Η Διαμόφωση από τον Abba.) Συνεχίζει, λέγοντας ότι έχουμε τον νου του Χριστού. Αυτό σημαίνει ότι διαθέτουμε τη σοφία του Θεού που πήρε ανθρώπινη μορφή στον Χριστό, καθώς μένουμε ενωμένοι μαζί Του, ως μέλη του Σώματός Του διαμέσου του Πνεύματος. Το Άγιο Πνεύμα μας δόθηκε δωρεάν ώστε να γνωρίζουμε ακριβώς πώς να περπατάμε σ' αυτά που ετοίμασε για μας ο Θεός. Εάν, όμως, ζούμε μόνο σύμφωνα με ό,τι μπορούμε να συλλάβουμε με το φυσικό μας μυαλό, θα χάσουμε τα καλύτερα σχέδια του Θεού για εμάς. Αντίθετα, όταν ζούμε τη ζωή μας γεμάτοι με το Πνεύμα Του, μπαίνουμε σε μια νέα διάσταση ζωής που ξεπερνάει κατά πολύ τις προσδοκίες μας. Εκεί ακριβώς βρίσκουμε την άφθονη ζωή.

Θεραπεία

Ο Θεός μας δίνει και θεραπεία. Είναι κομμάτι της αποκατάστασης που φέρνει η αποστολή Του. Παρότι δεν βλέπουμε πάντα το θέλημα του

Θεού να γίνεται στη γη τέλεια (π.χ. δεν θεραπεύονται όλοι οι άνθρωποι), η Βίβλος δηλώνει καθαρά ότι η θεραπεία είναι κατά κανόνα το θέλημα του Θεού. Αυτό φαίνεται σε τρία βασικά επίπεδα. Πρώτον, ένα από τα ονόματα του Θεού είναι «Ιεοβά Ράφα» (εβρ.):

Αν ακούσεις επιμελώς τη φωνή του Κυρίου του Θεού σου,
και πράττεις το αρεστό στα μάτια του, και δώσεις ακρόαση στις
εντολές του, και φυλάξεις όλα τα προστάγματά του, δεν θα φέρω
επάνω σου καμία από τις αρρώστιες που έφερα ενάντια στους
Αιγύπτιους. Επειδή εγώ είμαι ο Κύριος που σε θεραπεύω.

Έξοδος 15:26

Όταν οι Ισραηλίτες διέσχισαν την Ερυθρά θάλασσα, ο Θεός αποκάλυψε τον Εαυτό Του σ᾽ αυτούς ως ο «Ιεοβά Ράφα», που σημαίνει «Εγώ είμαι ο Κύριος ο Θεραπευτής σου» ή «Εγώ είμαι ο Κύριος που σε θεραπεύω». Με αυτήν την αποκάλυψη, δείχνει ξεκάθαρα το θέλημά Του σχετικά με την υγεία και την πληρότητά μας. Η θεραπεία δεν είναι κάτι που κάνει ο Θεός· είναι το Ποιος είναι. Η θεραπεία είναι στοιχείο της φύσης Του.[112]

Δεύτερον, η θεραπεία είναι ένα από τα οφέλη του σταυρού. Με τον θάνατό Του, ο Ιησούς πήρε επάνω Του όλες τις ασθένειές μας:

Αυτός όμως τραυματίστηκε για τις παραβάσεις μας.
Ταλαιπωρήθηκε για τις ανομίες μας. Η τιμωρία που έφερε τη δική
μας ειρήνη, ήταν επάνω σ᾽ αυτόν. Και διαμέσου των πληγών του
γιατρευτήκαμε εμείς.

Ησαΐας 53:5

Ο Ματθαίος σχολιάζει αυτό το απόσπασμα από τον Ησαΐα, σημειώνοντας ότι ο Ιησούς εξέβαλε ακάθαρτα πνεύματα και θεράπευσε όλους όσους ήταν άρρωστοι, για να εκπληρωθούν τα λόγια του Ησαΐα:

Και όταν έγινε βράδυ, έφεραν σ᾽ αυτόν πολλούς δαιμονιζόμενους
και έβγαλε τα δαιμόνια με έναν λόγο και όλους εκείνους που
έπασχαν τους θεράπευσε. Για να εκπληρωθεί
αυτό που ειπώθηκε από τον προφήτη Ησαΐα,
λέγοντας: «Αυτός πήρε τις ασθένειές μας και
βάσταξε τις αρρώστιες μας.

Κατά Ματθαίο 8:16-17

We will have what we need to have when we need to have it.

179

Chiqui Wood

Ο Ησαΐας είδε στο μέλλον τα οφέλη του σταυρού· ο Ιησούς τα φανέρωσε κατά τη διάρκεια της επίγειας διακονίας Του· ο Πέτρος κοιτώντας πίσω στον σταυρό, μας διαβεβαιώνει ότι η θεραπεία μας έχει ήδη δοθεί:

Ο οποίος τις αμαρτίες μας βάσταξε ο ίδιος στο σώμα του επάνω στο ξύλο, για να ζήσουμε στη δικαιοσύνη αφού πεθάναμε ως προς τις αμαρτίες, «με την πληγή του οποίου γιατρευτήκατε».

Α' Πέτρου 2:24

Το τρίτο, και πιο σημαντικό, είναι το εξής: γνωρίζουμε ότι η θεραπεία είναι το θέλημα του Πατέρα, επειδή, όπως έχουμε πει, ο Ιησούς μας φανερώνει τον χαρακτήρα του Πατέρα. Μια ματιά στα θαύματα που έκανε ο Ιησούς και στη στάση Του απέναντι στην αρρώστια, αποκαλύπτει ποια είναι η καρδιά του *Abba* στο θέμα της θεραπείας. Από τη στιγμή που ο Ιησούς πήγαινε και θεράπευε όλους όσους καταδυναστεύονταν από τον διάβολο, γνωρίζουμε ότι ο Πατέρας θεωρεί την αρρώστια εχθρό Του.[113]

Για πολλούς από μας υπήρξαν στιγμές που ζητήσαμε από τον Θεό θεραπεία (για μας ή κάποιο αγαπημένο μας πρόσωπο), και δεν είδαμε το αναμενόμενο αποτέλεσμα. Μπροστά σ' αυτό το μυστήριο, πρέπει να θυμόμαστε ότι το θέλημα του Θεού δεν γίνεται πάντα με τέλειο τρόπο στη γη. Όταν αντιμετωπίζουμε μια αρρώστια, ερχόμαστε αντιμέτωποι με την αμαρτία, με δαιμονικές υπάρξεις και με διάφορους περίπλοκους ψυχολογικούς, σωματικούς και πνευματικούς παράγοντες. Αλλά ας μη μας μπερδεύει αυτό ως προς τον χαρακτήρα του Πατέρα μας. Ο Θεός είναι πάντα καλός. Πάντα θέλει το καλύτερο για μας. Πάντα υπάρχουν πράγματα που ξεπερνούν την αντίληψή μας· μπορούμε, όμως, να εμπιστευθούμε την αγάπη Του και να θυμόμαστε ότι Αυτός είναι ο θεραπευτής μας και εργάζεται για το καλό μας.

Προμήθεια

Η προμήθεια είναι ένα άλλο δώρο από τον Θεό που βασίζεται στο Ποιος είναι. Όπως είδαμε στην εισαγωγή του κεφαλαίου, στη Γένεση 22, μία από τις πρώτες φορές που ο Θεός αποκαλύπτει τον Εαυτό Του, χρησιμοποιεί το όνομα «Ιεοβά Ιρέ» (εβρ.), που σημαίνει «ο Κύριος θα προμηθεύσει». Αυτό αποδεικνύεται και στη διακονία του Ιησού, όπου βλέπουμε τον Ιησού να καλύπτει διάφορες υλικές ανάγκες. Σε κάποιες περιπτώσεις, προμήθευσε φαγητό για τους πεινασμένους (Κατά Μάρκο 6:34-44, 8:1-9, Κατά Ματθαίο 14:13-21, 15:32-39, Κατά Λουκά 9:12-17, Κατά Ιωάννη 6:5-6). Βοήθησε τους μαθητές Του με τις οικονομικές τους υποχρεώσεις (Κατά Ματθαίο 17:24-27). Βλέπουμε τον Ιησού να φροντίζει για κάτι φαινομενικά ασήμαντο, όπως το κρασί σε έναν γάμο (Κατά Ιωάννη 2:1-11). Στην παραβολή του ασώτου γιου, ο Ιησούς μας δίνει την πιο αποκαλυπτική εικόνα του *Abba*, και μας Τον συστήνει ως έναν γενναιόδωρο Πατέρα που μοιράζεται όλα τα αγαθά Του με τα παιδιά Του. Δεν είναι τσιγκούνης!

Στην Επί του Όρους Ομιλία, ο Ιησούς κάνει μια δήλωση για τη φροντίδα του *Abba* προς εμάς. Μας λέει ότι δεν χρειάζεται να ανησυχούμε, γιατί ο Πατέρας δεν θέλει να ζούμε σε έλλειψη:

Γι' αυτό, σας λέω: Μη μεριμνάτε για τη ζωή σας, τι να φάτε και τι να πιείτε. Ούτε για το σώμα σας τι να ντυθείτε. Δεν είναι η ζωή πολυτιμότερη από την τροφή και το σώμα από το ένδυμα; Κοιτάξτε με προσοχή τα πουλιά του ουρανού, ότι δεν σπείρουν ούτε θερίζουν, ούτε συγκεντρώνουν σε αποθήκες, και ο ουράνιος Πατέρας σας τα τρέφει. Εσείς δεν είστε πολύ ανώτεροι από αυτά; Αλλά, ποιος από σας, μεριμνώντας, μπορεί να προσθέσει έναν πήχη στο ανάστημά του; Και για το ένδυμα γιατί μεριμνάτε; Παρατηρήστε τα κρίνα του χωραφιού πώς αυξάνουν. Δεν κοπιάζουν ούτε κλώθουν. Σας λέω, όμως, ότι ούτε ο Σολομώντας μέσα στη δόξα του ντύθηκε σαν ένα απ' αυτά. Αλλά, αν το χορτάρι του χωραφιού, που σήμερα υπάρχει, και αύριο ρίχνεται σε κλίβανο, ο Θεός το ντύνει με έναν τέτοιο τρόπο, δεν θα ντύσει πολύ περισσότερο εσάς, ολιγόπιστοι; Μη μεριμνήσετε, λοιπόν, λέγοντας: τι να φάμε ή τι να πιούμε ή τι να ντυθούμε; Δεδομένου ότι όλα αυτά τα ζητούν οι εθνικοί. Επειδή ο ουράνιος Πατέρας σας ξέρει ότι έχετε ανάγκη απ' όλα αυτά. Αλλά να ζητάτε πρώτα τη βασιλεία του Θεού και τη δικαιοσύνη του, και όλα αυτά θα σας προστεθούν. Μη μεριμνήσετε για την αύριο, επειδή η αύριο θα μεριμνήσει για τα δικά της, αρκετό είναι στη μέρα το κακό της.

Κατά Ματθαίο 6:25-34

Ο Θεός είναι ένας γενναιόδωρος προμηθευτής. Ως παιδιά Του, μπορούμε να είμαστε ήσυχοι ότι θα έχουμε αυτό που χρειαζόμαστε, όταν το χρειαζόμαστε. Ωστόσο, λαμβάνοντας υπόψιν τη γενναιοδωρία του *Abba*, ο Ιησούς μας προειδοποιεί να μην παρασυρθούμε προς την υλιστική και καταναλωτική διάσταση της προμήθειας. Υπόσχεται να καλύπτει τις ανάγκες μας, αλλά όχι απαραίτητα τις επιθυμίες μας.

> *Και τους είπε: Προσέχετε και φυλάγεστε από την πλεονεξία. Επειδή αν κάποιος έχει περίσσεια αγαθά, η ζωή του δεν εξαρτάται από τα υπάρχοντά του.*
>
> Κατά Λουκά 12:15

Στις δυτικές κοινωνίες, πιστεύουμε ότι ο πλούτος και η φτώχεια είναι οι πιο καθοριστικοί παράγοντες της καλής ζωής· συνεπώς, όταν μιλάμε για την προμήθεια του Θεού, το πρώτο πράγμα που έρχεται στο μυαλό μας είναι οι υλικές παροχές. Ο Θεός, όμως, ενδιαφέρεται για κάτι περισσότερο. Η επιθυμία Του είναι να έχουμε όλα όσα χρειαζόμαστε για να κάνουμε το θέλημά Του —είτε πρόκειται για υλικούς πόρους, σοφία, αποκάλυψη, υγιείς σχέσεις, ευκαιρίες, ικανότητες ή κάτι παρόμοιο. Ο Ντάλας Γουίλαρντ το θέτει ως εξής: «Στη διακυβέρνηση του Θεού, ο πλούσιος και ο φτωχός δεν έχουν απαραίτητα κάποιο πλεονέκτημα ο ένας απέναντι στον άλλον ως προς την καλή ζωή ή την επιτυχία σε αυτή τη ζωή ή στην επόμενη».[115] Ο Θεός, με τη χάρη Του, μας δίνει ό,τι χρειαζόμαστε για να εκπληρώσουμε τον σκοπό μας και να απολαύσουμε μια πλήρη ζωή. Με τα λόγια του Παύλου:

> *Είναι όμως δυνατός ο Θεός να σας δώσει με περίσσεια κάθε χάρη, ώστε έχοντας πάντοτε κάθε αυτάρκεια σε κάθε τι, να περισσεύετε σε κάθε έργο αγαθό. Αυτός μάλιστα που χορηγεί τον σπόρο σ' αυτόν που σπέρνει και ψωμί για τροφή, είθε να χορηγήσει και να πληθύνει τον σπόρο σας και να αυξήσει τα γεννήματα της δικαιοσύνης σας. Καθώς γίνεστε πλούσιοι σε κάθε τι, με κάθε γενναιοδωρία, η οποία εργάζεται μέσα από μας ευχαριστία στον Θεό.*
>
> Β' Κορινθίους 9:8, 10-11

Αυτό το εδάφιο μας δίνει έναν καλό ορισμό της ευημερίας: «Να έχουμε όλα όσα χρειαζόμαστε για να κάνουμε το θέλημα του Θεού, με αρκετό περίσσευμα ώστε να είμαστε γενναιόδωροι σε κάθε περίσταση».

Σημείωσε ότι διαμέσου της χάρης Του, ο Θεός μας παρέχει πολλά περισσότερα από υλικούς πόρους. Σου θυμίζω ότι ορίσαμε τη χάρη ως τη δύναμη του Θεού μέσα στην ανάγκη μας. Μπορούμε να διευρύνουμε αυτόν τον ορισμό για να πούμε ότι η χάρη είναι η προμήθεια του Θεού μέσα στην ανάγκη μας. Έρχεται ο Ίδιος για να μας βοηθήσει, όποια κι αν είναι η αδυναμία μας. Σε αυτό το εδάφιο ο Παύλος επαναλαμβάνει την υπόσχεση του Ιησού, ότι ο Πατέρας θα προμηθεύσει αυτό που χρειαζόμαστε, όταν το χρειαζόμαστε.

Ο Θεός, ο προμηθευτής μας, μας δίνει πολλά περισσότερα από τα υλικά αγαθά. Μας δίνει αγαθά ανώτερου πλούτου και ποιότητας — όλα αυτά τα άυλα αγαθά που δεν μπορούν εξαγοραστούν με χρήματα. Όπως είπαμε, με τη χάρη Του, ο Θεός μας δίνει χαρά, ειρήνη, σοφία και υγεία. Με τη χάρη Του, ο Θεός μας δίνει, επίσης, διορατικότητα, γνώση και κατανόηση:

> *Έχω πολλά ακόμα να σας πω, όμως δεν μπορείτε τώρα να τα βαστάζετε. Αλλά όταν έρθει εκείνος, το Πνεύμα της αλήθειας, θα σας οδηγήσει σε όλη την αλήθεια. Επειδή δεν θα μιλήσει από τον εαυτό του, αλλά θα μιλήσει όσα πρόκειται να ακούσει και θα σας αναγγείλει τα μέλλοντα. Εκείνος θα δοξάσει εμένα, επειδή από το δικό μου θα πάρει και θα το αναγγείλει σε σας. Όλα όσα έχει ο Πατέρας είναι δικά μου, γι' αυτό σας είπα ότι από το δικό μου θα πάρει και θα σας το αναγγείλει.*
>
> Κατά Ιωάννη 16:12-15

Ο Θεός δεν είναι ο αυτόματος πωλητής του σύμπαντος, υποχρεωμένος να μας δίνει ό,τι θέλουμε, αλλά δεν είναι καθόλου απρόθυμος να μας παρέχει αυτά που χρειαζόμαστε. Ο Ιησούς συγκρίνει τη γενναιοδωρία του Πατέρα με τη δική μας, και μας ανακοινώνει, πέρα από κάθε αμφιβολία, ότι ο *Abba* είναι πολύ πιο γενναιόδωρος από ό,τι συνειδητοποιούμε:

> *Ζητάτε και θα σας δοθεί, ψάχνετε και θα βρείτε, κρούετε και θα σας ανοιχτεί. Επειδή, καθένας που ζητάει παίρνει, και αυτός που ψάχνει βρίσκει και σ' αυτόν που κρούει θα ανοιχτεί. Η' ποιος άνθρωπος είναι από σας, που αν ο γιος του, του ζητήσει ψωμί, μήπως θα του δώσει πέτρα; Και αν του ζητήσει ψάρι, μήπως θα του δώσει φίδι; Αν λοιπόν εσείς που είστε πονηροί, ξέρετε να δίνετε καλές δόσεις στα*

παιδιά σας, πόσο μάλλον ο Πατέρας σας που είναι στους ουρανούς
θα δώσει αγαθά σ' αυτούς που ζητούν απ' αυτόν;
Κατά Ματθαίο 7:7-11

Επιπλέον, ο Ιησούς μας λέει ότι μπορούμε να τολμάμε να ζητάμε από τον *Abba* αυτό που επιθυμούμε:

Αν μείνετε ενωμένοι μαζί μου, και τα λόγια μου μείνουν μέσα
σας, θα ζητάτε ό,τι αν θέλετε και θα γίνει σε σας.
Κατά Ιωάννη 15:7

Πρόσεξε, βέβαια, ότι αυτό έχει κάποιες προϋποθέσεις. Υπάρχει μια συγκεκριμένη ποιότητα σχέσης που μας ανοίγει την πόρτα ώστε να ζητάμε με θάρρος από τον γενναιόδωρο Πατέρα μας αυτό που επιθυμούμε. Όταν μένουμε ενωμένοι με Αυτόν και αφήνουμε τα λόγια Του να μένουν μέσα μας, τότε οι επιθυμίες μας θα εναρμονίζονται με τις δικές Του. Όπως είδαμε στο προηγούμενο κεφάλαιο, όταν αφήνουμε το Άγιο Πνεύμα να εργάζεται στη ζωή μας, τα θέλω μας αλλάζουν, και έπειτα Αυτός μας δίνει τη δύναμη να ζήσουμε ανάλογα. Με τον ίδιο τρόπο, αυτό το επίπεδο οικειότητας που περιγράφει ο Ιησούς —να είμαστε ενωμένοι μαζί Του— συγχρονίζει την καρδιά μας με το θέλημα του Πατέρα για μας. Τότε μπορούμε να ζητάμε με παρρησία, γνωρίζοντας ότι θα πάρουμε αυτό που ζητάμε.

Είναι, βέβαια, συχνό το φαινόμενο κατά το οποίο ο Πατέρας μας δίνει δώρα, όχι επειδή τα χρειαζόμαστε, ούτε επειδή τα θέλουμε, αλλά επειδή απλά θέλει να μας δείξει πόσο πολύ μας αγαπάει. Μου αρέσει να τα λέω «αγκαλιές από τον *Abba*». Οι αγκαλιές του *Abba* μπορεί να είναι κάτι απλό, όπως ένα μικρό λουλούδι κρυμμένο κάτω από έναν θάμνο στο μονοπάτι πεζοπορίας του Γκραντ Κάνυον, τόσο ντελικάτο και όμορφο, που όταν το βρήκα, με έκανε να χαμογελάσω. Μια αγκαλιά από τον *Abba* μπορεί να είναι ένα τέλειο ηλιοβασίλεμα στο τέλος μιας κουραστικής μέρας. Μια αγκαλιά του *Abba* μπορεί να είναι ένας ξένος που συναντάμε στις διακοπές μας, που τυχαίνει να είναι ντόπιος και γνώστης της περιοχής, και μας δίνει οδηγίες για τις πιο όμορφες γωνιές της πόλης. Μια αγκαλιά του *Abba* μπορεί να είναι διάφορα πράγματα που μας θυμίζουν ότι μας αγαπάει και νοιάζεται για μας. Εάν τις αναζητήσουμε, θα δούμε ότι οι αγκαλιές του *Abba* είναι πολύ πιο συχνές από ό,τι νομίζουμε.

Συμπέρασμα

Σε αυτό το κεφάλαιο, είδαμε ότι ο *Abba* είναι ένας Πατέρας που δίνει. Αποκαλύπτει τον Εαυτό Του ως προμηθευτή μας. Αυτά που μας δίνει, όμως, δεν είναι ξεκομμένα από το Ποιος είναι. Ο Θεός δίνει τον Εαυτό Του για το έργο της δημιουργίας. Δίνει τον Εαυτό Του στο έργο της λύτρωσής μας. Δίνει τον Εαυτό Του για τη διαδικασία της αποκατάστασής μας. Το Άγιο Πνεύμα δραστηριοποιείται στον κόσμο για να εκπληρώσει την αποστολή του Πατέρα να φέρει αποκατάσταση. Δίνει δώρα που φανερώνουν την αγάπη, την ευσπλαχνία και τη δύναμη του Θεού να αποκαταστήσει τα δημιουργήματά Του σύμφωνα με το αρχικό Του σχέδιο. Όλα αυτά είναι έργο της χάρης —της δύναμης του Θεού μέσα στην ανάγκη μας. Με τη χάρη του Θεού μπορούμε να έχουμε ειρήνη. Με τη χάρη του Θεού μπορούμε να έχουμε χαρά. Με τη χάρη του Θεού μπορούμε να έχουμε σοφία για να γνωρίζουμε και να κάνουμε το τέλειο θέλημά Του. Με τη χάρη του Θεού μπορούμε να πάρουμε θεραπεία. Με τη χάρη του Θεού, μπορούμε να λάβουμε όλα όσα χρειαζόμαστε για να εκπληρώσουμε τον σκοπό μας και να απολαύσουμε μια πλήρη ζωή. Πώς μοιράζει ο Θεός τα δώρα Του στη γη; Μέσα από τη συνεργασία του ανθρώπου. Όπως θα δούμε στο επόμενο κεφάλαιο, ο Πατέρας μας καλεί να συνεργαστούμε μαζί Του για την αποστολή Του.

ΠΕΡΙΣΣΥΛΟΓΗ

Στην Επί του Όρους Ομιλία, ο Ιησούς λέει ότι δεν χρειάζεται να ανησυχούμε για το τι θα φάμε, τι θα πιούμε, ή τι θα φορέσουμε, γιατί ο Πατέρας μας ξέρει τι χρειαζόμαστε. Το μήνυμά Του είναι ότι Αυτός θα φροντίσει τις ανάγκες μας.

- Για ποια πράγματα ανησυχείς; Τί νομίζεις ότι θα σου έλεγε ο Ιησούς για αυτά;

- Υπάρχουν πράγματα που σου προκαλούν άγχος; Τί νομίζεις ότι θα σου έλεγε ο Ιησούς για αυτά;

- Έχεις κάποιες συγκεκριμένες ανάγκες στη ζωή σου; Τί νομίζεις ότι θα σου έλεγε ο Ιησούς για αυτές;

ΠΡΟΣΕΥΧΗ

Πατέρα, Σε ευχαριστούμε που είσαι ο προμηθευτής μας. Είσαι ένας γενναιόδωρος Πατέρας και φροντίζεις για κάθε ανάγκη μας. Σε ευχαριστούμε που δίνεις τον Εαυτό Σου για μας. Δεν έχεις καμία υποχρέωση να το κάνεις, αλλά η αγάπη Σου είναι τόσο μεγάλη, που εξακολουθείς να δίνεις, ακόμα κι αν δεν το αξίζουμε. Συγχώρησε με για κάθε φορά που Σε θεώρησα δεδομένο, κάθε φορά που δεν Σε ευχαρίστησα για την καλοσύνη Σου προς εμένα. Για όλες τις προσευχές μου που δεν πήρα την απάντηση που περίμενα, διαλέγω να Σε εμπιστευθώ και Σου ζητώ να Με γεμίσεις με τη χαρά και την ειρήνη Σου. Παραδίδω αυτήν την κατάσταση σε Εσένα. Διακηρύττω ότι είσαι ένας καλός Πατέρας και επιλέγω να αναπαυθώ σε Εσένα. Στο όνομα του Ιησού. Αμήν.

ΣΥΖΗΤΗΣΗ ΟΜΑΔΑΣ

1. Τώρα που ξέρεις ότι η χάρη του Θεού είναι η δύναμή Του μέσα στην ανάγκη μας, πώς σε βοηθάει αυτό να πλησιάσεις τον Θεό με παρρησία στην προσευχή σου;

2. Μπορείς να σκεφτείς κάποια πράγματα που μας εμποδίζουν να λάβουμε τα πλούσια δώρα του Πατέρα; Τι μπορούμε να κάνουμε για να τα ξεπεράσουμε;

3. Κάνε μια «λίστα ευχαριστίας» με όσο περισσότερα πράγματα μπορείς να βρεις που σου έχει δώσει ο Θεός δωρεάν. Θα είναι καλό να συμπεριλάβεις κάποιες δικές σου «αγκαλιές από τον *Abba*». Μίλησε γι' αυτή τη λίστα με την ομάδα σου και εξήγησε πώς μπορεί να σε βοηθήσει μια τέτοια λίστα να εμβαθύνεις τη σχέση σου με τον Θεό.

Δέκα

Το Κάλεσμα του Πατέρα

Ελάτε σε μένα όλοι όσοι κοπιάζετε και είστε φορτωμένοι
και εγώ θα σας αναπαύσω. Σηκώστε επάνω σας τον ζυγό μου και
μάθετε από μένα, επειδή είμαι πράος και ταπεινός στην καρδιά.
Και βρείτε ανάπαυση στις ψυχές σας. Επειδή ο ζυγός μου είναι
καλός και το φορτίο μου ελαφρύ.

—Ιησούς

Στην πορεία αυτού του βιβλίου στρέψαμε την προσοχή μας στο ποιος είναι ο Θεός. Εφόσον αυτά που πιστεύουμε για τον Θεό καθορίζουν αυτά που πιστεύουμε για όλα τα άλλα θέματα, βάλαμε ένα καλό θεμέλιο που θα στερεώσει κάθε τομέα της ζωής μας. Το σημείο εκκίνησής μας ήταν να συνειδητοποιήσουμε ότι ο Θεός —Πατέρας, Γιος και Άγιο Πνεύμα— είναι από τη φύση Του σε μια αιώνια σχέση άπειρης και ανιδιοτελούς αγάπης, που πλημμυρίζει τα πάντα και δίνει τον εαυτό της. Έχοντας κατανοήσει αυτήν την αλήθεια, κοιτάξαμε τα δημιουργήματα του Πατέρα, το θέλημά Του, την αποστολή Του, τα δώρα Του, τις προσδοκίες και τις επιθυμίες Του για μας, και είδαμε ότι όλα απορρέουν από τη φύση Του, που είναι αγάπη. Ο Θεός, λοιπόν, επειδή είναι μια άπειρη αγάπη που πλημμυρίζει τα πάντα, δημιούργησε ένα σύμπαν και, μέσα σ' αυτό, δημιουργήματα με τα οποία να μπορεί να μοιραστεί την αγάπη Του. Και επειδή ο Θεός είναι μια άπειρη αγάπη που πλημμυρίζει τα πάντα, θέλει να αποκαταστήσει όλα όσα έχουν καταστραφεί από την αμαρτία. Και επειδή ο Θεός είναι μια άπειρη αγάπη που πλημμυρίζει τα πάντα, πήρε την πρωτοβουλία να μας σώσει —να μας κάνει πλήρεις, να αποκαταστήσει τη σχέση μας μαζί Του. Και επειδή ο Θεός είναι μια άπειρη αγάπη που πλημμυρίζει τα πάντα, μας δίνει όλα όσα χρειαζόμαστε για να ζήσουμε μια ολοκληρωμένη ζωή —τη ζωή του Θεού. Ο Πατέρας, ο Γιος και το Άγιο Πνεύμα μας δημιούργησαν για να έχουμε σχέση και συνεργασία μαζί Του. Αυτή είναι η άφθονη ζωή!

Τώρα μένει να αναρωτηθούμε ποιος είναι ο δικός μας ρόλος σε όλα αυτά. Πώς πρέπει να ζούμε, κάτω από το πρίσμα του ποιος είναι ο Θεός, τι έχει κάνει για εμάς και τι μας δίνει απλόχερα; Πώς μπορούμε

Το θέλημα του Θεού για σένα είναι να είσαι μαζί Του. να ανταποκριθούμε στην πρόσκληση του Πατέρα για μια πλήρη ζωή; Σε προηγούμενα κεφάλαια είπαμε ότι, αφού είμαστε πλασμένοι σύμφωνα με την εικόνα του Θεού, είναι λογικό ότι θα έχουμε μια ολοκληρωμένη ζωή μόνο όταν καλλιεργούμε πλήρεις και υγιείς σχέσεις μαζί Του και μεταξύ μας. Θα ολοκληρώσουμε, λοιπόν, αυτό το ταξίδι που ξεκινήσαμε μαζί, με την εξής σκέψη: μπορούμε να έχουμε μια άφθονη και γεμάτη ζωή, μόνο όταν ανταποκρινόμαστε στο κάλεσμά Του και συμμετέχουμε στην αποστολή Του για αποκατάσταση.

Μας Καλεί να Είμαστε Μαζί Του

Οι ποιμένες εκκλησιών λένε ότι η πιο συχνή ερώτηση που ακούν από το ποίμνιό τους είναι, «Πώς θα ξέρω ποιο είναι το θέλημα του Θεού για τη ζωή μου;». Δεν μπορώ να δώσω μια απόλυτη απάντηση, αλλά μπορώ να σου πω το εξής: Το θέλημα του Πατέρα είναι να είσαι μαζί Του. Το πιο σημαντικό απ' όλα και η προτεραιότητα σε όσα κάνουμε, είναι να είμαστε μαζί Του. Ο Θεός μας δημιούργησε, πρώτα απ' όλα, για να έχει σχέση με μας. Παίρνουμε μια γεύση γι' αυτό από το περιστατικό όπου ο Ιησούς καλεί τους δώδεκα μαθητές Του:

Και ανεβαίνει στο βουνό, και προσκαλεί όσους αυτός ήθελε και πήγαν σ' αυτόν. Και έκλεξε δώδεκα, για να είναι μαζί του, και για να τους αποστείλει να κηρύττουν.
Κατά Μάρκον 3:13-14

Ο Ιησούς τους προσκάλεσε να έρθουν, και έπειτα θα τους προετοίμαζε να κηρύξουν και να κάνουν θαύματα στο όνομά Του· αλλά δεν ήταν αυτή η προτεραιότητά Του. Η προτεραιότητα ήταν να είναι *μαζί* Του. Το ίδιο ισχύει και για σένα. Το θέλημα του Θεού για τη ζωή σου είναι να είσαι *μαζί* Του. Μέσα από αυτή τη σχέση, θα σε προετοιμάσει, θα σε συνδέσει με ανθρώπους, θα σε δυναμώσει, και θα σου δείξει τα βήματα που πρέπει να κάνεις. Η προτεραιότητα, όμως, είναι να είσαι μαζί Του. Ο Ιησούς το λέει ξεκάθαρα:

Πολλοί θα μου πουν κατά την ημέρα εκείνη: Κύριε, Κύριε, δεν προφητεύσαμε στο όνομά σου, και στο όνομά σου εκβάλαμε δαιμόνια, και στο όνομά σου κάναμε πολλά θαύματα. Και τότε θα ομολογήσω σ' αυτούς, ότι: Ποτέ δεν σας γνώρισα, φεύγετε από μέσα εσείς που εργάζεστε την ανομία.

Κατά Ματθαίο 7:22-23

Εάν θέλουμε να ακολουθήσουμε το παράδειγμα του Ιησού, ας ξεκινήσουμε από εδώ: η ζωή Του περιστρεφόταν αποκλειστικά γύρω από τον Abba.

Ίσως μας ακούγεται σκληρό, αλλά μας αποκαλύπτει ότι για τον Θεό, η προτεραιότητα είναι η σχέση. Περισσότερο από οτιδήποτε άλλο, ο Θεός θέλει να μας γνωρίζει και να Τον γνωρίζουμε. Θέλει να συνομιλεί μαζί μας. Ποθεί να ανοίξουμε τις καρδιές μας σε Αυτόν, να Τον δεχθούμε, να Τον εμπιστευθούμε, να μοιραστούμε μαζί Του τις σκέψεις, τα συναισθήματά, τους προβληματισμούς μας, τις χαρές και τις λύπες μας, τις νίκες και τις ήττες μας. Αγαπώ το βιβλίο των Ψαλμών διότι μας δείχνει ότι ο Θεός μπορεί άνετα να διαχειριστεί την ειλικρίνειά μας. Δεν χρειάζεται να προσποιούμαστε ότι τα έχουμε όλα υπό έλεγχο. Ίσα ίσα, μπορούμε να ερχόμαστε σε Αυτόν με ερωτηματικά, αμφιβολίες, ακόμη και με θυμό. Δεν ψάχνει την τελειότητά μας, αλλά την καρδιά μας. Ο *Abba* μας καλεί, ξανά και ξανά, να έρθουμε κοντά Του. Και ο Ιησούς μας θυμίζει ότι το να μένουμε ενωμένοι μαζί Του είναι το κλειδί για την καρποφορία:

Να μείνετε ενωμένοι μαζί μου και εγώ ενωμένος με μαζί σας.
Όπως το κλήμα δεν μπορεί να φέρει καρπό από μόνο του,
αν δεν μείνει ενωμένο με την άμπελο, έτσι κι εσείς αν δεν μείνετε
ενωμένοι μαζί μου.Εγώ είμαι η άμπελος, εσείς τα κλήματα,
εκείνος που μένει ενωμένος μαζί μου κι εγώ μαζί του, αυτός φέρνει
πολύ καρπό, επειδή χωρίς εμένα δεν μπορείτε να κάνετε τίποτε.

Κατά Ιωάννη 15:4-5

Όπως ο Πατέρας αγάπησε εμένα, και εγώ αγάπησα εσάς,
να μείνετε στην αγάπη μου.

Κατά Ιωάννη 15:9

Όταν βλέπουμε τον Ιησού, βλέπουμε πως είναι ένας ολοκληρωμένος άνθρωπος. Ήταν τέλειος Θεός και τέλειος άνθρωπος, αλλά ό,τι έκανε στη γη, το έκανε ως άνθρωπος. Διακονούσε στους ανθρώπους μέσα από τη σχέση Του με τον Πατέρα, και με τη δύναμη του Αγίου Πνεύματος, για να μας δείξει την πραγματική σημασία του να είσαι άνθρωπος – να ζεις σε μια τέλεια σχέση με τον *Abba*. Εάν θέλουμε να ακολουθήσουμε το παράδειγμα του Ιησού, ας ξεκινήσουμε από εδώ: η ζωή Του περιστρεφόταν αποκλειστικά γύρω από τον *Abba*.

Πού έβρισκε τη δύναμη ο Ιησούς να νικάει τους πειρασμούς; Μέσα από τη σχέση Του με τον *Abba* Του. Πριν κάνει οτιδήποτε, και πριν ακόμα Τον πειράξει ο διάβολος, ο Ιησούς είχε την επιβεβαίωση του Πατέρα Του:

Και όταν ο Ιησούς βαπτίστηκε, ανέβηκε αμέσως από το νερό και ξάφνου, ανοίχτηκαν σ' αυτόν οι ουρανοί, και είδε το Πνεύμα του Θεού να κατεβαίνει σαν περιστέρι, και να έρχεται επάνω του.
Και ξάφνου, μία φωνή από τους ουρανούς που έλεγε:
Αυτός είναι ο Υιός μου ο αγαπητός, στον οποίο ευαρεστήθηκα.
Κατά Ματθαίο 3:16-17

Αμέσως μετά ο διάβολος πείραξε τον Ιησού τρεις φορές, με τρεις υποθετικές δηλώσεις: «Εάν είσαι ο Υιός του Θεού...» (Κατά Ματθαίο 4:3-6) και «...εάν πέσεις και με προσκυνήσεις» (Κατά Ματθαίο 4:9). Κάθε φορά, ο Ιησούς του απαντούσε μιλώντας εδάφια των Γραφών:

Και απαντώντας είπε: Είναι γραμμένο: Μονάχα με ψωμί
δεν θα ζήσει ο άνθρωπος, αλλά με κάθε λόγο
που βγαίνει από το στόμα του Θεού.
Κατά Ματθαίο 4:4

Και ο Ιησούς είπε σ' αυτόν: Είναι επίσης γραμμένο:
Δεν θα πειράξεις τον Κύριο τον Θεό σου.
Κατά Ματθαίο 4:7

Τότε ο Ιησούς λέει σ' αυτόν: Πήγαινε, σατανά. Επειδή είναι
γραμμένο: Τον Κύριο τον Θεό σου θα προσκυνήσεις και μονάχα
αυτόν θα λατρεύσεις.
Κατά Ματθαίο 4:10

Η ελευθερία μας είναι ριζωμένη στην αγάπη του Πατέρα για μας.

Είναι προφανές ότι οι πειρασμοί του διαβόλου ήταν στοχευμένοι· όχι, όμως, στο κάλεσμα ή τη διακονία του Ιησού, αλλά στην ταυτότητά Του ως Γιο του Θεού —ενάντια στη σχέση αγάπης που απολάμβανε ο Τριαδικός Θεός. Ο στόχος του διαβόλου δεν ήταν να κάνει τον Ιησού να παραβεί τον Νόμο (μια νομική παράβαση), αλλά να Τον κάνει να αμφισβητήσει τη σχέση Του με τον Πατέρα. Ο Ιησούς απάντησε μιλώντας εδάφια από τις Γραφές, αλλά προσοχή: η δύναμη για να νικήσει δεν ήταν στο ότι απλά «μίλησε τον Λόγο»· ήταν στο γεγονός ότι, λέγοντας αυτά τα εδάφια, έδειχνε ότι η προτεραιότητά Του ήταν η σχέση που μόλις επιβεβαίωσε ο Πατέρας με την αγάπη Του.[116]

Το ίδιο ισχύει και για μας. Η δύναμη για να νικήσουμε τους πειρασμούς δεν εξαρτάται από τη δύναμη της θέλησής μας ή από το πόσο καλά ξέρουμε τα εδάφια της Αγίας Γραφής, αλλά από τη σχέση μας με τον *Abba*. Όταν η ταυτότητά μας είναι στερεωμένη και ασφαλής μέσα στην αγάπη Του, θα μπορούμε να αντιμετωπίζουμε ό,τι έρχεται στον δρόμο μας χωρίς κανέναν δισταγμό.

Πώς ήταν τόσο ελεύθερος ο Ιησούς να υπηρετεί; Η ταυτότητά Του ήταν ριζωμένη στη σχέση Του με τον *Abba*. Όπως είδαμε νωρίτερα, ο Ιησούς ήξερε ότι ο Πατέρας είχε βάλει τα πάντα κάτω από την εξουσία Του, ήξερε ότι είχε έρθει από τον Θεό και προς τον Θεό πήγαινε. Δεν είχε κάτι να κρύψει, κάτι να αποδείξει, κάτι να φοβηθεί και κάτι να χάσει. Ήταν ελεύθερος εξαιτίας της σχέσης Του με τον Πατέρα Του. Το ίδιο ισχύει και για μας. Η ελευθερία μας είναι ριζωμένη στην αγάπη του Πατέρα για μας. (Αυτή είναι η ελευθερία των παιδιών του Θεού. Το βιβλίο «*The Abba Formation*» [Η Διαμόρφωση από τον *Abba*] περιγράφει το έργο του Αγίου Πνεύματος, που μας μεταμορφώνει από μέσα προς τα έξω).

Πώς ήξερε ο Ιησούς πού να πάει, τι να κάνει ή τι να πει; Ξόδευε χρόνο με τον *Abba*. Τον είχε κυριεύσει η αγάπη του Πατέρα. Ο σκοπός της ζωής Του ήταν να κάνει το έργο του Πατέρα. Ο ίδιος ο Ιησούς είπε:

Όταν υψώσετε τον Υιό του ανθρώπου, τότε θα γνωρίσετε ότι εγώ είμαι, και από τον εαυτό μου δεν κάνω τίποτε, αλλά καθώς με δίδαξε ο Πατέρας μου, αυτά μιλάω. Και εκείνος που με απέστειλε είναι μαζί μου, ο Πατέρας δεν με άφησε μόνον, επειδή εγώ κάνω πάντοτε τα αρεστά σε αυτόν.
Κατά Ιωάννη 8:28-29

Ο Ιησούς περνούσε χρόνο με τον Πατέρα, άκουγε τη φωνή Του, και έπαιρνε οδηγίες για την πορεία της αποστολής Του. Καθ' όλη τη διάρκεια της διακονίας

Ακριβώς όπως ο Ιησούς καλλιεργούσε τη σχέση Του με τον Abba περνώντας χρόνο μαζί Του, είναι σημαντικό και εμείς να καλλιεργούμε τη σχέση μας με τον Πατέρα.

Του, Τον βλέπουμε να ξοδεύει χρόνο στην προσευχή. Δεν έκανε τίποτα, χωρίς πρώτα να μιλήσει με τον *Abba*:

Και ο Ιησούς ανάγκασε αμέσως τους μαθητές του να μπουν μέσα
στο πλοίο και να πάνε πριν απ' αυτόν στην αντίπερα όχθη,
μέχρις ότου απολύσει τα πλήθη. Και αφού απέλυσε τα πλήθη,
ανέβηκε στο βουνό κατ' ιδίαν για να προσευχηθεί.
Και όταν έγινε βράδυ, ήταν εκεί μόνος.
Κατά Ματθαίο 14:22-23

Και κατά τις ημέρες εκείνες βγήκε στο βουνό για να προσευχηθεί
και διανυκτέρευε στην προσευχή του Θεού. Και όταν έγινε
ημέρα, φώναξε τους μαθητές του και διάλεξε απ' αυτούς δώδεκα,
τους οποίους και ονόμασε αποστόλους.
Κατά Λουκά 6:12-13

Και το πρωί, ενώ ήταν πολύ σκοτάδι, καθώς σηκώθηκε βγήκε
έξω και πήγε σε έναν ερημικό τόπο και εκεί προσευχόταν.
Κατά Μάρκο 1:35

Και έρχονται σε έναν τόπο, που λεγόταν Γεθσημανή
και λέει στους μαθητές του: Καθήστε εδώ, μέχρις ότου προσευχηθώ.
Κατά Μάρκο 14:32

Αυτός όμως αποσυρόταν στις ερημιές και προσευχόταν.
Κατά Λουκά 5:16

Ακριβώς όπως ο Ιησούς καλλιεργούσε τη σχέση Του με τον *Abba* περνώντας χρόνο μαζί Του, είναι σημαντικό και για μας να καλλιεργούμε τη σχέση μας με τον Πατέρα. Είναι εξαιρετικά σημαντικό να μάθουμε να ακούμε τη φωνή Του —τη φωνή του Πατέρα που μας μιλάει συνεχώς. Τα λόγια που μιλάει είναι πνεύμα και είναι ζωή (Κατά Ιωάννη 6:63). Όπως είπε ο Ιησούς:
Και εκείνος απαντώντας είπε: Είναι γραμμένο:
Μονάχα με ψωμί δεν θα ζήσει ο άνθρωπος,
αλλά με κάθε λόγο που βγαίνει από το στόμα του Θεού.
Κατά Ματθαίο 4:4

Μπορείς να φανταστείς να έχεις σχέση με κάποιον με τον οποίο δεν επικοινωνείς ποτέ; Είναι αδιανόητο! Το ίδιο συμβαίνει και με τον Θεό. Εάν θέλουμε να καλλιεργήσουμε τη σχέση μας μαζί Του, πρέπει να ξεκινήσουμε να μιλάμε μαζί Του. Σ' αυτό το σημείο είναι χρήσιμες οι πνευματικές πρακτικές, όπως η προσευχή, η μελέτη της Αγίας Γραφής, η λατρεία και η νηστεία.[117]

Να εξηγήσουμε, όμως, κάτι. Ο σκοπός των πνευματικών πρακτικών δεν είναι να αποδείξουμε πόσο καλοί Χριστιανοί είμαστε, ούτε να εξασκήσουμε τη δύναμη της θέλησής μας, ούτε να κερδίσουμε μια καλή θέση κοντά στον Θεό. Δεν κάνουμε πράγματα *για* τον Θεό για να μας αγαπήσει ή να μας αποδεχτεί. Δεν κάνουμε πράγματα για τον Θεό, ώστε να κερδίσουμε κάτι. Όπως είδαμε, ο Πατέρας μάς αγαπάει επειδή είμαστε δικοί Του. Δεν λέμε ότι ο Θεός μας αγαπάει επειδή είμαστε πολύτιμοι, αλλά το αντίστροφο, είμαστε πολύτιμοι ακριβώς επειδή μας αγαπάει ο Θεός! Και εφόσον μας αγαπάει, μας ευλογεί, γιατί η φύση Του είναι να δίνει καλά δώρα. Δεν κάναμε κάτι για να κερδίσουμε την αγάπη Του, και δεν υπάρχει κάτι που μπορούμε να κάνουμε για να Τον εμποδίσουμε να μας αγαπάει. Αλλά από εμάς εξαρτάται εάν θα λάβουμε την αγάπη Του. Σύμφωνα με μια σκέψη του Τίλικ, πίστη είναι το θάρρος να αποδεχθούμε ότι είμαστε αποδεκτοί.[118] Μπορούμε να επιλέξουμε να δεχθούμε την αγάπη του Θεού και να ζήσουμε σε σχέση μαζί Του ή να την απορρίψουμε και να προσπαθήσουμε να τα βγάλουμε πέρα μόνοι μας.

Ο σκοπός των πνευματικών πρακτικών είναι να δημιουργούν ευκαιρίες για να συναντήσουμε τον *Abba*. Εξασκούμε αυτές τις πνευματικές πρακτικές για να συνομιλούμε με τον Θεό και να Τον ακούμε να μας μιλάει. Σε αυτές τις συναντήσεις λαμβάνουμε την αγάπη Του, την αποδοχή, τη χάρη, τα δώρα Του και τη δύναμή Του. Στην παρουσία του Πατέρα βρίσκουμε θεραπεία και ελευθερία από τις πληγές του παρελθόντος μας. Καθώς ακούμε τον Πατέρα να μιλάει, αρχίζουμε να γνωρίζουμε τον εαυτό μας, όπως μας γνωρίζει Αυτός. Όσο ακούμε τη φωνή του Πατέρα, τα ψέματα του εχθρού ξεσκεπάζονται και δίνουν τη θέση τους στα λόγια επιβεβαίωσης του αγαπημένου μας Πατέρα. (Η πορεία της αλλαγής από το ορφανό πνεύμα στην καρδιά ενός αληθινού γιου, περιγράφεται λεπτομερώς στο βιβλίο «The *Abba* Factor» [Ο Ρόλος του *Abba*]). Η φωνή του Πατέρα δημιουργεί μέσα μας κόσμους που δεν υπήρχαν πριν και ξυπνάει μέσα μας τον σκοπό Του που δεν έχουμε ανακαλύψει ακόμα.

Δεν θα εκπληρώσει το θέλημά Του στη γη, χωρίς τη συνεργασία του ανθρώπου.

Στην παρουσία του Πατέρα γινόμαστε πλήρεις. Όταν ξοδεύουμε χρόνο με τον Θεό, ωριμάζουμε ως παιδιά Του και γινόμαστε φορείς συμφιλίωσης. Καθώς κάνουμε χώρο για συναντήσεις με τον Πατέρα, ο καρπός του Πνεύματος αρχίζει να παράγεται στη ζωή μας. Σε κάθε μας συνάντηση μαζί Του, οι καρδιές μας πλημμυρίζουν με τόση αγάπη, που δεν μπορούμε να την κρατήσουμε μόνο για μας.

Πρωτίστως, λοιπόν, καλούμαστε να *είμαστε μαζί* με τον Θεό. Μέσα από αυτή τη σχέση, όμως, ο Θεός μας καλεί σε μια αποστολή. Μας καλεί να γίνουμε συνεργάτες Του. Όπως θα δούμε, αυτή η συνεργασία κάνει τη ζωή μας πλήρη.

Μας Καλεί να Συμμετέχουμε στην Αποστολή Του

Η ζωή του Ιησού ήταν ριζωμένη στη σχέση Του με τον *Abba*. Χάρη σ' αυτή τη στενή σχέση Τους, όλη η ζωή του Ιησού ήταν αφιερωμένη στην αποστολή του Πατέρα. Η ζωή Του αποτελεί παράδειγμα για μας, που μας δείχνει ότι πλήρης είναι μόνο η ζωή που συνεργάζεται με τον Θεό. Λέει:

Το δικό μου φαγητό είναι να πράττω το θέλημα εκείνου που
με απέστειλε, και να τελειώσω το έργο του.
Κατά Ιωάννη 4:34

Εγώ σε δόξασα (Abba) επάνω στη γη.
Το έργο που μου έδωσες να κάνω, το τελείωσα.
Κατά Ιωάννη 17:4

Η διακονία Του ήταν να κάνει το θέλημα και το έργο του Πατέρα· το ίδιο ισχύει και για μας. Εφόσον είμαστε δικοί Του, ο Πατέρας μας καλεί να συνεργαστούμε μαζί Του. Μας προσκαλεί να συμμετέχουμε στην αποστολή Του. Μας δημιούργησε για σχέση και συνεργασία, και μέσα στην παντοδυναμία Του, αποφάσισε ότι δεν θα εκπληρώσει το θέλημά Του στη γη, χωρίς τη συνεργασία του ανθρώπου. Ως συνεργάτες του Θεού, μπορούμε να προσευχόμαστε για να γίνει το θέλημά Του. Ως συνεργάτες του Θεού, γινόμαστε αγγεία της χάρης Του, μοιράζοντας τα δώρα Του και φέρνοντας θεραπεία στις πληγές του κόσμου.

Όταν σε έπλασε ο Θεός, το έκανε με ένα συγκεκριμένο σχέδιο και για έναν συγκεκριμένο σκοπό. Ο Θεός έχει σπουδαία σχέδια για τη ζωή σου. Πρέπει, όμως, να διευκρινίσουμε κάτι, όπως κάναμε και με τις πνευματικές πρακτικές: η συμμετοχή μας στην αποστολή Του Θεού, δεν αποτελεί προϋπόθεση *για* την αποδοχή μας. Δηλαδή, δεν κάνουμε πράγματα *για* τον Θεό για να μας αγαπήσει ή να μας αποδεχτεί. Αντίστροφα, κάνουμε πράγματα *μαζί* με τον Θεό γιατί είμαστε παιδιά Του. Δουλεύουμε *μαζί* με τον Θεό, επειδή ξέρουμε τη χαρά της συνεργασίας. Διακονούμε σε άλλους ανθρώπους, επειδή είναι μεγάλη η ικανοποίηση που νιώθουμε όταν βλέπουμε τον Θεό να εργάζεται *μέσα μας* και *μέσα από μας*. Το κάνουμε, όχι επειδή μας αναγκάζει, αλλά επειδή αποδεχόμαστε τη σπουδαία πρόσκληση του Πατέρα. Συμμετέχουμε στην αποστολή Του, επειδή η αγάπη Του μας παρακινεί· επειδή γνωρίζουμε ότι έτσι ζούμε την άφθονη ζωή. Όπως είπαμε νωρίτερα, το θέλημα του Θεού για σένα είναι να είσαι μαζί Του. Μέσα από αυτή τη σχέση θα σε προετοιμάσει, θα σε συνδέσει με ανθρώπους και θα σου δείξει τα βήματα που πρέπει να ακολουθήσεις.

Πώς συμμετέχουμε στην αποστολή του Πατέρα; Κάθε απόπειρά μας να ορίσουμε τους όρους μιας «αποδεκτής συμμετοχής», θα μας οδηγήσει κατευθείαν στη θρησκοληψία —λες και η συμμετοχή μας έχει να κάνει μόνο με την υπακοή, χωρίς να υπολογίζει τη σχέση. Αντί γι' αυτό, ας πούμε ότι συνεργαζόμαστε με τον Θεό με πολλούς τρόπους, που περιλαμβάνουν (μεταξύ άλλων) τη συμπόνια, την αλληλεγγύη, τη μεσιτεία στην προσευχή, τις δυνατές εμπειρίες με τον Θεό, τον ευαγγελισμό, την κοινωνική δικαιοσύνη, τη συναναστροφή μας, τη χαρά μας για άλλους και τη συγχώρεση. Συμμετέχουμε στην αποστολή του Θεού μέσα από την καθημερινότητα της ζωής. Η ζωή αποκτά νόημα όταν τη ζεις μαζί με τον Θεό. Συνεπώς, ό,τι κάνουμε μπορεί να γίνει σε συνεργασία μαζί Του. Κάθε φορά που αφήνουμε την αγάπη του Θεού να ρεύσει μέσα μας και μέσα από μας, αυτό είναι μία μορφή συνεργασίας —είτε αγαπάμε τον/ την σύζυγό μας και τα παιδιά μας, είτε δεν έχουμε σχέση και επιλέγουμε να αφιερώσουμε τη ζωή μας σε Αυτόν· είτε εργαζόμαστε στη δουλειά μας ως πράξη αφοσίωσης στον Θεό, είτε υπηρετούμε ο ένας τον άλλον με τα χαρίσματα και τα ταλέντα που με τόση χάρη έχουμε πάρει από τον Θεό.[119]

Βέβαια, για να κατανοήσουμε πλήρως πώς είναι μια ζωή που συνεργάζεται με τον *Abba*, στρεφόμαστε ξανά στη ζωή του Ιησού. Όπως σημειώσαμε νωρίτερα, η ζωή του Ιησού περιστρεφόταν γύρω από την αποστολή του Πατέρα. Η διακονία Του ήταν να κάνει το θέλημα και το έργο του Πατέρα (Κατά Ιωάννη 4:34, 9:4, 17:4). Δεν κάλυπτε τις ανάγκες κάθε ανθρώπου που συναντούσε, αλλά έκανε μόνο αυτό που έβλεπε τον Πατέρα να κάνει, και το έκανε με τη δύναμη του Αγίου Πνεύματος:

Πώς ο Θεός, τον Ιησού, αυτόν από τη Ναζαρέτ, τον έχρισε με Πνεύμα Άγιο και με δύναμη, ο οποίος πέρασε ευεργετώντας και θεραπεύοντας όλους εκείνους που καταδυναστεύονταν από τον διάβολο, επειδή ο Θεός ήταν μαζί του.

Πράξεις 10:38

Με τον ίδιο τρόπο, ο *Abba* δεν μας καλεί να φροντίσουμε τις ανάγκες κάθε ανθρώπου που συναντάμε· απλά μας ζητάει να έχουμε τον νου μας στην προτροπή Του, ώστε να Τον αφήνουμε να εργάζεται μέσα από μας. Το έργο της διακονίας στο οποίο μας καλεί ο *Abba*, πάντα ξεκινάει με το Άγιο Πνεύμα, δυναμώνει και καθοδηγείται από Αυτόν. Όταν η παρουσία του Θεού, η αγάπη και η αποδοχή Του πλημμυρίζουν τη ζωή μας, αυτό μας αλλάζει και μας παρακινεί να το δώσουμε και σε άλλους. Μας καλεί να ζήσουμε με μια πληρότητα που πλημμυρίζει τα πάντα. Καθώς ζούμε γεμάτοι με το Άγιο Πνεύμα, η αγάπη Του θα ξεχειλίζει από μας. Αυτή είναι άφθονη ζωή!

Μας Καλεί να Ζούμε Γεμάτοι με το Πνεύμα

Θυμήσου ότι η φύση του Θεού είναι η άπειρη αγάπη που πλημμυρίζει τα πάντα και στρέφεται προς τους άλλους. Όταν λέμε ότι «πλημμυρίζει ή υπερχειλίζει», εννοούμε ότι ο Πατέρας, ο Γιος και το Άγιο Πνεύμα δεν μπορούν να κρατήσουν την αγάπη Τους μόνο για Αυτούς. Αυτή η άπειρη αγάπη ζητά να εκφραστεί προς τα έξω και η επιθυμία του Θεού για μας είναι ακριβώς η ίδια: να έχουμε κι εμείς μια ζωή τόσο γεμάτη, που θα ξεχειλίζει, ώστε να μη μπορούμε παρά να δώσουμε σε άλλους την αγάπη που πήραμε από Αυτόν.

Στο κείμενο της Αγίας Γραφής βρίσκουμε μια υπέροχη λέξη για αυτήν την υπερχείλιση: είναι η ελληνική λέξη «*πλήρωμα*» που συνήθως μεταφράζεται ως *πληρότητα*. Περιγράφει ουσιαστικά «την ποσότητα που είναι υπεραρκετή, το γέμισμα, την αφθονία, το σημείο της ολοκλήρωσης». Υπογραμμίζει με έμφαση την πληρότητα και την ολοκλήρωση, την ιδέα ότι γεμίζεις μέχρι να υπερχειλίσεις.[120]

Δέξου. Πίστεψε. Ζήτα από τον Πατέρα. Λάβε με πίστη. Και τέλος, καλλιέργησε αυτήν την πλήρη ζωή.

Η λέξη «πλήρωμα» χρησιμοποιείται αρκετά στην Καινή Διαθήκη, όπως στην προσευχή του Παύλου για τους Εφεσίους:

Γι' αυτό λυγίζω τα γόνατά μου προς τον Πατέρα του Κυρίου μας Ιησού Χριστού, από τον οποίο κάθε πατριά στους ουρανούς και επάνω στη γη ονομάζεται. Για να σας δώσει σύμφωνα με τον πλούτο της δόξας του να κραταιωθείτε με δύναμη διαμέσου του Πνεύματός του στον εσωτερικό άνθρωπο. Ώστε ο Χριστός διαμέσου της πίστης, να κατοικήσει μέσα στις καρδιές σας για να μπορέσετε ριζωμένοι και θεμελιωμένοι με αγάπη, να καταλάβετε μαζί με όλους τους αγίους, ποιο είναι το πλάτος και το μήκος, και το βάθος και το ύψος, και να γνωρίσετε την αγάπη του Χριστού που υπερβαίνει κάθε γνώση, για να γίνετε πλήρεις με ολόκληρο το πλήρωμα του Θεού.

Εφεσίους 3:14-19

Η επιθυμία του Παύλου είναι να είμαστε πλήρεις —να υπερχειλίζουμε— με όλη την πληρότητα του Θεού. Αυτό ξεπερνάει τη λογική μας. Ο Θεός δεν θέλει να είμαστε γεμάτοι απλά για μας, αλλά να παίρνουμε τόσα πολλά από Αυτόν, που να μην μπορούμε να τα κρατήσουμε μόνο για μας. Όταν Τον αφήνουμε να γεμίζει τη ζωή μας, η συμμετοχή μας στην αποστολή Του θα είναι αναπόφευκτη. Στη διάρκεια της γιορτής των Σκηνών, ο Ιησούς το έθεσε ως εξής:

Και κατά τη μεγάλη τελευταία ημέρα της γιορτής, ο Ιησούς στεκόταν και έκραξε λέγοντας: Αν κάποιος διψάει, ας έρχεται σε εμένα, και ας πίνει. Όποιος πιστεύει σε μένα, όπως είπε η γραφή, ποτάμια από ζωντανό νερό θα ρεύσουν από την κοιλιά του. (Αυτό το έλεγε για το Πνεύμα, που επρόκειτο να παίρνουν αυτοί που πιστεύουν σ' αυτόν. Επειδή δεν ήταν ακόμα δοσμένοι το Άγιο Πνεύμα. Για τον λόγο ότι ο Ιησούς δεν είχε ακόμα δοξαστεί).

Κατά Ιωάννη 7:37-39

Σύμφωνα με τον Παύλο, το κλειδί της ζωής με τον Χριστό, είναι να ζούμε γεμάτοι με το Πνεύμα:

Λέω, λοιπόν: Να περπατάτε σύμφωνα με το Πνεύμα και δεν θα εκπληρώνετε την επιθυμία της σάρκας...

199

> *Αν ζούμε σύμφωνα με το Πνεύμα,*
> *ας περπατάμε και σύμφωνα με το Πνεύμα.*
>
> Γαλάτες 5:16, 25

Ο Παύλος δεν βλέπει την πληρότητα στο Πνεύμα, ως κάτι περιττό και προαιρετικό. Το λέει ξεκάθαρα, χωρίς να αφήνει περιθώριο αμφιβολίας:

> *Να γίνεστε πλήρεις με το Πνεύμα.*
>
> Εφεσίους 5:18

Στο πρωτότυπο κείμενο, αυτή η εντολή είναι σε χρόνο ενεστώτα, στην παθητική φωνή και προστακτική έγκλιση. Είναι σε χρόνο ενεστώτα, γιατί απαιτεί συνεχή ενέργεια. Είναι στην παθητική φωνή, γιατί οι αποδέκτες αυτής της ενέργειας είμαστε εμείς. Τέλος, είναι στην προστακτική, γιατί ο Παύλος εννοεί ότι δεν είναι επιλογή μας. Στην ελληνική γλώσσα, η απλή προστακτική είναι ο πιο άμεσος τρόπος για να πεις σε κάποιον να κάνει κάτι. Ο Παύλος περιμένει ότι αυτοί στους οποίους απευθύνεται, θα κάνουν ακριβώς αυτό που τους είπε.[121]

Το να γίνεσαι πλήρης και να γεμίζεις με το Πνεύμα, μπορούμε να το εξηγήσουμε καλύτερα έτσι: είναι μια Προσωποκεντρική εμπειρία, στην οποία ο Θεός συναντάει τους δικούς Του, μέσα από το Πρόσωπο του Αγίου Πνεύματος. Ο Θεός ξεκινάει με δική Του πρωτοβουλία, και η δική μας δουλειά είναι απλά να το δεχθούμε. Πώς μπορούμε να ζήσουμε αυτή τη ζωή, γεμάτοι με το Πνεύμα Του;

Πρώτα, πρέπει να δεχθείς το δώρο της σωτηρίας διαμέσου του Ιησού, που ο Πατέρας σου το δίνει δωρεάν:

> *Και αυτή είναι η αιώνια ζωή, το να γνωρίζουν εσένα τον μόνον*
> *αληθινό Θεό και εκείνον τον οποίο απέστειλες, τον Ιησού Χριστό.*
>
> Κατά Ιωάννη 17:3

> *Και καθένας που θα επικαλεστεί το όνομα του Κυρίου, θα σωθεί.*
>
> Πράξεις 2:21

Έπειτα, πρέπει να πιστέψεις ότι η υπόσχεση του Αγίου Πνεύματος είναι για σένα:

> *Και ο Πέτρος είπε σ' αυτούς: Μετανοήστε, και κάθε ένας από*
> *σας ας βαπτιστεί στο όνομα του Ιησού Χριστού, σε άφεση*

αμαρτιών. Και θα λάβετε τη δωρεά του Αγίου Πνεύματος. Επειδή
η υπόσχεση είναι προς εσάς και προς τα παιδιά σας, και προς
όλους εκείνους που είναι μακριά, όσους θα προσκαλέσει ο Κύριος
ο Θεός μας.

Πράξεις 2:38-39

Και έπειτα, να το ζητήσεις από τον Πατέρα:

Και εγώ σας λέω: Να ζητάτε και θα σας δοθεί. Να ψάχνετε και
θα βρείτε. Να κρούετε και θα σας ανοιχτεί. Επειδή καθένας που
ζητάει παίρνει, και εκείνος που ψάχνει βρίσκει και σ' εκείνον που
κρούει θα του ανοιχτεί. Και αν κάποιος από σας είναι πατέρας,
και ο γιος του ζητήσει ψωμί, μήπως θα του δώσει πέτρα; Και αν
ψάρι, μήπως αντί για ψάρι θα του δώσει φίδι; Ή και αν ζητήσει
αυγό, μήπως θα του δώσει σκορπιό; Αν λοιπόν εσείς που είστε
πονηροί, ξέρετε να δίνετε καλές δόσεις στα παιδιά σας, πόσο
μάλλον ο ουράνιος Πατέρας θα δώσει Πνεύμα άγιο σ' εκείνους
που ζητούν απ' αυτόν;

Κατά Λουκά 11:9-13

Να το δεχθείς με πίστη:

Και αυτή είναι η παρρησία που έχουμε προς αυτόν, ότι: Αν
ζητάμε κάτι σύμφωνα με το θέλημά Του, μας εισακούει. Και αν
γνωρίζουμε ότι μας εισακούει, ό,τι αν ζητήσουμε γνωρίζουμε ότι
παίρνουμε τα αιτήματα που ζητήσαμε απ' αυτόν.

Α' Ιωάννη 5:14-15

Και τέλος, να καλλιεργήσεις αυτήν την πλήρη ζωή, ακολουθώντας
το παράδειγμα και τη συμβουλή του Παύλου:

Και να μη μεθάτε με κρασί, στο οποίο υπάρχει ασωτία,
αλλά να γίνεστε πλήρεις με το Πνεύμα, μιλώντας μεταξύ σας με
ψαλμούς και ύμνους και πνευματικές ωδές,
τραγουδώντας και ψάλλοντας με την καρδιά σας στον Κύριο.

Εφεσίους 5:18-19

Ο λόγος του Χριστού ας κατοικεί μέσα σας πλούσια, με κάθε σοφία. Διδάσκοντας και νουθετώντας ο ένας τον άλλον, με ψαλμούς και ύμνους και πνευματικές ωδές, ψάλλοντας με χάρη από την καρδιά σας στον Κύριο.

Κολοσσαείς 3:16

Τι πρέπει λοιπόν; Θα προσευχηθώ με το πνεύμα, θα προσευχηθώ όμως και με τον νου. Θα ψάλλω με το πνεύμα, θα ψάλλω όμως και με τον νου.

Α' Κορινθίους 14:15

Όταν γεμίζουμε με το Πνεύμα, γνωρίζουμε την αγάπη του Θεού σε τέτοιο βαθμό, που μας παρακινεί να αγαπάμε τους άλλους. Όταν γεμίζουμε με το Πνεύμα, η αγιότητά Του μας γεμίζει και εκφράζεται μέσα από μας. Όταν γεμίζουμε με το Πνεύμα, η συμμετοχή μας στην αποστολή δεν είναι μια αγγαρεία, αλλά η φυσιολογική εξέλιξη της ζωής Του μέσα μας. Όταν γεμίζουμε με το Πνεύμα, λαμβάνουμε από τον Θεό όλα όσα χρειαζόμαστε για να εκπληρώσουμε το σχέδιό Του στη ζωή μας. Όταν γεμίζουμε με το Πνεύμα, έχουμε αιώνια ζωή, και τη ζούμε με την πιο ολοκληρωμένη έννοια της λέξης.

Συμπέρασμα

Στο τελευταίο μας κεφάλαιο, είδαμε ότι η μεγαλύτερη επιθυμία του *Abba* είναι να είμαστε μαζί Του. Μας δημιούργησε για σχέση και συνεργασία, αλλά το πρώτο από τα δύο, είναι η σχέση. Το να μένουμε ενωμένοι με τον *Abba* είναι το κλειδί της καρποφορίας. Το να μένουμε ενωμένοι με τον *Abba*, μας δίνει τη δύναμη να νικήσουμε τους πειρασμούς. Το να μένουμε ενωμένοι με τον *Abba*, μας ελευθερώνει να ζήσουμε μια ζωή υπηρεσίας —μια ζωή με σκοπό— καθώς συνεργαζόμαστε μαζί Του στην αποστολή Του να αποκαταστήσει τα πάντα. Όπως ο Ιησούς καλλιέργησε τη σχέση Του με τον *Abba* ξοδεύοντας χρόνο μαζί Του, έτσι κι εμείς εξασκούμε τις διάφορες πνευματικές πρακτικές, ως ευκαιρίες για να Τον συναντούμε. Εφαρμόζουμε αυτές τις πρακτικές για να μιλήσουμε στον Θεό και να Τον ακούσουμε να μας μιλάει. Το να ακούμε τη φωνή του Πατέρα είναι καθοριστικής σημασίας για την ελευθερία και τη μεταμόρφωσή μας.

Επίσης, ο Θεός μας καλεί σε μια αποστολή —όχι ως προϋπόθεση για να μας αποδεχθεί, αλλά ως μια ανταπόκρισή μας στην αγάπη Του. Το έργο της διακονίας στο οποίο ο *Abba* μας καλεί πάντα ξεκινάει από το Άγιο Πνεύμα, δυναμώνει και καθοδηγείται από Αυτόν. Όταν η παρουσία του Θεού, η αγάπη και η αποδοχή Του πλημμυρίζουν τη ζωή μας, αυτό μας αλλάζει και μας παρακινεί να το δώσουμε και σε άλλους.

Τέλος, μας καλεί να ζήσουμε σε μια πληρότητα που πλημμυρίζει τα πάντα. Το κλειδί της ζωής με τον Χριστό, είναι να ζούμε γεμάτοι με το Πνεύμα. Αυτή η πλήρης ζωή ξεκινάει με κάποια απλά βήματα: (1) να δεχθείς το δώρο της σωτηρίας διαμέσου του Ιησού, που δίνεται δωρεάν από τον Πατέρα· (2) να πιστέψεις ότι η υπόσχεση του Αγίου Πνεύματος είναι για σένα· (3) να τη ζητήσεις από τον Πατέρα και να τη λάβεις με πίστη, και τέλος (4) να καλλιεργείς μια ζωή γεμάτη από το Πνεύμα ακολουθώντας το παράδειγμα και τη συμβουλή του Παύλου. Όταν Τον αφήνουμε να γεμίζει τη ζωή μας, η συμμετοχή μας στην αποστολή Του θα είναι αναπόφευκτη, και η άφθονη ζωή απόλυτα ρεαλιστική.

Ο Πατέρας σε καλεί να Τον γνωρίσεις —με έναν τρόπο οικείο και βαθύ. Θέλει να σε σώσει, να σε δυναμώσει και να σου δώσει άφθονη ζωή. Σε καλεί να ζήσεις μαζί Του και να συνεργαστείς μαζί Του στην αποστολή Του. Δέχεσαι την πρόσκλησή Του;

ΠΕΡΙΣΥΛΛΟΓΗ

Σκέψου τι σημαίνει αυτό: ο Πατέρας επιθυμεί να είναι μαζί σου. Περισσότερο από οτιδήποτε άλλο, αναζητά την παρουσία σου. Καθώς κλείνουμε αυτό το ταξίδι μας, θέλω να μοιραστώ μαζί σου κάποιους προβληματισμούς που διαμόρφωσα από ένα κείμενο του Μπρέναν Μάνινγκ:

- Κάθισες ποτέ να σκεφτείς το γεγονός ότι ο Θεός —ο Πατέρας, Γιος και Άγιο Πνεύμα— είναι περήφανος για σένα; Περήφανος που δέχθηκες την πίστη που σου προσέφερε; Ότι είναι περήφανος που διάλεξες τον Ιησού για Φίλο και Κύριό σου; Περήφανος που δεν τα έχεις παρατήσει; Περήφανος που πιστεύεις σε Αυτόν και προσπαθείς ξανά και ξανά; Περήφανος που Τον εμπιστεύεσαι ότι μπορεί να σε βοηθήσει;

- Έχεις σκεφτεί ποτέ ότι ο *Abba* εκτιμάει σε σένα το ότι Τον θέλεις, το ότι απαρνείσαι όλα αυτά που τραβούν την καρδιά σου μακριά Του;

- Σκέφτηκες ποτέ πόσο χαίρεται ο Θεός για σένα; Πόσο ποθεί να Τον γνωρίσεις με την καρδιά σου και να μοιραστείς αυτήν την αλήθεια με άλλους;

- Έχεις σκεφτεί ποτέ πόσο σε καμαρώνει η καρδιά του *Abba*, κάθε φορά που σταματάς αυτό που κάνεις και δίνεις ένα χαμόγελο, έναν καλό λόγο, ή ό,τι έχεις σε κάποιο από τα παιδιά Του, που έχει τόση ανάγκη να δει ένα χαμόγελο, να νιώσει ένα άγγιγμα;[122]

Έχεις βρεθεί ποτέ στο σημείο να προσπαθείς να κάνεις πράγματα για Αυτόν; Μήπως νιώθεις υποσυνείδητα ότι πρέπει να κάνεις κάτι για να αξίζεις την αγάπη Του; Μήπως υπάρχει κάποιος τομέας στη ζωή σου που σε κάνει να διστάζεις να ξοδέψεις χρόνο με τον *Abba*; Ο Πατέρας λαχταρά να έρθεις στην παρουσία Του και σε περιμένει με ανοιχτή αγκαλιά. Τρέξε μέσα στην αγκαλιά Του!

ΠΡΟΣΕΥΧΗ

Abba, ανήκω σε Εσένα. Σε ευχαριστώ που με αλλάζεις και με καλείς κοντά Σου. Σε ευχαριστώ που συμπεριλαμβάνεις και μένα στην αποστολή Σου. Σε ευχαριστώ που μου επιτρέπεις να συνεργαστώ μαζί Σου. Τι προνόμιο είναι αυτό! Σου δίνω τη ζωή μου, την καρδιά μου, τα χέρια και τα πόδια μου. Άνοιξε τα μάτια μου για να Σε δω πιο καθαρά. Άνοιξε τα αυτιά μου για να ακούσω τη φωνή Σου. Άνοιξε την καρδιά μου και πλάτυνε την ικανότητά μου να λαμβάνω όλα όσα έχεις για μένα. Γέμισέ με με το Πνεύμα Σου, ώστε να υπερχειλίσεις από μένα. Κάνε με ένα αγγείο της καλοσύνης Σου στον κόσμο. Θέλω ο κόσμος να μπορεί να δει τον Ιησού μέσα μου. Δίδαξέ με πώς να ζω ολοκληρωτικά ως γιος/ κόρη Σου. Στο όνομα του Ιησού. Αμήν.

ΣΥΖΗΤΗΣΗ ΟΜΑΔΑΣ

1. Εφόσον ο σκοπός των πνευματικών πρακτικών είναι να δημιουργούν ευκαιρίες για συναντήσεις με τον *Abba*, συζητήστε κάποιες πνευματικές πρακτικές που εξασκείτε.

2. Ποιες καινούριες πνευματικές πρακτικές μπορείς να αρχίσεις να εφαρμόζεις, για να καλωσορίσεις την παρουσία Του και να καλλιεργήσεις μια ακόμα πιο γεμάτη ζωή;

3. Συνειδητοποιείς ότι ο Θεός σε καλεί να συνεργαστείς μαζί Του; Τι σημαίνει αυτό για σένα προσωπικά, σύμφωνα με το πως σε έφτιαξε και σε προετοίμασε μέχρι τώρα;

Επίλογος

Όσα είδες και άκουσες μέσα σ' αυτές τις σελίδες αποσκοπούν στο να σχηματίσουν μέσα σου μια διαφορετική εικόνα του Πατέρα· ίσως πολύ διαφορετική από την εικόνα του αυστηρού και σοβαρού Θεού με την οποία μεγαλώσαμε και την οποία αποδίδουμε στον Παντοδύναμο Θεό. Ναι, ο Θεός είναι αδιαμφισβήτητα παντοδύναμος, αλλά δεν είναι μόνο αυτό. Μπορείς να δεις το βλέμμα της αγάπης Του, το μεγάλο Του πάθος για σένα; Μπορείς να ακούσεις την υπομονή στη φωνή Του, την ευγενική παράκληση αυτού του Πατέρα, που ο χρόνος δεν Τον αγχώνει, γιατί είναι μεγαλύτερος από τον ίδιο τον χρόνο; Γι' αυτό δεν προβάλλει καμία πίεση επάνω σου —ούτε χτυπάει νευρικά το πόδι Του και σου λέει, «Μα, τι κάνεις τόσο καιρό; Άντε, παιδί μου, κάνε γρήγορα!».

Και υπάρχουν ακόμα περισσότερα. Είδες, μέσα από αυτές τις σελίδες, ότι οι σκέψεις του Πατέρα για σένα είναι τόσο καλές, και το όραμά Του τόσο ξεκάθαρο γι' αυτά που ετοίμασε για σένα, που δεν χωράει στην καρδιά Του ούτε η παραμικρή σκέψη ότι μπορεί και να μη φτάσεις εκεί; Από τώρα κιόλας σου μιλάει σαν να είσαι αυτός που κάθεται στα δεξιά Του. Μπορείς, όμως, να ακούσεις το γέλιο Του, τη χαρά και την ευχαρίστησή Του για σένα; Μπορείς να Τον δεις να χορεύει και να τραγουδάει δυνατά, με κέφι και προσμονή για σένα;

Εάν αυτή η εικόνα, του Θεού που ξεσηκώνει τους πάντες με γιορτές και τραγούδια, δεν σου είναι οικεία, σε προσκαλώ να συνεχίσεις το ταξίδι σου προς τον *Abba*, διαβάζοντας τα βιβλία «The *Abba* Factor» [Ο Ρόλος του *Abba*] και «*The Abba Formation*» [Η Διαμόρφωση από τον *Abba*].

Στο βιβλίο «*The Abba Factor*» [Ο Ρόλος του *Abba*], θα δεις τον εαυτό σου μέσα από τα μάτια του Πατέρα, και θα καταλάβεις τη διαδικασία της αλλαγής από το ορφανό πνεύμα στην καρδιά του αληθινού γιου του Θεού.

Στο βιβλίο «*The Abba Formation*» [Η Διαμόρφωση από τον *Abba*], θα μάθεις να συνεργάζεσαι με το Άγιο Πνεύμα, Αυτόν που διερευνάει την καρδιά του Πατέρα, αποκαλύπτει τους σκοπούς Του σε σένα με πνευματικά λόγια, και αποκαθιστά στη ζωή σου την παιδικότητα που λείπει· σε κάνει να βλέπεις το σύμπαν ως την παιδική χαρά του Πατέρα σου, που την έφτιαξε για τους γιους και τις κόρες Του, αυτούς που λύτρωσε για να τους φέρει κοντά Του.

Η προσευχή μου για σένα είναι η φωνή του Πατέρα να γίνεται όλο και πιο καθαρή στα δικά σου πνευματικά αυτιά, και να αντηχήσει μέχρι τον πυρήνα της ύπαρξής σου ότι: «*Είσαι ο γιος Μου ο αγαπητός (η κόρη Μου η αγαπητή), στον οποίο ευαρεστούμαι*».

Υπόμνημα

[1] Henri J. M. Nouwen, *A Cry for Mercy* (Garden City, NY: Doubleday & Co., 1981), 23.

[2] Ray S. Anderson, *The Soul of Ministry* (Louisville: Westminster John Knox Press, 1997), 32, 83.

[3] Brennan Manning, *The Ragamuffin Gospel: Embracing the Unconditional Love of God* (Sisters, OR: Multnomah Books, 1990), 14.

[4] Details can be found in my Doctor of Ministry Project: Ana Wood, "Relational Discipleship: The Formation of Persons in Relationship as the Foundation for Discipleship" (D.Min. proj., The King's University, 2014).

[5] Craig Haworth, "Different Views of Salvation" (Online Discussion in Spiritual and Personal Formation seminar, Kalona, Iowa, February 21, 2017), Shiloh University, Kalona, IA.

[6] Manning, *The Ragamuffin Gospel,* 75.

[7] Joachim Jeremias, *The Central Message of the New Testament* (London: SCM Press, 1965), 28-29.

[8] Jeremias, *The Central Message of the New Testament,* 9-21.

[9] Dallas Willard, *The Divine Conspiracy: Rediscovering Our Hidden Life in God* (San Francisco: HarperCollins, 1997), 391.

[10] Jeremias, *The Central Message of the New Testament,* 9-21.

[11] Ο J.B. Torrance μας προειδοποιεί για τον κίνδυνο της ανθρωπομορφικής έννοιας της λέξεις «Πατέρας»: «Για μας, η λέξη «πατέρας» δηλώνει την έννοια μιας κατηγορίας ανθρώπων, στην οποία εντάσσουμε τους αρσενικούς γονείς. Πώς θα μπορέσει, λοιπόν, μια λέξη που αφορά μια κατηγορία ανθρώπων, να χρησιμοποιηθεί για να περιγράψει τον Θεό, που δεν είναι μέλος αυτής της κατηγορίας ανθρώπων; ... Αν θέλουμε να χρησιμοποιούμε τη λέξη «πατέρας» αναφερόμενοι στον Θεό, θα πρέπει να γίνει μια αλλαγή στη σημασία της λέξης· θα πρέπει να εννοεί ότι ο Θεός είναι ο Δημιουργός, άρα ο μόνος αληθινός Πατέρας, από τον οποίο κάθε πατριά της γης ονομάζεται (Εφεσίους 3:15). Ακόμα και κατά τη χρονική σειρά, η πατρότητα του Θεού ήρθε πολύ νωρίτερα από την ανθρώπινη, καθώς ο δημιουργός προϋπάρχει της δημιουργίας του... Ο μόνος τρόπος [για να συγκρίνουμε και να αντιπαραβάλλουμε θεολογικά την πατρότητα του Θεού με τη δική μας], είναι μέσα από το πλαίσιο που της έδωσε ο Ιησούς Χριστός, καθώς συλλογιζόμαστε τη ζωή του Ιησού, τα λόγια του Ιησού, τα παθήματα του Ιησού. Πρέπει να αφήσουμε το

Άγιο Πνεύμα να μεταφράσει τον Χριστό για μας· να αδειάσει από τη λέξη «πατέρας» κάθε βιολογική, αρσενική, πατριαρχική, σεξιστική σημασία· να τη γεμίσει με τη θεϊκή της σημασία, ώστε να μπορούμε ειλικρινά να προσευχόμαστε, «Αββά, Πατέρα μου.» ...Αυτό το όνομα [Πατέρας], δεν είναι ένα απλό, τυχαίο γλωσσικό σχήμα, όπως λέμε Σούζαν ή Φρεντ! Έχει μέσα του ένα σημασιολογικό φορτίο, όπως και το όνομα του Ιησού. Είναι το όνομα που επιλέγει ο ίδιος ο Θεός να χρησιμοποιήσει για να μας ελκύσει σε μια οικεία κοινωνία μαζί Του, στην προσευχή και τη λατρεία, και όχι απλά για να μας δώσει κάποιες πληροφορίες για τον εαυτό Του.» Από το «Worship, Community and the Triune God of Grace» του James B. Torrance (Downers Grove: IVP Academic, 1996), 123-5.

[12]«The Knowledge of the Holy: The Attributes of God: Their Meaning in the Christian Life» του A.W. Tozer (New York: Harper Collins, 1961), 2.

[13]«The God Who Is There» του Francis A. Schaeffer (Downers Grove: Inter-Varsity Press, 1968), 151-2.

[14]Για βαθύτερη μελέτη στο θέμα της σχέσης με τον Θεό ως Πατέρα, παραθέτω το «Finding Closure to the Pains from the Past» των Chris Waters και Wess Pinkham. (Lookout Mountain, TN: Journeys to the Heart, Inc., 2006), 18.

[15]Για παράδειγμα, οι Ιουδαίοι πίστευαν ότι είχαν το μονοπώλιο του Θεού, αλλά όταν ήρθε στο προσκήνιο ο Ιησούς, τους έδειξε μια τελείως διαφορετική πραγματικότητα της φύσης του Θεού.

[16]Στο πρώτο μου βιβλίο με τίτλο, «Όσα Έμαθα μέσα στη Μάχη», μιλάω για αυτά που έμαθα μέσα στα πέντε χρόνια μάχης του αποθανόντος πρώην συζύγου μου με τον καρκίνο. Παρότι δεν δίνω οριστικές απαντήσεις, πιστεύω ότι αυτά που έμαθα μπορούν να μας βοηθήσουν στον αγώνα μας για εξηγήσεις, ώστε να βαδίσουμε μέσα στο μυστήριο των δυσκολιών της ζωής. Από το «Lessons Learned in the Battle: How to Live in Victory, No Matter What» της Chiqui Polo-Wood, (Bedford, TX: Burkhart Books, 2015).

[17]Τα σχόλια του Μπρέναν Μάνινγκ για την ιστορία της Φλάνερι ο' Κόνορ με τίτλο, «Η Γαλοπούλα», αποδεικνύουν ότι κάνουμε προβολή του δικού μας ύφους και συναισθηματικού κόσμου στον Θεό, θέλοντας υποσυνείδητα να υπερασπιστούμε το αίσθημα ανεπάρκειας ή ενοχής που νιώθουμε. Από το «A Stranger to Self-Hatred: A Glimpse of Jesus» του Brennan Manning (Denville, NJ: Dimension Books, 1982), 10.

[18]Χρωστώ τη θεολογική βάση αυτής της ενότητας στο «Relational Theology: A Primer [CD-ROM]» των Martin Folsom και Wesley M. Pinkham (Lookout Mountain, TN: Journeys to the Heart, 2002), 73, 113. Μπορείς να αναζητήσεις και τη διάλεξη του Martin Folsom με τίτλο «Relational Theology» από το σεμινάριο Relational Theology D.Min. (The King's University, Van Nuys, California, October 17-19, 2013). Για επιπλέον πληροφορίες σχετικά με τη ρωμαϊκή και ελληνική επιρροή στη δυτική σκέψη και κουλτούρα, δες το «Freedom in the Modern World: Broadcast Talks on Modern Problems» του John Macmurray (London: Faber & Faber Limited, 1934), 70-9.

[19]Δεν διαθέτω χώρο σ' αυτό το βιβλίο για να το εξετάσω λεπτομερώς, αλλά αυτός είναι ίσως ένας από τους λόγους που τόσοι πιστοί της Ρωμαιοκαθολικής Εκκλησίας καταφεύγουν στη Μαρία, ως αυτήν που μεσολαβεί ανάμεσα σ' αυτούς και τον Θεό. Εξάλλου, ποιος θα τολμήσει να πλησιάσει έναν θυμωμένο Θεό; Η Μαρία, όμως, είναι άνθρωπος, καταλαβαίνει τη θέση μας· μας είναι πιο εύκολο, λοιπόν, να στραφούμε σ' αυτήν. Και εφόσον είναι η μητέρα του Ιησού, μπορεί να μεσιτεύσει για χάρη μας με παρρησία.

[20]«Roman Philosophy and the Good Life» του Raymond Angelo Belliotti (Plymouth, UK: Lexington Books, 2009).

[21]«Finding Closure to the Pains from the Past» των Chris Waters και Wess Pinkham. (Lookout Mountain, TN: Journeys to the Heart, Inc., 2006), 32.

[22]Ο Έλληνας φιλόσοφος, Ηράκλειτος, χρησιμοποίησε πρώτος την έννοια του «Λόγου», γύρω στο 600 π.Χ, εννοώντας τον θεϊκό νου ή το θεϊκό σχέδιο που διέπει το διαρκώς μεταβαλλόμενο σύμπαν. Στο κατά Ιωάννη ευαγγέλιο, «ο Λόγος» αναφέρεται ως ο Λόγος του Θεού, ο Ιησούς Χριστός, το πρόσωπο της σοφίας και της δύναμης του Θεού, ο πληρεξούσιος στη δημιουργία και στη διακυβέρνηση του σύμπαντος, Αυτός που δίνει ζωή στον φυσικό και ηθικό κόσμο, Αυτός που για να εξαγοράσει τη σωτηρία του ανθρώπου, ντύθηκε την ανθρώπινη φύση στο πρόσωπο του Ιησού, του Μεσσία, το δεύτερο πρόσωπο της Αγίας Τριάδας. Από το «Lexicon: Strong's G3056–logos», «Blue Letter Bible» (November 16, 2011), https://www.blueletterbible.org/lang/lexicon/lexicon. cfm?Strongs=G3056&t=ESV.

[23]Γένεση 1:26-27, «Blue Letter Bible» (November 16, 2011), https://www.blueletterbible.org/niv/gen/1/1/t_conc_1026

[24]Ο μέντοράς μου, ο Marty Folsom, και άλλοι, επιλέγουν να χρησιμοποιούν την αντωνυμία «Θεαυτός», αντί για «εαυτός», για να μας βοηθήσουν

να σκεφτόμαστε διαφορετικά όταν μιλάμε γι' Αυτόν. Προσωπικά, προτιμώ τον όρο «Θεαυτός» (θεωρώ ότι αρμόζει στον Θεό η χρήση μιας μοναδικής αντωνυμίας, μιας και ο Ίδιος είναι μοναδικός «στο είδος Του») και σκέφτηκα να τον χρησιμοποιήσω σ' αυτό το σύγγραμμα. Όμως, η εν λόγω αντωνυμία δεν είναι διαδεδομένη στη γλώσσα μας, και έτσι, για λόγους απλότητας θα χρησιμοποιώ τον όρο «εαυτός». Ζητώ την κατανόηση του αναγνώστη στο γεγονός ότι με τη χρήση αυτής της αντωνυμίας δεν αποδίδω αποκλειστικά αρσενικά χαρακτηριστικά στον Θεό.

[25]Ο Κρις Γουότερς και ο Γουές Πίνχαμ εξηγούν ότι, «Ο Ουράνιος Πατέρας μας, όντας από τη φύση Του «μια Σχέση», λύνει το πρόβλημα του φύλου που τίθεται για την ύπαρξή Του από τη γλώσσα και την κουλτούρα μας. Ο Θεός περιγράφεται και με αρσενικά και με θηλυκά γνωρίσματα. Το γεγονός ότι αποδίδουν ένα ανθρώπινο φύλο στον Ουράνιο Πατέρα μας, έχει οδηγήσει πολλές φορές στην υποτίμηση της γυναίκας. Σύμφωνα με τη Βίβλο: «Δεν υπάρχει Ιουδαίος ή Έλληνας, δούλος ή ελεύθερος, αρσενικό ή θηλυκό». Η σχέση έχει να κάνει με την ένωση, τη συσχέτιση, το δέσιμο και την καρποφορία. Από το «Finding Closure to the Pains from the Past» των Chris Waters και Wess Pinkham. (Lookout Mountain, TN: Journeys to the Heart, Inc., 2006), 24-5.

[26]Επιπλέον εδάφια που μας δίνουν όψεις της Τριαδικότητας: κατά Ιωάννη 3:34-35, κατά Ιωάννη 15:26, κατά Ιωάννη 16:14-15, προς Ρωμαίους 8:3-4, προς Ρωμαίους 14-17, Α' Κορινθίους 12:5-7, και Β' Κορινθίους 13:14. Εδάφια που μιλούν για την από κοινού συμβίωση του Πατέρα, του Γιου και του Αγίου Πνεύματος: κατά Ιωάννη 14:10, 11, 20, κατά Ιωάννη 15:26, κατά Ιωάννη 16:27, 32, κατά Ιωάννη 17:11, 20, 22, 23, 26. Εδάφια που αναφέρονται στην ισότητα, την αγάπη και την κοινή αποστολή του Πατέρα, του Γιου και του Αγίου Πνεύματος: κατά Ιωάννη 14:7, 9-11, 13, 16, 21, 23-24, 26, 31, κατά Ιωάννη 15:7, 9-10, 15-16, 23-24, 26, κατά Ιωάννη 16: 3, 5, 7, 13-14, 16, 23, 27-28, κατά Ιωάννη 17:1-12, 18, 22-24.

[27]«Flame of Love: A Theology of the Holy Spirit» του Clark H. Pinnock (Downers Grove: IVP Academic, 1996), 35.

[28]«The Call to Personhood: A Christian Theory of the Individual in Social Relationships» του Alistair I. McFadyen (Cambridge: Cambridge University Press, 1990), 27.

[29]«The Promise of Trinitarian Theology» (2η έκδ.) του Colin E. Gunton (New York: T&T Clark Ltd., 1997), 12.

³⁰«Relational Theology: A Primer» [CD-ROM] του Martin Folsom and Wesley M. Pinkham (Lookout Mountain: Journeys to the Heart, 2002), 612.

³¹«The Ground and Grammar of Theology» του Torrance (Charlottesville: University Press of Virginia, 1980).

³²«The One, the Three and the Many: God, Creation and the Culture of Modernity» του Colin Gunton (Cambridge: Cambridge University Press, 1998), 164.

³³Η εικόνα του χορού ίσως φαίνεται ότι αποδίδει την πραγματικότητα πιο περιορισμένα, σε σχέση με μια ετυμολογική εξήγηση. Κι όμως, η συγκεκριμένη μεταφορά μας βοηθά να δημιουργήσουμε μια πολύ κατανοητή εικόνα της ολοκληρωμένης ζωής που απολαμβάνει ο Πατέρας, ο Γιος και το Άγιο Πνεύμα μέσα στη σχέση τους. Δες επίσης το «The Christian Doctrine of God: One Being, Three Persons», του Thomas F. Torrance, (Edinburgh: T & T Clark, 1996): 169-70.

³⁴Ο Καρλ Μπαρθ αναφέρει ότι, «Ακόμα και χωρίς τον άνθρωπο, ακόμα και χωρίς το δημιουργημένο σύμπαν, ο Θεός που υπάρχει ως Πατέρας, Γιος και Άγιο Πνεύμα, δεν θα ήταν ποτέ ένας μοναχικός και εγωιστικός Θεός.» Από το «The Humanity of God» του Karl Barth, μετάφραση των John Newton Thomas και Thomas Wieser (London: Collins Clear-type Press, 1961), 50.

³⁵Ο Στάντλεϊ Γκρεντζ εξηγεί: «Ακριβώς επειδή η δημιουργία είναι προϊόν της αγάπης του Θεού, γίνεται ως ελεύθερη πράξη, οικειοθελής και σίγουρα όχι αναγκαία. Ταυτόχρονα όμως, ακριβώς επειδή ο Θεός είναι αγάπη, το έργο της δημιουργίας πηγάζει αβίαστα από τον εσωτερικό κόσμο του Τριαδικού Θεού. Ο Θεός υπάρχει ως μια Τριαδική κοινωνία αγάπης, κι έτσι δεν είχε την ανάγκη να δημιουργήσει τον κόσμο για να υλοποιήσει τον χαρακτήρα Του. Κι όμως, εφόσον ο Θεός είναι αγάπη, το γεγονός ότι δημιουργεί τον κόσμο συμβαδίζει απόλυτα με τον χαρακτήρα Του.» Από το «Theology for the Community of God» του Stanley Grenz (Grand Rapids: Eerdmans, 1994), 98-101.

³⁶Γένεση 1:31, «Blue Letter Bible» (16 Νοεμβρίου, 2011), https://www.blueletterbible.org/niv/gen/1/1/t_conc_1031.

³⁷Στη Γένεση 2:7, βλέπουμε ότι ο Θεός έπλασε τον άνθρωπο από το χώμα της γης. Όλα τα άλλα δημιουργήματα τα έφτιαξε (Εβραϊκά: ʾasah), που σημαίνει απλά κάνω, εργάζομαι, παράγω. Αλλά όταν μιλάει για τη δημιουργία του ανθρώπου, το λεξιλόγιο αλλάζει. Διαβάζουμε ότι τον άνθρωπο τον έπλασε (Εβραϊκά: yatsar), που υπονοεί ότι

ο Θεός τον μορφοποίησε, του έδωσε συγκεκριμένο σχήμα, για συγκεκριμένο σκοπό, σαν αγγειοπλάστης που πλάθει τον πηλό και δημιουργεί ένα αγγείο για συγκεκριμένο σκοπό. Γένεση 2:7, «Blue Letter Bible» (16 Νοεμβρίου, 2011), https://www.blueletterbible.org/niv/gen/2/1/t_conc_2007.

[38]Υποθέτω ότι οι περισσότεροι αναγνώστες μου μεγάλωσαν στην Αμερική, ή σε άλλη χώρα του Δυτικού κόσμου με παρόμοιες αξίες ζωής. Αν μεγάλωσες σε διαφορετική κουλτούρα, ίσως αυτή η παρατήρηση να μην έχει τόση σημασία για σένα· μπορεί, όμως, να σε βοηθήσει να καταλάβεις πώς σκέφτονται οι δυτικοί πολιτισμοί, και γιατί είναι τόσο σημαντικό για μας να δώσουμε έμφαση σ' αυτό.

[39]Ο Λ. Ρόμπερτ Κολς έκανε το διδακτορικό του στην πολιτισμική ιστορία στο Πανεπιστήμιο της Νέας Υόρκης. Το μεγαλύτερο μέρος της καριέρας του το αφιέρωσε στον τομέα της διαπολιτισμικότητας, ως υπεύθυνος εκπαίδευσης του U.S. Information Agency και στο Meridian International Center στη Γουάσινγκτον το 1984 έγραψε μια μονογραφία με τίτλο, «Οι Αξίες της Ζωής των Αμερικανών». Σ' αυτό το σύγγραμμα περιγράφει τις 13 βασικές αξίες ζωής που έχουν οι περισσότεροι Αμερικάνοι. «The Values Americans Live By» του L. Robert Kohls, Claremont McKenna College, (10 Ιανουαρίου 2017), http://www1.cmc.edu/pages/faculty/alee/extra/American_values.html

[40]Ο στωικισμός είναι από τις σημαντικότερες φιλοσοφικές σχολές των αρχαίων Ελλήνων, που επηρέασε διανοούμενους και πολιτικούς ηγέτες στα τέλη της Ρωμαϊκής Δημοκρατίας και στις αρχές της Αυτοκρατορίας. Από το «Roman Philosophy and the Good Life» του Raymond Angelo Belliotti (Plymouth, UK: Lexington Books, 2009).

[41]«Worship, Community and the Triune God of Grace» του James B. Torrance (Downers Grove: IVP Academic, 1996), 37, 39.

[42]«Relational Theology: A Primer» [CD-ROM] των Martin Folsom και Wesley M. Pinkham (Lookout Mountain: Journeys to the Heart, 2002), 520-22.

[43]«Persons in Relation» του John Macmurray (Atlantic Highlands, NJ: Humanities Press, 1979), 211.

[44]Το βιβλίο «The Uncontrolling Love of God» (Η Μη Χειριστική Αγάπη του Θεού) του Τόμας Τζ. Όορντς, εξετάζει επτά πιθανά μοντέλα της πρόνοιας του Θεού: ότι ο Θεός είναι η αιτία όλων· ότι ο Θεός ενισχύει και υπερισχύει· ότι ο Θεός αυτό-περιορίζεται· ότι ο Θεός είναι ουσιαστικά κενωτικός· ότι ο Θεός ως απρόσωπη δύναμη διατηρεί το σύμπαν· ότι Θεός ήταν αρχικά ο δημιουργός και από

τότε είναι παρατηρητής· ότι οι δρόμοι του Θεού δεν είναι οι δρόμοι μας. «The Uncontrolling Love of God: An Open and Relational Account of Providence» του Thomas J. Oord (Downers Grove: IVP Academic, 2015).

[45]«The Ragamuffin Gospel: Embracing the Unconditional Love of God» του Brennan Manning (Sisters, OR: Multnomah Books, 1990), 75.

[46]Οι Εβραίοι ένιωθαν πως αυτά που κάνει ο Θεός και αυτά που επιτρέπει, είναι το ίδιο πράγμα. Δεν διαχώριζαν το ένα από το άλλο. Οφείλουμε όμως να κάνουμε σαφή διαχωρισμό ανάμεσα σε αυτά που ο Θεός επιτρέπει να συμβούν (το επιτρεπτό θέλημά Του), και σε αυτά που κάνει (το ξεκάθαρο θέλημά Του), ειδικά όσον αφορά στο θέμα του κακού.

[47]Στο πρώτο μου βιβλίο με τίτλο, «Όσα Έμαθα μέσα στη Μάχη», εξηγώ πιο αναλυτικά ότι ο εχθρός πράγματι, κλέβει, σκοτώνει και καταστρέφει· αλλά δεν είναι αυτός ο στόχος του. Αυτά είναι τα εργαλεία που χρησιμοποιεί για να πετύχει κάτι πολύ μεγαλύτερο: να μας χωρίσει από την αγάπη του Θεού. Όμως, ακόμα και όταν ο εχθρός καταφέρνει να φέρει την καταστροφή στη ζωή μας, αν δεν αφήσουμε αυτό το συμβάν να μας χωρίσει από την αγάπη του Θεού, παραμένουμε νικητές. Από το «Lessons Learned in the Battle: How to Live in Victory, No Matter What» της Chiqui Polo-Wood, (Bedford, TX: Burkhart Books, 2015).

[48]Ο George Eldon Ladd παρουσιάζει την ιδέα ότι η Βασιλεία του Θεού είναι «τώρα, αλλά όχι ακόμα». Ο Ιησούς εγκαινίασε τη Βασιλεία Του — τη διακυβέρνηση του Θεού στη γη— αλλά δεν έχει υλοποιηθεί πλήρως ακόμα. Από το «The Gospel of the Kingdom: Scriptural Studies in the Kingdom of God» του George Eldon Ladd (Grand Rapids: Eerdmans, 1997).

[49]«God's Strategy in Human History» των Roger T. Forster and V. Paul Marston (Wheaton: Tyndale House Publishers, Inc., 1974), 34.

[50]«Theology for the Community of God» του Stanley Grenz (Grand Rapids: Eerdmans, 1994), 108.

[51]«Healing Treasury: Four Classic Books on Healin, Complete in One Volume» της Lillian B. Yeomans (Tulsa, OK: Harrison House, 2003), 184.

[52]Κατά Ιωάννη 3:17, «Blue Letter Bible» (29 Μαΐου 2017), https://www.blueletterbible.org/niv/jhn/3/17/t_conc_1000017.

[53]Ησαΐας 49:6, «Blue Letter Bible» (29 Μαΐου 2017), https://www.blueletterbible.org/niv/isa/49/6/s_728006.

[54]Η φράση «να μη χαθεί» στο αρχαίο κείμενο είναι από το ρήμα «απόλλυμι», σε αόριστο β', μέση φωνή και υποτακτική έγκλιση.

Ο αόριστος είναι ο χρόνος που δίνει έμφαση στην ακαριαία και στιγμιαία ενέργεια του ρήματος. Συνεπώς, το ρήμα δεν προσδιορίζει συγκεκριμένα παρελθόν, παρόν ή μέλλον. Δεν υπάρχει ακριβής ή ισοδύναμη μετάφραση αυτού του χρόνου στα αγγλικά, παρότι συνήθως αποδίδεται με τον απλό αόριστο. Η μέση φωνή δηλώνει ότι το υποκείμενο δρα και η πράξη «επιστρέφει» στον εαυτό του ή προς όφελός του. Η υποτακτική έγκλιση δείχνει ότι η συγκεκριμένη ενέργεια μπορεί να πραγματοποιηθεί, μπορεί και όχι, ανάλογα με τις περιστάσεις. Κατά Ιωάννη 3:16, «Blue Letter Bible» (28 Μαΐου 2017), https://www.blueletterbible.org/niv/jhn/3/16/t_conc_1000016

[55]Η φράση «να έχει» στο αρχαίο κείμενο είναι από το ρήμα «έχω», που είναι σε χρόνο ενεστώτα, ενεργητική φωνή και υποτακτική έγκλιση. Ο παροντικός χρόνος εκφράζει μια αλήθεια, ένα γεγονός που εξελίσσεται στο παρόν. Τις περισσότερες φορές αυτό αντιστοιχεί ακριβώς στον ενεστώτα των αγγλικών. Η ενεργητική φωνή δηλώνει ότι το υποκείμενο ενεργεί ή πραγματοποιεί μια πράξη. Η υποτακτική έγκλιση δείχνει ότι η συγκεκριμένη ενέργεια μπορεί να πραγματοποιηθεί, μπορεί και όχι, ανάλογα με τις περιστάσεις. Κατά Ιωάννη 3:16, «Blue Letter Bible» (15 Δεκ. 2011), https://www.blueletterbible.org/niv/jhn/3/16/t_conc_1000016.

[56]Κατά Ιωάννη 3:16, «Blue Letter Bible» (15 Δεκ. 2011), https://www.blueletterbible.org/niv/jhn/3/16/t_conc_1000016.

[57]Κατά Ιωάννη 10:10, «Blue Letter Bible» (17 Δεκεμβρίου 2011), https://www.blueletterbible.org/niv/jhn/10/10/t_conc_1007010.

[58]«The Humanity of God» του Karl Barth, μετάφραση των John Newton Thomas και Thomas Wieser (London: Collins Clear-type Press, 1961), 73.

[59]Αυτή η νομικιστική οπτική στηρίζεται στη χρήση συγκεκριμένης νομικής ορολογίας από τον ίδιο τον Παύλο στα γραπτά του προς τους Ρωμαίους αναγνώστες του, στην επιστολή του προς τους Ρωμαίους πιστούς.

[60]«Finding Closure to the Pains from the Past», των Chris Waters και Wess Pinkham (Lookout Mountain: Journeys to the Heart, Inc., 2006), 8.

[61]«Η αμαρτία είναι πρωτίστως θέμα θρησκευτικό, και κατ' επέκταση, ηθικό. Ο άνθρωπος είναι δημιούργημα του Θεού, και η πρωταρχική του ευθύνη είναι απέναντι στον Θεό. Η ρίζα της αμαρτίας είναι η άρνηση του ανθρώπου να σταθεί ευγνώμων και να παραδεχτεί την εξάρτησή του από τα δώρα και την καλοσύνη του Θεού (Ρωμαίους

1:21), που μας δόθηκαν διαμέσου του Χριστού. Κάθε μορφή σκοταδιού έχει να κάνει με μια δήλωση ανεξαρτησίας από τον Θεό, αντί εξάρτησης απ' Αυτόν». Από το «The Gospel of the Kingdom: Popular Expositions on the Kingdom of God», του George Eldon Ladd (Grand Rapids: Eerdmans, 1983), 31.

[62]Αυτές οι δύο όψεις της αγιότητας προέρχονται από το έργο του Stanley J. Grenz, με τίτλο «Theology for the Community of God» (Grand Rapids: Eerdmans, 1994), 93-4.

[63]«Finding Closure to the Pains from the Past», των Chris Waters and Wess Pinkham (Lookout Mountain: Journeys to the Heart, Inc., 2006), 27.

[64]«τέλειος», σύμφωνα με το Lexicon: Strong's G5046 – teleios, «Blue Letter Bible» (9 Νοεμβρίου 2011), https://www.blueletterbible.org/lang/lexicon/lexicon.cfm?Strongs=G5046&t=NIV

[65]«Worship, Community and the Triune God of Grace», του James B. Torrance, (Downers Grove: IVP Academic, 1996), 52-3.

[66]Η λέξη που μεταφράζεται ως «εντολές» είναι το εβραϊκό «dabar», το οποίο αναφέρεται στην εκφορά του λόγου, στις λέξεις, στα λόγια. Blue Letter Bible (15 Δεκεμβρίου 2011), https://www.blueletterbible.org/lang/lexicon/lexicon.cfm?Strongs=H1697&t=ESV

[67]Η αντίστοιχη αγγλική λέξη είναι το «shall», Merriam-Webster Dictionary Online, (15 Δεκεμβρίου 2011), https://www.merriam-webster.com/dictionary/shall

[68] Ένα άλλο παράδειγμα βρίσκεται στο κατά Ματθαίο 7:21-23, όπου βλέπουμε ανθρώπους που προφητεύουν, εκβάλλουν δαιμόνια και φέρνουν σε φανέρωση θαύματα, οι οποίοι, όμως, θα ακούσουν τον Ιησού να τους λέει, «Ποτέ δεν σας γνώρισα». Δεν υπήρχε προσωπική σχέση μεταξύ τους.

[69]Αυτό φαίνεται ξεκάθαρα στην Α' Θεσσαλονικείς 5:23 – «Είθε ο Θεός της ειρήνης [ο ίδιος, αυτοπροσώπως], να σας αγιάσει ολοκληρωτικά. Είθε όλο το πνεύμα σας, η ψυχή και το σώμα να διατηρηθούν άμεμπτα μέχρι την παρουσία του Κυρίου μας Ιησού Χριστού». Πρόκειται για ένα πολύ σημαντικό θέμα, αλλά ξεπερνά το αντικείμενο αυτής της μελέτης. Πολλοί άλλοι συγγραφείς ασχολήθηκαν εκτενώς με αυτό το θέμα.

[70]Από το Διάγγελμα του Αρχιεπισκόπου στην Επισκοπική Σύνοδο στη Ρώμη (Τετάρτη 10 Οκτωβρίου 2012), δρ Ρόουαν Γουίλιαμς, 104ος Αρχιεπίσκοπος του Καντέρμπουρι (Εκκλησία της Αγγλίας). Δημοσιεύθηκε το 2012, πρόσβαση στις 14/07/2017, http://

rowanwilliams.archbishopofcanterbury.org/articles/php/2645/
archbishops-address-to-the-synod-of-bishops-in-rome

[71]Στο προηγούμενο κεφάλαιο είπαμε ότι ένας τρόπος για να κατανοήσουμε την αγιότητα του Θεού, είναι μέσα από τη σχέση Του με τα δημιουργήματά Του. Είπαμε ότι ο Πατέρας, ο Γιος και το Άγιο Πνεύμα, συνυπάρχουν μέσα σε μια τέλεια σχέση αγάπης. Συνεπώς, ο Θεός είναι απόλυτα πλήρης στη σχέση Του· κάθε τι που κάνει, πηγάζει από αυτήν την πληρότητα και είναι στραμμένο προς τους άλλους. Αυτή ακριβώς η στροφή προς τους άλλους είναι η ουσία της υγείας στις σχέσεις μας, και άρα, η ουσία της αγιότητας. Με άλλα λόγια, μπορούμε να πούμε ότι, «Η αγιότητα είναι η υγεία στις σχέσεις μας». Ο Πατέρας θα έλεγε, «Αν θέλεις να είσαι πραγματικά άγιος, καλλιέργησε υγιείς σχέσεις».

[72]Βασισμένο στο βιβλίο «Pastors of Promise: Pointing to Character and Hope as the Keys to Fruitful Shepherding», του Jack W. Hayford (Ventura: Regal Books, 1997), 198-9.

[73]Αυτό είναι ένα από τα πολλά παραδείγματα που δείχνουν ότι ο Πατέρας επιθυμεί να Τον γνωρίσουν όλα τα έθνη – Εβραίοι, Σαμαρείτες και Εθνικοί, εξίσου.

[74]«σπλαχνίζομαι», σύμφωνα με το Lexicon: Strong's G4697 – splagchnizomai, «Blue Letter Bible» (2 Οκτωβρίου 2017) https://www.blueletterbible.org/lang/lexicon/lexicon. cfm?Strongs=G4697&t=ESV

[75]Αυτή τη φράση τη χρωστώ στον Κέρι Γουντ, μια φράση-κλειδί για μένα, στο να αντιληφθώ την αγιότητα ως υγεία στις σχέσεις.

[76]Κατά Ματθαίο 5:43-48 – «Ακούσατε ότι ειπώθηκε: "Θα αγαπάς τον πλησίον σου, και θα μισείς τον εχθρό σου". Εγώ, όμως, σας λέω: Να αγαπάτε τούς εχθρούς σας, να ευλογείτε εκείνους που σας καταρώνται, να ευεργετείτε εκείνους που σας μισούν, και να προσεύχεστε για εκείνους που σας βλάπτουν και σας κατατρέχουν· για να γίνετε γιοι τού Πατέρα σας που είναι στους ουρανούς, επειδή αυτός ανατέλλει τον ήλιο του επάνω σε πονηρούς και αγαθούς, και βρέχει επάνω σε δικαίους και αδίκους. Επειδή, αν αγαπήσετε αυτούς που σας αγαπούν, ποιον μισθό έχετε; Και οι τελώνες δεν κάνουν το ίδιο; Και αν χαιρετήσετε μονάχα τούς αδελφούς σας, τι περισσότερο κάνετε; Και οι τελώνες δεν κάνουν έτσι; Να είστε, λοιπόν, εσείς τέλειοι, όπως ο Πατέρας σας, που είναι στους ουρανούς, είναι τέλειος».

[77] «Freedom in the Modern World: Broadcast Talks on Modern Problems» του John Macmurray (London: Faber & Faber Limited, 1934), 54-55.

[78]Για περισσότερη βοήθεια με θέματα εθισμών ή άλλα δεσμά, προτείνω τις διακονίες «Cleansing Stream» και «Nothing Hidden Ministries». Δυο εξαιρετικά βιβλία που ασχολούνται με την ελευθερία από όλα αυτά είναι το «The Bondage Breaker» του Neil T. Anderson (Eugene, OR: Harvest House, 2006) και το «Boundaries: When to Say Yes, How to Say No to Take Control of Your Life» των Henry Cloud και John Townsend (Grand Rapids: Zondervan, 2017).

[79]«Following Jesus: Biblical Reflections on Discipleship» του N.T. Wright (Grand Rapids: Eerdmans, 1995), 66-7.

[80] Όπου και προηγουμένως.

[81]«Freedom in the Modern World: Broadcast Talks on Modern Problems» του John Macmurray (London: Faber & Faber Limited, 1934), 54-55.

[82]Στο βιβλίο μου με τίτλο, «Όσα Έμαθα μέσα στη Μάχη», εξηγώ ότι ο στόχος του εχθρού δεν είναι να κλέψει, να σκοτώσει και να εξολοθρεύσει. Αυτά είναι τα εργαλεία που χρησιμοποιεί με μοναδικό στόχο του να μας χωρίσει από την αγάπη του Χριστού. Όταν αντιμετωπίζουμε δυσκολίες, αν δεν αφήσουμε αυτές τις καταστάσεις να μας χωρίσουν από την αγάπη Του, θα είμαστε πάντα νικητές. Από το «Lessons Learned in the Battle: How to Live in Victory, No Matter What», της Chiqui Polo-Wood, (Bedford, TX: Burkhart Books, 2015), 37-39.

[83]Ο Καρλ Μπαρθ περιγράφει την ελευθερία του Θεού, όπως απεικονίζεται στη ζωή του Χριστού, ως εξής: «Η θεϊκή φύση του Θεού δεν είναι μια φυλακή, στην οποία ο Θεός υπάρχει μόνο για τον Εαυτό Του. Αντιθέτως, ο Θεός είναι απόλυτα ελεύθερος να είναι Θεός, και ταυτόχρονα να είναι μαζί μας και υπέρ μας· να διεκδικεί, αλλά και να θυσιάζει τον Εαυτό Του· να είναι ο πιο Ύψιστος, και ταυτόχρονα, απόλυτα ταπεινός· να μην έχει απλά παντοδυναμία, αλλά και παντοδύναμο έλεος· να μην είναι μόνο Κύριος, αλλά και υπηρέτης· όχι μόνο Κριτής, αλλά και ο Ίδιος κατηγορούμενος· ο αιώνιος Βασιλιάς του ανθρώπου, και, ταυτόχρονα, ο αδελφός του, όταν Τον χρειάζεται. Και όλα αυτά, χωρίς να μειώνει στο ελάχιστο τη θεϊκή Του φύση». Από το «The Humanity of God» του Karl Barth, (London: Collins Clear-type Press, 1961), 49.

[84]«The Soul of Ministry» του Ray S. Anderson, (Louisville: Westminster John Knox Press, 1997), 31-2.

[85]«The Humanity of God» του Karl Barth, μετάφραση των John Newton Thomas και Thomas Wieser (London: Collins Clear-type Press, 1961), 48-49.

⁸⁶Στην Παλαιά Διαθήκη, ο Θεός χαρακτηρίζεται «βοηθός» 75 φορές: «Στον ορφανό εσύ είσαι ο βοηθός» (Ψαλμός 10:14)· «Άκουσε, Κύριε... γίνε βοηθός μου» (Ψαλμός 30:10)· «Δέστε, ο Θεός με βοηθάει» (Ψαλμός 54:4)· «Επειδη, θα βοηθήσει τον φτωχό που κράζει, τον πένηντα και τον αβοήθητο» (Ψαλμός 72:12)· «Αν ο Κύριος δεν με βοηθούσε...» (Ψαλμός 94:17)· «Ώστε παίρνοντας θάρρος λέμε: Ο Κύριος είναι βοηθός μου, δεν θα φοβηθώ, τι θα μου κάνει άνθρωπος;» (Εβραίους 13:6)· «Αύξησες το μεγαλείο μου, και καθώς επέστρεψες, με παρηγόρησες» (Ψαλμός 71:21)· «Εσύ στάθηκες βοήθειά μου... δίδαξέ με Κύριε τον δρόμο σου» (Ψαλμός 27:9). Από το «Participating in the Ministry of Christ: The Contribution of Trinitarian Theology to an Understanding of the Nature of Pastoral Leadership» του Kerry V. Wood, (D.Min. prog., The King's University, 2012), 110.

⁸⁷«The Humanity of God» του Karl Barth, μετάφραση των John Newton Thomas και Thomas Wieser (London: Collins Clear-type Press, 1961, 46-47.

⁸⁸Ο Μπαρθ αναλύει αυτό το θέμα ως εξής: «Ο Ιησούς Χριστός είναι ένα μοναδικό Πρόσωπο· ως αληθινός Θεός, είναι ο πιο πιστός σύντροφος του ανθρώπου, και ως αληθινός άνθρωπος, ο πιο πιστός σύντροφος του Θεού. Είναι ο Κύριος που ταπεινώθηκε για να επικοινωνήσει με τον άνθρωπο, και ταυτόχρονα, ο Υπηρέτης που υψώθηκε σε κοινωνία με τον Θεό. Είναι ο Λόγος που μιλήθηκε μέσα από την πιο ευγενή, φωτεινή υπέρβαση, και ταυτόχρονα, ο Λόγος που έφτασε να ακουστεί μέχρι και στην πιο βαθυσκότεινη εμμένεια. Είναι και τα δύο, χωρίς να συγχέεται το ένα με το άλλο, και χωρίς να διαχωρίζεται το ένα από το άλλο· αυτό το Πρόσωπο είναι ολοκληρωτικά το ένα, και ολοκληρωτικά το άλλο. Συνεπώς, μέσα από αυτήν την ένωση στον Εαυτό Του, ο Ιησούς Χριστός είναι ο Μεσάζων, ο Συμφιλιωτής ανάμεσα στον Θεό και τον άνθρωπο. Έτσι πλησιάζει τον άνθρωπο εκ μέρους του Θεού, ζητώντας και ξυπνώντας την πίστη, την αγάπη και την ελπίδα του· και πλησιάζει τον Θεό εκ μέρους του ανθρώπου, ως εκπρόσωπος του ανθρώπου, μεσιτεύοντας γι' αυτόν και εκπληρώνοντας κάθε δικαιοσύνη. Έτσι μαρτυρεί και εγγυάται στον άνθρωπο τη δωρεάν χάρη του Θεού, και ταυτόχρονα, μαρτυρεί και εγγυάται στον Θεό τη δωρεάν ευγνωμοσύνη του ανθρώπου. Έτσι εδραιώνει με τον Εαυτό Του τη δικαιοσύνη του Θεού πρόσωπο-προς-πρόσωπο με τον άνθρωπο, και επίσης, τη δικαιοσύνη του ανθρώπου μπροστά στον Θεό. Έτσι

Αυτός ο Ίδιος είναι η διαθήκη μας σε όλο της το μεγαλείο, Αυτός είναι η Βασιλεία των ουρανών που πλησίασε, στην οποία ο Θεός μιλάει και ο άνθρωπος μπορεί και Τον ακούει, ο Θεός δίνει και ο άνθρωπος λαμβάνει, ο Θεός προστάζει και ο άνθρωπος υπακούει, η δόξα του Θεού λάμπει από τα ύψη μέχρι και τα βάθη, και έρχεται επί γης ειρήνη ανάμεσα στους ανθρώπους που τόσο αγαπάει. Επιπλέον, γι' αυτόν ακριβώς τον λόγο και μ' αυτόν ακριβώς τον τρόπο, ο Ιησούς Χριστός, ως Μεσάζων και Συμφιλιωτής του Θεού και του ανθρώπου, είναι παράλληλα και ο Αποκαλύπτων – Αυτός που αποκαλύπτει και τους δύο». Από το «The Humanity of God» του Karl Barth, μετάφραση των John Newton Thomas και Thomas Wieser (London: Collins Clear-type Press, 1961, 46-47).

[89]Αυτό υπονοεί ότι και ο Ίδιος ο Ιησούς είναι βοηθός μας, και ότι το Άγιο Πνεύμα είναι βοηθός μας όπως Αυτός. Η βασική ιδέα είναι ότι ο Τριαδικός Θεός -Πατέρας, Γιος και Άγιο Πνεύμα- είναι ο βοηθός της ανθρωπότητας.

[90]«Unger's Bible Dictionary» του Merrill F. Unger, (Chicago: Moody Press, 1979), 496 και «Teología Sistemática» του L. Berkhof, σε μετάφραση του Felipe Delgado Cortés, (Grand Rapids, Eerdmans, 1979), 112 και «Flame of Love: A Theology of the Holy Spirit» του Clark A. Pinnock, (Downers Grove: IVP Academic, 1996), 115.

[91]Η Εσχατολογία είναι τομέας της Θεολογίας που εξετάζει τα έσχατα γεγονότα, των τελευταίων ημερών. Ασχολείται με τη μελλοντική κατάσταση της γης υπό τη διακυβέρνηση του Χριστού.

[92]«GOD's Empowering Presence: The Holy Spirit in the Letters of Paul» του Gordon D. Fee, (Peabody: Hendrickson, 1994), 497.

[93]Η ψευδοθρησκεία και ο ιδεαλισμός ισχυρίζονται ότι η ζωή με τον Χριστό είναι προστατευμένη από όλα αυτά που προκαλούν φόβο. Αντίθετα, η γνήσια θρησκεία λέει πως ό,τι κι αν συμβεί, δεν υπάρχει λόγος να φοβόμαστε. Ο Μακμάρεϊ εξηγεί: «Η ψευδής θρησκεία και ο δήθεν ιδεαλισμός λένε, ουσιαστικά: 'Κλείσε τα μάτια σου σε αυτά που φοβάσαι· προσποιήσου ότι όλα βαίνουν καλώς στον θεσπέσιο κόσμο σου· υπάρχουν τρόποι και μέθοδοι για να έχεις τις θεϊκές δυνάμεις με το μέρος σου, ώστε να σε προστατεύουν από όλα αυτά που φοβάσαι. Στους άλλους μπορεί να συμβαίνουν, αλλά ο Θεός θα φροντίσει να μη συμβούν σε εσένα'. Ενώ αντίθετα, η γνήσια θρησκεία λέει: 'Κοίτα αυτά που φοβάσαι κατάματα· δες όλη την ασχήμια και τη βαναυσότητά τους· και θα δεις ότι είναι ανύπαρκτα, ότι δεν έχεις κανέναν λόγο να τα φοβάσαι'». Από το «Freedom in the Modern

World: Broadcast Talks on Modern Problems» του John Macmurray, (London: Faber & Faber Limited, 1934), 59.

[94] «The Imitation of Christ» του Thomas à Kempis, (London: Penguin Books, 1952), 87. Επίσης, «Flame of Love: A Theology of the Holy Spirit» του Clark H. Pinnock, (Downers Grove: IVP Academic, 1996), 116; και «People of the Spirit: Exploring Luke's View of the Church» του Graham H. Twelftree, (Grand Rapids: Baker Academic, 2009), 107.

[95] Ο Χριστιανισμός δεν σημαίνει απλά «να ακολουθείς τον Ιησού», αλλά να έχεις γεννηθεί ξανά – γεννημένος από το Πνεύμα. Είμαστε νέα κτίσματα μέσα στον Χριστό. Αν ήταν αρκετό το «να ακολουθήσουμε τον Ιησού», τότε ο λαός Ισραήλ είχε ήδη ό,τι χρειαζόταν για να ζήσει την αιώνια ζωή. Όταν, όμως, ήρθε ο Ιησούς, διακήρυξε στους Εβραίους την ανάγκη τους να γεννηθούν ξανά. Στο Κατά Ιωάννη 3 βρίσκουμε το περιστατικό όπου ο Ιησούς μιλάει με τον Νικόδημο -έναν άρχοντα της συναγωγής, έναν Φαρισαίο. Ο Νικόδημος ήταν πιστός υποστηρικτής τους Μωσαϊκού Νόμου· κι όμως, ο Ιησούς του είπε, «Σε διαβεβαιώνω απόλυτα, αν κάποιος δεν γεννηθεί από επάνω, δεν μπορεί να δει τη βασιλεία τού Θεού» (Κατά Ιωάννη 3:3). Στη συνέχεια το κάνει ακόμα πιο σαφές λέγοντας, «Αν κάποιος δεν γεννηθεί από νερό και Πνεύμα, δεν μπορεί να μπει μέσα στη βασιλεία τού Θεού» (Κατά Ιωάννη 3:5).

[96] «Spirit-Formation» του Jack W. Hayford, (Από κήρυγμά του που παρουσιάστηκε στο Φθινοπωρινό Συνέδριο Ηγεσίας στο Βαν Νάις, Καλιφόρνια, 2000), The Church On The Way, Van Nuys, CA. Αναφέρεται και στο «Identity Formation: The Journey toward Personhood" του Wesley M. Pinkham, (Lookout Mountain: Journeys to the Heart, Inc., 2003), 16.

[97] «Creative Conflict Management» από τους Wesley M. Pinkham και Chris Waters, (Lookout Mountain: Journeys to the Heart, Inc., 2001), 292. «The Great Dance: The Christian Vision Revisited» του C. Baxter Kruger, (Vancouver: Regent College Publishing, 2000), 108. Επίσης, «Flame of Love: A Theology of the Holy Spirit» του Clark H. Pinnock, (Downers Grove: IVP Academic, 1996), 106, 178. Και «The Spirit of Life: A Universal Affirmation» του Jürgen Moltmann, (Minneapolis: Fortress, 1992), 278.

[98] «GOD's Empowering Presence: The Holy Spirit in the Letters of Paul» του Gordon D. Fee, (Peabody: Hendrickson, 1994), 319.

[99]Το γεγονός ότι ο Θεός γράφει τους νόμους Του στις καρδιές μας δείχνει την επιθυμία του Πατέρα να γευθούμε τη ζωή με όλη τη σημασία της, όπως εκφράζεται στο Δευτερονόμιο 5:29: «Είθε να ήταν σ' αυτούς τέτοια καρδιά, ώστε να με φοβούνται, και να τηρούν πάντοτε όλα τα προστάγματά μου, για να ευημερούν αιώνια, αυτοί και τα παιδιά τους!». Δες, επίσης, στον Ιεζεκιήλ 36:24-28 και Ιερεμία 31:31-34 όπου ο Θεός φανερώνει ότι η αγιότητα και η υπακοή στον Νόμο Του είναι ουσιαστικό δικό Του έργο μέσα στις καρδιές των δικών Του, διαμέσου του Πνεύματός Του.

[100]«The Ragamuffin Gospel: Embracing the Unconditional Love of God» του Brennan Manning, (Sisters, OR: Multnomah Books, 1990), 151.

[101]«The Spirit of Life: A Universal Affirmation» του Jürgen Moltmann, (Minneapolis: Fortress, 1992), 99, 202. Και «People of the Spirit» του Graham H. Twelftree, 208-9.

[102] «Characteristics of the Holy Spirit» του Jon Huntzinger, (Διαλέξεις που παρουσιάστηκαν στο σεμινάριο «Biblical Resources for Ministry D.Min» στο Βαν Νάις, Καλιφόρνια, 12 Ιουνίου 2012), The King's University, Van Nuys, CA.

[103]Σχετικά με τη χαρά του Θεού, ο Ντάλας Γουίλαρντ λέει: «Αρχικά, πρέπει να σκεφτούμε ότι ο Θεός ζει μια ζωή που έχει τεράστιο ενδιαφέρον, και είναι γεμάτος χαρά. Είναι, αναμφίβολα, το πιο χαρούμενο Πρόσωπο σε όλο το σύμπαν. Η αφθονία της αγάπης και της γενναιοδωρίας Του συνδέονται άρρηκτα με την άπειρη χαρά Του. Όλα τα καλά και όμορφα πράγματα που μπορείς να σκεφτείς, από τα οποία εμείς γευόμαστε περιστασιακά μόνο μικρές σταγόνες χαράς που συναρπάζουν την ψυχή μας, ο Θεός τα απολαμβάνει διαρκώς σε όλο το εύρος, το βάθος και τον πλούτο τους». Από το «The Divine Conspiracy: Rediscovering Our Hidden Life in God» του Dallas Willard, (San Francisco: HarperCollins, 1997), 62.

[104]Για περαιτέρω μελέτη πάνω στον καρπό του Πνεύματος, πώς φανερώθηκε στη ζωή του Χριστού και πώς αντικατοπτρίζεται στην Εκκλησία, δες το «Flame of Love: A Theology of the Holy Spirit» του Clark H. Pinnock, (Downers Grove: IVP Academic, 1996), 37, 39, 117 και το «People of the Spirit: Exploring Luke's View of the Church» του Graham H. Twelftree, (Grand Rapids: Baker Academic, 2009), 108ff.

[105]Ήταν σύνηθες στους παγανιστικούς λαούς να θυσιάζουν τους γιους τους στη φωτιά, ως ένδειξη της λατρείας τους προς τους θεούς (δες Β' Βασιλέων 17:31, Β' Βασιλέων 23:10, Λευιτικό 20, Ιερεμίας 32:35).

Ο Θεός, όμως, λέει: «Δεν θα κάνεις έτσι στον Κύριο τον Θεό σου· επειδή, κάθε βδέλυγμα που ο Κύριος μισεί, έκαναν εκείνοι στους θεούς τους· επειδή, και τους γιους τους και τις θυγατέρες τους καίνε μέσα σε φωτιά στους θεούς τους» (Δευτερονόμιο 12:31). Λέει, επίσης: «[οι γιοι του Ιούδα] οικοδόμησαν τους ψηλούς τόπους τού Τοφέθ, ο οποίος είναι στη φάραγγα του γιου τού Εννόμ, για να καίνε τούς γιους τους, και τις θυγατέρες τους σε φωτιά· το οποίο δεν πρόσταξα ούτε ανέβηκε στην καρδιά μου» (Ιερεμίας 7:31). Επίσης, οι γιοι του Ιούδα «οικοδόμησαν τους ψηλούς τόπους τού Βάαλ, για να καίνε τούς γιους τους μέσα σε φωτιά, ολοκαυτώματα προς τον Βάαλ· το οποίο δεν είχα προστάξει ούτε είχα μιλήσει ούτε είχε ανέβει στην καρδιά μου» (Ιερεμίας 19:5).

[106]Το εβραϊκό όνομα του Θεού «Ιεοβά Ιρέ» φέρει την έννοια ότι ο Θεός θα προμηθεύσει μόλις δει την ανάγκη. Σημειώσεις για το απόσπασμα της Γένεσης 22:11-14 από το «New Spirit-Filled Life Bible» του Jack W. Hayford, εκδ. (Nashville, Thomas Nelson, 2002).

[107]Τα εδάφια στην προς Ρωμαίους 12:6-8 περιγράφουν τα λεγόμενα «δημιουργικά δώρα ή χαρίσματα του Πατέρα». Ο σκοπός μας σ' αυτό το βιβλίο δεν είναι να αναλύσουμε αυτά τα δώρα ή χαρίσματα. Υπάρχει υλικό, όμως, που εμβαθύνει λεπτομερώς στα χαρίσματα του Πατέρα, του Γιου και του Αγίου Πνεύματος. Μπορείς να παραγγείλεις ένα βιβλιαράκι με τίτλο «Understanding and Discovering Spiritual Gifts» από τη σελίδα www.TableOfFriends.com.

[108]Το βάπτισμα στο Άγιο Πνεύμα ξεπερνά το περιεχόμενο αυτού του βιβλίου. Έχουν γραφτεί, όμως, πολλά βιβλία πάνω στο θέμα, που εξηγούν αναλυτικά αυτήν την Υπόσχεση του Πατέρα.

[109]Για μια ολοκληρωμένη μελέτη πάνω στα χαρίσματα του Πνεύματος, προτείνω το βιβλίο του Kerry Wood με τίτλο, «The Gifts of the Spirit for a New Generation», (Zadok Publishing, 2015).

[110]Όταν ο Παύλος χρησιμοποιεί την έκφραση «σκόλοπας στη σάρκα», δίνει και την επεξήγηση «ένας άγγελος του σατανά για να με ραπίζει». Η έκφραση «σκόλοπας στη σάρκα», χρησιμοποιείται στη Βίβλο για να περιγράψει ανθρώπους – συνήθως εχθρικά στρατεύματα. Δες Αριθμοί 33:55, Ιησούς του Ναυί 23:13, Κριτές 2:3, Ιεζεκιήλ 2:6, Ιεζεκιήλ 28:24. Ποτέ δεν χρησιμοποιήθηκε για να περιγράψει σωματική αρρώστια.

[111]«Exegetical Dictionary of the New Testament» των Horst Robert Balz και Gerhard Schneider, Τόμος Γ' (Grand Rapids, Mich.: Eerdmans, 1990), 457.

[112] «Christ the Healer» του F.F. Bosworth, (Grand Rapids: Fleming H. Revell, 2004), 31-3.

[113] «Authority to Heal» του Ken Blue, (Downers Grove: IVP Books, 1987), 71-73.

[114] «Authority to Heal» του Ken Blue, (Downers Grove: IVP Books, 1987), 40.

[115] «The Spirit of the Disciplines: Understanding How God Changes Lives» του Dallas Willard, (San Francisco: HarperCollins, 1991), 208.

[116] Μπορούμε να υποθέσουμε ότι οι Φαρισαίοι και άλλοι θεοσεβείς Ιουδαίοι είχαν βαθιά γνώση των Γραφών· δεν είχαν μέσα τους, όμως, την ταυτότητα ενός πραγματικού γιου.

[117] Δεν έχουμε τον χώρο για να περιγράψουμε με λεπτομέρεια τις πνευματικές πρακτικές. Έχουν γραφτεί υπέροχα βιβλία γι' αυτό το θέμα. Προτείνω τα εξής: το «The Spirit of the Disciplines: Understanding How God Changes Lives» του Dallas Willard, (San Francisco: HarperCollins, 1991). Και το «Living the Spirit-Formed Life» του Jack W. Hayford, (Ventura, CA: Regal Books, 2001).

[118] «The Courage to Be» του Paul Tillich, 3η Εκδ. (Yale University Press, 2014).

[119] «With: Reimagining the Way You Relate to God» του Skye Jethani, (Nashville: Thomas Nelson, 2011), 151-2

[120] Αυτός είναι ο ορισμός της λέξης «πλήρωμα». Του Jack W. Hayford, Strong's #4138, έκδ. «The Hayford Bible Handbook» (Nashville, Thomas Nelson, 1995), 619.

[121] Αναλυτικές πληροφορίες στο: «Strong's G4137 – plēroō», «Blue Letter Bible» (18 Νοεμβρίου 2017), https://www.blueletterbible.org/nkjv/eph/5/18/t_conc_1102018

[122] «A Stranger to Self-Hatred: A Glimpse of Jesus» του Brennan Manning, (Denville, NJ: Dimension Books, 1982), 103.

Βιβλιογραφία

à Kempis, Thomas. *The Imitation of Christ.* London: Penguin Books, 1952.

Anderson, Ray S. The Soul of Ministry. Louisville: Westminster John Knox Press, 1997.

Balz, Horst Robert and Gerhard Schneider. *Exegetical Dictionary of the New Testament,* Vol. 3. Grand Rapids: Eerdmans, 1990.

Barth, Karl. *The Humanity of God,* trans. John Newton Thomas and Thomas Wieser. London: Collins Clear-type Press, 1961.

Belliotti, Raymond Angelo. *Roman Philosophy and the Good Life.* Plymouth, UK: Lexington Books, 2009.

Berkhof, L. *Teología Sistemática,* trans. Felipe Delgado Cortés. Grand Rapids, Eerdmans, 1979.

Blue, Ken. *Authority to Heal.* Downers Grove: IVP Books, 1987.

Bosworth, F.F. *Christ the Healer.* Grand Rapids: Fleming H. Revell, 2004.

Fee, Gordon D. *GOD's Empowering Presence: The Holy Spirit in the Letters of Paul.* Peabody, MA: Hendrickson, 1994.

Folsom, Martin. "Relational Theology." Lecture presented in Relational Theology D.Min. seminar, Van Nuys, California, October 17-19, 2013. The King's University, Van Nuys, CA.

Folsom, Martin and Wesley M. Pinkham. *Relational Theology: A Primer,* [CD-ROM]. Lookout Mountain, TN: Journeys to the Heart, 2002.

Forster, Roger T. and V. Paul Marston, *God's Strategy in Human History.* Wheaton: Tyndale House Publishers, Inc., 1974.

Grenz, Stanley J. *Theology for the Community of God.* Grand Rapids: Eerdmans, 1994.

Gunton, Colin E. *The Promise of Trinitarian Theology,* 2nd ed. (New York: T&T Clark Ltd., 1997.

———. T*he One, the Three and the Many: God, Creation and the Culture of Modernity.* Cambridge: Cambridge University Press, 1998.

Hayford, Jack W. *Living the Spirit-Formed Life.* Ventura, CA: Regal Books, 2001.

———. *Pastors of Promise: Pointing to Character and Hope as the Keys to Fruitful Shepherding.* Ventura: Regal Books, 1997.

Hayford, Jack W., ed. *The Hayford Bible Handbook.* Nashville, Thomas Nelson, 1995.

———. *New Spirit-Filled Life Bible.* Nashville, Thomas Nelson, 2002.

Huntzinger, Jon. "Characteristics of the Holy Spirit." Lectures, presented in Biblical Resources for Ministry D.Min. seminar, Van Nuys, California, June 12, 2012. The King's University, Van Nuys, CA.

Jeremias, Joachim. *The Central Message of the New Testament.* London: SCM Press, 1965.

Jethani, Skye. *With: Reimagining the Way You Relate to God.* Nashville: Thomas Nelson, 2011.

Kohls, L. Robert. "The Values Americans Live By," Claremont McKenna College. January 10, 2017. http://www1.cmc.edu/pages/faculty/alee/extra/American_values.html

Kruger, C. Baxter. *The Great Dance: The Christian Vision Revisited.* Vancouver: Regent College Publishing, 2000.

Ladd, George Eldon. *The Gospel of the Kingdom: Popular Expositions on the Kingdom of God.* Grand Rapids: Eerdmans, 1983.

———. *The Gospel of the Kingdom: Scriptural Studies in the Kingdom of God.* Grand Rapids: Eerdmans, 1997.

Macmurray, John. *Freedom in the Modern World: Broadcast Talks on Modern Problems.* London: Faber & Faber Limited, 1934.

———. *Persons in Relation.* Atlantic Highlands, NJ: Humanities Press, 1979.

Manning, Brennan. *A Stranger to Self-Hatred: A Glimpse of Jesus.* Denville, NJ: Dimension Books, 1982.

———. *The Ragamuffin Gospel: Embracing the Unconditional Love of God.* Sisters, OR: Multnomah Books, 1990.

McFadyen, Alistair I. *The Call to Personhood: A Christian Theory of the Individual in Social Relationships.* Cambridge: Cambridge University Press, 1990.

Moltmann, Jürgen. *The Spirit of Life: A Universal Affirmation.* Minneapolis: Fortress, 1992.

Nouwen, Henri J. M. *A Cry for Mercy.* Garden City, NY: Doubleday & Co., 1981.

Pinkham, Wesley M. *Identity Formation: The Journey toward Personhood.* Lookout Mountain: Journeys to the Heart, Inc., 2003.

Oord, Thomas J. *The Uncontrolling Love of God: An Open and Relational Account of Providence.* Downers Grove: IVP Academic, 2015.

Pinkham, Wesley M. and Chris Waters. Creative Conflict Management. Lookout Mountain: Journeys to the Heart, Inc., 2001.

Pinnock, Clark H. *Flame of Love: A Theology of the Holy Spirit.* Downers Grove: IVP Academic, 1996.

Polo-Wood, Chiqui. *Lessons Learned in the Battle: How to Live in Victory,*

No Matter What. Bedford, TX: Burkhart Books, 2015.

Schaeffer, Francis A. *The God Who Is There*. Downers Grove: Inter-Varsity Press, 1968.

Torrance, James B. *Worship, Community and the Triune God of Grace*. Downers Grove: IVP Academic, 1996.

Torrance, Thomas F. *The Christian Doctrine of God: One Being, Three Persons*. Edinburgh: T & T Clark, 1996.

———. *The Ground and Grammar of Theology*. Charlottesville: University Press of Virginia, 1980.

Tozer, A.W. *The Knowledge of the Holy: The Attributes of God: Their Meaning in the Christian Life*. New York: Harper Collins, 1961.

Twelftree, Graham H. *People of the Spirit: Exploring Luke's View of the Church*. Grand Rapids: Baker Academic, 2009.

Unger, Merrill F. *Unger's Bible Dictionary*. Chicago: Moody Press, 1979.

Waters, Chris and Wess Pinkham. *Finding Closure to the Pains from the Past*. Lookout Mountain: Journeys to the Heart, Inc., 2006.

Willard, Dallas. T*he Divine Conspiracy: Rediscovering Our Hidden Life in God*. San Francisco: HarperCollins, 1997.

———. *The Spirit of the Disciplines: Understanding How God Changes Lives*. San Francisco: HarperCollins, 1991.

Williams, Rowan. "Archbishop's address to the Synod of Bishops in Rome, Wednesday 10th October 2012." Dr. Rowan Williams, 104th Archbishop of Canterbury. Published 2012. Accessed July 14, 2017. http://rowanwilliams.archbishopofcanterbury .org/articles/ php/2645/archbishops-address-to-the-synod-of-bishops-in-rome

Wood, Ana. "Relational Discipleship: The Formation of Persons in Relationship as the Foundation for Discipleship." D.Min. proj., The King's University, 2014.

Wood, Kerry. *The Gifts of the Spirit for a New Generation*. Zadok Publishing, 2015.

———. *The Abba Factor*. Bedford, TX: Burkhart Books, 2018.

———. *The Abba Formation*. Bedford, TX: Burkhart Books, 2018.

———. "Participating in the Ministry of Christ: The Contribution of Trinitarian Theology to an Understanding of the Nature of Pastoral Leadership." D.Min. proj., The King's University, 2012.

Wright, N.T. *Following Jesus: Biblical Reflections on Discipleship*. Grand Rapids: Eerdmans, 1995.

Yeomans, Lillian B. *His Healing Power: Four Classic Books on Healing, Complete in One Volume*. Tulsa, OK: Harrison House, 2006.

Σχετικά με τη Συγγραφέα

Η Άννα Ιζαμπέλ «Τσίκι» Πόλο-Γουντ μεγάλωσε στη Μπογκοτά της Κολομβίας, στην οικογένεια του Πέδρο Πόλο και της Αλίθια Φονέγρα. Γνώρισε τον Ιησού ως Κύριο και Σωτήρα της στην ηλικία των 15 ετών. Εδώ και πάνω από 30 χρόνια υπηρετεί σε διάφορους τομείς διακονίας, μεταξύ άλλων ως Καθηγήτρια, Σύμβουλος, Βοηθός Ποιμένα και Διευθύντρια Εκπαίδευσης Ενηλίκων. Ο Θεός της έδωσε πολλές ευκαιρίες να επισκεφθεί διάφορα έθνη ώστε να κηρύξει, να εκπαιδεύσει διδασκάλους και να βοηθήσει ηγέτες τοπικών εκκλησιών να ξεκινήσουν Ινστιτούτα Ηγετικών Δεξιοτήτων για το εκκλησίασμά τους. Διαμένει στο Τέξας με τον σύζυγό της, Κέρι. Αγαπούν να διακονούν μαζί σε τοπικό και διεθνές επίπεδο.

Το πάθος της Τσίκι είναι ο Λόγος και η παρουσία του Θεού. Ο μόνιμος θαυμασμός της βρίσκεται στο γεγονός ότι ο Τριαδικός Θεός επέλεξε να συνεργαστεί με την ανθρωπότητα για να εδραιώσει τη Βασιλεία Του στη γη. Η επιθυμία και ο στόχος της στη διακονία είναι να δει το Σώμα του Χριστού πλήρως εφοδιασμένο ώστε να ζήσει μια πλήρη ζωή, όπως την ετοίμασε ο Πατέρας για τα παιδιά Του.

Η Τσίκι απέκτησε Μεταπτυχιακό Ποιμενικής Θεολογίας και Διδακτορικό Διακονίας (Ποιμενικού Έργου) από το Πανεπιστήμιο «The King's University» στο Λος Άντελες της Καλιφόρνιας, το 2011 και το 2014 αντίστοιχα. Επιπλέον, είναι η συγγραφέας του βιβλίου, «Όσα Έμαθα μέσα στη Μάχη».

www.ChiquiPoloWood.com

&

www.tableoffriends.com

Δείτε τα άλλα δύο βιβλία της τριλογίας:

Ο ΡΟΛΟΣ ΤΟΥ Abba
Δες τον εαυτό σου μέσα από τα μάτια του Πατέρα και ακολούθησε την πορεία από το ορφανό πνεύμα προς στην καρδιά ενός αληθινού γιου.

Η ΔΙΑΜΟΡΦΩΣΗ ΑΠΟ ΤΟΝ Abba
Θέλεις να προχωρήσεις πιο βαθιά; Μάθε πώς να συνεργάζεσαι με το Άγιο Πνεύμα, που διερευνά την καρδιά του Θεού και σου αποκαλύπτει τις προθέσεις Του μέσα από πνευματικά λόγια.